PUBLICATIONS DU JOURNAL « LA NATURE »

LES TRAVAUX
DE
L'EXPOSITION DE 1900

PAR

A. DA CUNHA

INGÉNIEUR DES ARTS ET MANUFACTURES

PRÉFACE
DE
HENRI DE PARVILLE

189 figures dans le texte.

PARIS
MASSON ET Cie, ÉDITEURS
120, BOULEVARD SAINT-GERMAIN

LES TRAVAUX

DE

L'EXPOSITION DE 1900

Droits de reproduction et de traduction réservés.

LES TRAVAUX

DE

L'EXPOSITION DE 1900

PAR

A. DA CUNHA

INGÉNIEUR DES ARTS ET MANUFACTURES

PRÉFACE

DE

HENRI DE PARVILLE

189 figures dans le texte.

PARIS

MASSON ET Cie, ÉDITEURS

120, BOULEVARD SAINT-GERMAIN

1900

A

Monsieur Alfred PICARD

COMMISSAIRE GÉNÉRAL DE L'EXPOSITION DE 1900

Hommage respectueusement dévoué.

A. C.

PRÉFACE

L'Exposition de 1900 restera, pendant longtemps encore, l'effort le plus hardi et le plus imposant qui ait jamais été fait pour glorifier le génie humain. Comme ses aînées, elle représente l'héritage du passé, mais mieux qu'elles, elle est la synthèse grandiose de l'œuvre moderne réalisée par les nations du monde entier. Elle est venue à son heure, comme pour saluer, dans leur épanouissement superbe, les manifestations si variées de l'intelligence et du travail des peuples.

Étapes mémorables : 1855, 1867, 1878, 1889, 1900 ! Dates gravées en traits ineffaçables qui jalonneront, pour nos descendants, l'histoire illustrée du progrès, l'étonnante et prodigieuse évolution de la civilisation. Chaque Exposition a scellé de son sceau l'époque où elle a eu lieu; elle a été le tableau fidèle de son temps; elle a mesuré l'espace conquis, et dressé l'inventaire exact des triomphes successifs de la Science et de l'Industrie. Avec les enseignements du passé, elle a provoqué les enseignements de l'avenir.

C'est pourquoi les Expositions sont toujours fécondes.

Nous avons bien le droit de le rappeler. C'est à notre pays que revient l'initiative de ces grandes assises. « L'idée des Expositions périodiques est une idée toute française, disait en 1865 un ministre éminent, Victor Duruy; elle date de Louis XIV pour les Beaux-Arts, de la Révolution pour l'Industrie; et la France, après l'avoir jetée dans le monde, l'a sans cesse agrandie pour la rendre plus fertile. » Et, en effet, dès 1757, s'ouvrait une Exposition pour les Beaux-Arts, et, le 19 septembre 1778, la première Exposition pour l'Industrie. Ceux qui prirent part à ce concours avaient déjà des noms célèbres. C'étaient les Bréguet, les Lemaire, les Fortin, les Lenoir dans l'horlogerie, les Larochefoucault, les Delaître, les Détrey dans la filature, les Clouet, les Payen dans les produits chimiques, les Didot, les Herhan dans la typographie, etc.

Depuis ces tentatives, nous avons eu à Paris, jusqu'en 1849, onze expositions nationales. La seconde Exposition avait été ouverte au Louvre en 1801 par le Premier Consul. On était parti de 110 exposants; en 1849, on en avait réuni 4 532. Le succès était évident. Napoléon III consulta les Chambres de Commerce sur l'opportunité d'admettre désormais les produits étrangers. L'idée fit son chemin et le Prince Albert eut l'honneur de la réaliser, en convoquant, à Londres, les industriels de toutes les nations. Ainsi s'organisa à Londres, en 1851, la première Exposition Internationale. Ce fut un événement retentissant qui eut une influence capitale sur les transactions générales et sur le développement de l'Industrie.

En 1855, première Exposition Universelle à Paris. En 1862, seconde Exposition Universelle à Londres, la seconde et la dernière! Paris poursuivit l'œuvre commencée. Nous avons eu successivement trois grandes Expositions Internationales, et nous avons 1900!

En 1855 on comptait 24 000 exposants; en 1867, 52 200; en 1878, 52 800; en 1889, 54 000. Nous avons parcouru du chemin depuis 1798 et même depuis 1889, sans doute beaucoup plus qu'on ne l'aurait jamais soupçonné. J'ai fait tant bien que mal « Le Guide Officiel de l'Exposition de 1867 »; j'ai écrit de même des ouvrages spéciaux sur chacune des Expositions de 1878 et de 1889; je suis sans doute suffisamment préparé pour établir des comparaisons. Le progrès n'est pas proportionnel au temps, il croît selon une fonction complexe et plus rapide. La différence est encore plus accentuée entre 1900 et 1889 qu'entre 1878 et 1867. On ne peut comparer sans être frappé de la stupéfiante transformation qui s'est accomplie en onze ans, dans les connaissances humaines, dans les procédés de fabrication, dans les moyens de production. Tout a acquis une puissance et une ampleur extraordinaires.

Sans même pénétrer à l'intérieur des galeries, dont l'examen réclamerait des semaines et des mois, ne suffit-il pas pour voir apparaître les différences, de regarder le décor, le décor qui à lui seul constitue une Exposition inimaginable par son originalité, son immensité et son étrange beauté.

Aux splendeurs d'autrefois ont succédé des splendeurs nouvelles. L'esprit est dérouté par ces magnificences accumulées sur place comme par enchantement. Où sommes-nous? A Paris? en Allemagne, en Espagne, en Italie, en Suède, en Russie, en Angleterre, en Chine, au Japon, dans l'Afrique du Sud? Étranges visions! Tout l'Univers est là groupé sur ce petit coin de la terre parisienne. Une Ville entière a poussé soudain comme au coup de baguette d'une fée bienfaisante et capricieuse. Tout est sorti de terre comme par magie.

Sur les bords de la Seine, le long des quais fleuris, au Trocadéro, au Champ-de-Mars, aux Champs-Élysées, le coup d'œil est incomparable. Le regard se perd ravi et étonné à travers les pavillons innombrables, au milieu des palais, des dômes, des flèches, des coupoles, des clochetons, des arcades, des guirlandes, des mâts, des oriflammes, des drapeaux..... Les façades blanches des édifices sourient aux rayons du soleil de France. Le blanc domine cette fois : c'est l' « Exposition blanche! » Le soir, la féerie vous étreint et vous enivre. Tout brille le long de la Seine; c'est partout un concert de lumières étranges et de couleurs chatoyantes qui se heurtent sur des profils noirs, des clartés d'argent sur les pelouses et les colonnades, un embrasement d'incendie dans les profondeurs de l'espace indécis. On dirait quelquefois, quand tout s'allume, d'un ruissellement de pierreries dont les reflets de topaze, de saphir, d'émeraude et de rubis baignent dans l'or, dans le bleu et dans le pourpre, des palais enchantés.... Spectacle sans pareil, qui n'aura pas de lendemain.

Et réflexion soudaine : il n'aura fallu que quelques mois pour donner une forme à ce rêve des Mille et une Nuits! Devant ces merveilles, l'imagination hésite et s'arrête confondue. Oui, partout fête des yeux, s'il en fut jamais, écrin éblouissant de trésors rares et de joyaux inimitables réunis pour le plaisir de la multitude; mais aussi leçon incomparable pour les foules!

Nous sommes vraiment dans les splendeurs d'une ère nouvelle, qui, au milieu d'un coup de tonnerre formidable, salue le siècle qui s'en va et le siècle qui vient.

Mais les jours vont vite; comme le bouquet d'un feu d'artifice, cette fantasmagorie unique au monde s'évanouira dans le bruit des applaudissements. Viendra Novembre le triste. Après l'apothéose finale, les brouillards envelopperont les rives du fleuve comme un rideau qui tombe après le spectacle. Novembre! Le soleil doré s'enfoncera gris dans les brumes; ce sera la minute fatale, l'heure de la séparation et des adieux. Aussi l'heure des regrets. Il faudra se souvenir.

Alors, plus encore qu'aujourd'hui, on trouvera un charme singulier à lire les pages suivantes écrites par un passionné du progrès qui a vu jour par jour s'élever et grandir l'œuvre immense, du soubassement au faîte. Ce livre a été vécu. Il restera.

HENRI DE PARVILLE.

LES TRAVAUX

DE

L'EXPOSITION DE 1900

CHAPITRE I

ÉTUDE D'ENSEMBLE SUR L'EXPOSITION DE 1900

I

ESQUISSE GÉNÉRALE.

Lorsque les portes de l'Exposition seront fermées, du gigantesque travail auquel tant d'efforts et tant d'intelligences auront contribué, il restera encore le souvenir des merveilles admirées et les connaissances nombreuses dont notre grande manifestation de 1900 aura été l'enseignement.

En cherchant à résumer tout ce que l'année 1900 a exigé de travail et lorsqu'on pense aux résultats qui ont été obtenus, on ne peut s'empêcher de faire une réflexion et se demander si, pour tant de préparation, et pour tant d'argent dépensé, il était nécessaire d'édifier une Exposition de si courte durée; elle ressemble à ces merveilleux feux d'artifice qui ont exigé des semaines et des mois d'ouvrage dans les ateliers et qui n'éblouissent nos yeux que pendant quelques minutes. Les anciens élevaient, eux aussi, des villes pleines de palais et de jardins, ils y employaient les journées de milliers de travailleurs et, sitôt l'ouvrage fini, tout disparaissait pour retomber dans le néant.

Pour l'Exposition de 1900 il n'en est pas de même, car son principal privilège est beaucoup moins de créer un spectacle grandiose pour

notre admiration, que de marquer une date dans l'histoire industrielle
du Monde : elle est une ère à laquelle on se reportera, comme elle a
été un but pour bien des efforts ; et, pour lui donner toute l'importance
qu'elle méritait, il fallait recevoir avec éclat les travailleurs qui sont
arrivés de toutes parts, il fallait construire un cadre royal aux produits de ces intelligences qui accourent vers nous, il fallait frapper
un grand coup qui impressionnât les masses et laissât une empreinte
profonde dans les mémoires. Voilà pourquoi on a élevé des palais
pour un jour, et pourquoi des architectes ont donné le meilleur de
leur génie, c'est pour cela qu'on a dépensé des centaines de millions.
Tous les yeux de l'univers sont tournés vers nous, et c'est Paris, la
grande Ville-Lumière, qui a l'honneur de planter son drapeau, au
déclin du siècle qui s'éteint, sur ce champ immense de la civilisation.

La fête durera six mois et il aura fallu six années pour la préparer. L'ouvrage était considérable et c'est au zèle infatigable de son
chef que revient tout le mérite du succès. M. Picard a su s'entourer
de ce brillant état-major qui l'a si merveilleusement secondé ; il a
organisé les divers concours à la suite desquels ont été nommés les
architectes des différents palais ; il a fait appel aux puissances étrangères et a su communiquer à chacun ses idées sur le plan d'ensemble
de l'Exposition ; enfin, par un choix délicat et fort difficile, il n'a
retenu des milliers de propositions faites pour des attractions, que
celles qui, par leur nouveauté, leur caractère artistique et la con-
formité du genre avec les goûts de notre époque, étaient à même
de laisser l'Exposition sur le piédestal élevé où il l'avait primitivement placée.

Une des plus grosses difficultés à vaincre était de choisir une
classification des produits qui permît au public de tirer de ses
visites l'enseignement le plus salutaire, sans pour cela être ni
monotone ni fastidieuse. Aux expositions précédentes, il y avait
toujours eu une certaine confusion ; on y rassemblait les objets plutôt par leur origine et par leurs dimensions que par leur nature : ainsi
chaque pays montrait, dans un pavillon spécial, l'ensemble de son
industrie et de sa culture, les machines étaient réunies dans une même
enceinte, sans souci de leur destination, ni de la matière première
qu'il s'agissait de transformer. L'Exposition de 1900 a dressé une
classification nouvelle qui sera sûrement le prototype de toutes les
manifestations industrielles de l'avenir.

Elle prend le produit à son état natif et nous le fait voir dans
son milieu d'origine, en nous permettant d'en étudier les différents
modes d'extraction ; puis elle le suit dans ses périodes de transfor-

mation pour arriver à nous le montrer dans ses applications ; enfin, dans une dernière section, on nous parle de son histoire par une

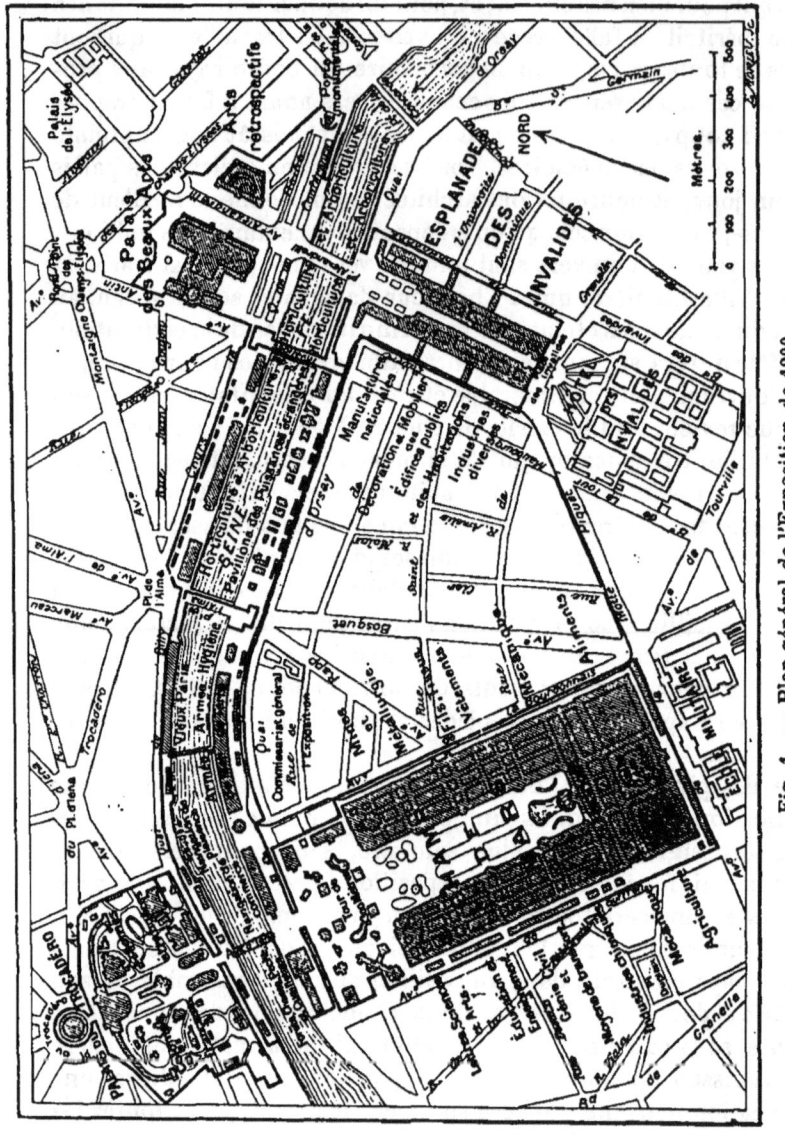

Fig. 1. — Plan général de l'Exposition de 1900.

exposition rétrospective qui laisse voir les objets de la classe, depuis les temps les plus reculés jusqu'à nos jours.

Ce mode de groupement qui est éminemment rationnel, puisqu'il nous permet d'étudier chaque produit depuis son état brut jusqu'à ses applications, n'était possible que maintenant et il n'est pas étonnant qu'aux expositions précédentes il n'ait pas été employé. En effet, jusqu'à ces derniers temps, les seuls moyens pratiques, pour transporter la force motrice, étaient les transmissions rigides et les transmissions par courroies ; il était donc nécessaire de réunir en un seul local toutes les machines, sous peine de créer pour chacune d'elles, si elles avaient été disséminées sur toute la surface de l'Exposition, un générateur spécial de vapeur ; l'inconvénient de ce système eût été très grand : d'abord, il aurait été encombrant de faire des installations de foyers avec cheminées d'usines de tous les côtés, cela aurait été fort disgracieux ; d'autre part, il y aurait eu une certaine difficulté à créer les sources des forces motrices pour des machines quelquefois fort peu importantes. Le seul moyen possible était d'assembler toutes ces machines en un seul local, celles-ci étaient alors mises en mouvement par des transmissions provenant d'un plan d'ensemble : de grands arbres armés de poulies distribuaient à chacun l'énergie suivant les besoins. C'est ce qui a été fait en 1889 dans la galerie de 120 mètres.

Aujourd'hui, les circonstances ne sont plus les mêmes, nous avons à notre service la grande Fée Électricité que nous employons comme nous l'entendons, et c'est à elle encore qu'on a eu recours pour faire, à notre Exposition de 1900, la répartition de la force motrice nécessaire : mais avec quelle facilité ! et surtout avec quelle élégance ! Finies ces courroies de transmission qui encombraient les galeries et qui étaient une cause constante de dangers ; finis ces bruits assourdissants qui empêchaient de parler dès qu'on pénétrait dans les enceintes des machines : désormais la vapeur est tout entière fabriquée dans des usines centrales et sert uniquement à faire marcher de puissantes dynamos qui engendrent la force électromotrice ; celle-ci est alors envoyée, par fils souterrains et invisibles, dans toutes les directions, si éloignées qu'elles soient du centre de production ; les machines de fabrication et les machines-outils reçoivent l'énergie qui leur est nécessaire pour remplir leurs fonctions, grâce à des transformateurs situés auprès d'elles. C'est cette circonstance de l'usage qu'on peut faire, aujourd'hui, d'une façon absolument pratique, du transport de la force motrice par câbles électriques, qui a permis de réaliser la classification nouvelle nécessitant l'installation des machines auprès du produit, dans le local qui lui est réservé.

Voici en quelques lignes la répartition générale des palais sur la surface de l'Exposition ; nous reviendrons ensuite, en des paragraphes spéciaux, avec plus de détails, sur chacune des parties.

Les Champs-Élysées, avec les deux Palais, sont entièrement consacrés aux Beaux-Arts ; le Petit Palais, construit par M. Girault, est réservé à l'histoire rétrospective de l'art depuis les temps les plus anciens jusqu'à 1800. Le Grand Palais recouvre l'exposition centenaire de la Peinture et de la Sculpture et la production de nos artistes contemporains.

L'art continue à se montrer sur l'Esplanade des Invalides sous plusieurs manifestations ; ici, c'est l'art industriel, c'est-à-dire celui qui se rapporte à l'habitation et à l'ameublement, en y comprenant la céramique, la verrerie et le travail du bois ; les manufactures nationales ont également leur palais aux Invalides ; nous y voyons enfin une branche fort intéressante et très curieuse de l'art décoratif, l'art de la décoration de la rue.

On sait que les quais de la Seine, sur ses deux rives, sont compris dans l'enceinte de l'Exposition, entre les Champs-Élysées et le Champ-de-Mars. La partie gauche est attribuée aux pavillons des puissances étrangères et aux palais des armées de terre et de mer. Les édifices construits par les différents pays ne sont pas, en principe, destinés à couvrir des produits courants d'exposition, puisque ceux-ci sont répartis dans toutes les classes suivant leur nature ; nous y voyons des souvenirs nationaux, des expositions rétrospectives d'art, on y a installé également des salons d'honneur pour recevoir les différents souverains, enfin on a établi des bars et des restaurants.

Sur la rive droite, nous avons, entre les ponts des Invalides et de l'Alma, la rue de Paris qui contient trois palais, ceux de la Ville, de l'Horticulture et des Congrès, ainsi qu'une multitude de petites constructions rappelant le côté gai de notre capitale : les Bonshommes Guillaume, le palais de la Chanson, la Roulotte, la Maison à l'envers, etc.

Après le pont de l'Alma, nous voyons la reconstitution du Vieux Paris par M. Robida ; cette attraction est une des plus intéressantes de l'Exposition.

Le Champ-de-Mars est couvert de palais dont les dénominations indiquent le sérieux de leur caractère : palais de la Métallurgie, palais du Génie civil, palais de l'Éducation, palais de l'Électricité.

L'ancienne galerie des machines est transformée, au centre, en une immense salle de fêtes ; à droite et à gauche, nous avons l'Agriculture et l'Alimentation.

Le Trocadéro est très attrayant avec ses constructions originales et exotiques ; c'est, en effet, dans ses jardins que sont faites les expositions des contrées spéciales ; la partie gauche est réservée aux colonies françaises et la partie droite aux colonies des pays étrangers, la Sibérie pour la Russie, Java et Sumatra pour la Hollande, et pour l'Angleterre les Indes, le Canada.... l'Égypte et le Transvaal.

L'Exposition de 1900 ne se limite pas aux surfaces couvertes sur les rives de la Seine ; on sait qu'à Vincennes nous avons une superficie au moins égale à celle de la partie couverte à Paris ; c'est à Vincennes qu'on a envoyé les objets encombrants et volumineux, comme les chemins de fer, les maisons ouvrières, etc. C'est également à Vincennes qu'on a centralisé les sports.

II

LES CHAMPS-ÉLYSÉES.

En regardant les plans des diverses Expositions universelles qui ont eu lieu depuis une trentaine d'années à Paris, on se rend compte qu'il existe un mouvement tendant à les rapprocher du centre de la capitale : en 1867, l'Exposition ne couvrait que le Champ-de-Mars ; en 1878, on s'empara du Trocadéro ; en 1889, on engloba l'Esplanade des Invalides ; pour 1900, on a pris les Champs-Élysées. Chaque fois, la surface s'est trouvée augmentée d'une nouvelle zone dont les portes étaient plus accessibles au public, par leur rapprochement des artères principales de la ville.

Il est probable que pour notre Exposition actuelle, ces limites ont été reculées autant que possible ; nous ne voyons pas, en effet, sur quelles nouvelles emprises les Expositions futures pourraient être installées, si on voulait encore s'étendre vers le centre de Paris.

Les Champs-Élysées se trouvent au milieu du mouvement élégant ; et, en les mettant dans l'enceinte de l'Exposition, les organisateurs se sont assurés d'un des principaux facteurs du succès. Les facilités que les visiteurs ont pour se rendre à notre belle manifestation internationale ne feront qu'accroître la foule ; or, on sait que plus le public est nombreux et plus la fête est belle.

Les Champs-Élysées constituent la partie aristocratique et choisie de l'Exposition ; dans les jardins qui entourent le Grand Palais, il n'y a ni bars, ni restaurants, mais de belles allées bien encadrées de verdure : les grands arbres qui ornaient le Jardin de Paris disparu et qui ont été respectés, constituent un des éléments du caractère élevé de ces parages; ils ont, par leur physionomie,

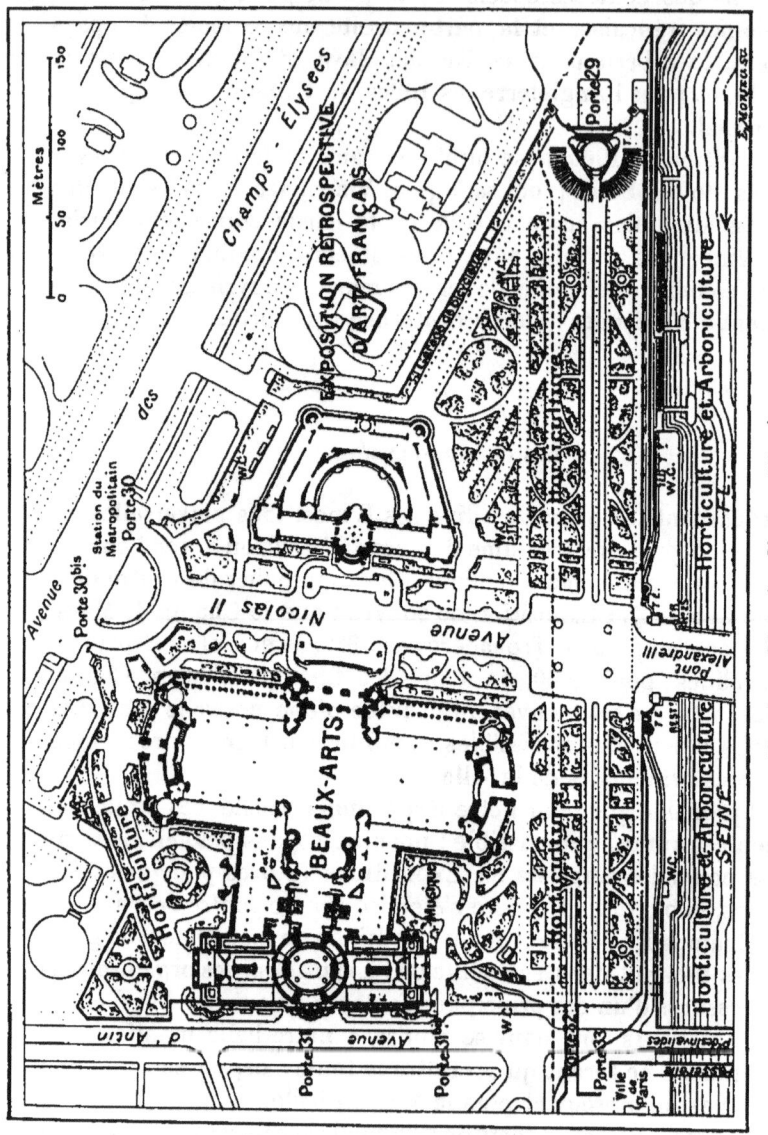

Fig. 2. — Plan des Champs-Élysées.

quelque chose de *pas neuf*, si bien que les Parisiens eux-mêmes peuvent s'imaginer voir un palais déjà à eux depuis longtemps.

Les deux belles entrées de l'Exposition sont aux Champs-Élysées:

la Porte monumentale sur la place de la Concorde et l'accès de l'Avenue Nicolas II à son intersection avec l'avenue des Champs-Élysées. Il est certain qu'à certaines heures de la journée les abords du Grand Palais présenteront une animation exceptionnelle : presque tous les moyens de transport ont un point de contact avec l'Exposition aux Champs-Elysées : les lignes d'omnibus qui arrivent place de la Concorde se ramifient, grâce aux correspondances, avec tous les quartiers de Paris; nous avons ensuite les bateaux de la Seine, aussi bien ceux d'aval que ceux d'amont, ils s'arrêtent tous aux abords du Pont de la Concorde. Enfin, le Métropolitain amène aux Champs-Élysées des milliers de voyageurs, soit des quartiers populeux de l'Est, soit des quartiers élégants de Passy et de l'avenue du Bois. Toute cette foule doit forcément se répandre sur la surface de l'Exposition, elle ne stationne pas aux Champs-Elysées : elle trouve un débouché au pont Alexandre et à une passerelle spécialement aménagée au-dessus de l'avenue d'Antin, conduisant les visiteurs sur les quais du Cours-la-Reine. On a réservé également au public le passage souterrain construit dès les premiers jours des travaux de l'Exposition pour l'arrivée aux chantiers des Champs-Élysées des matériaux venant par la Seine. Ce passage couvert a été aménagé avec soin à l'aide de rochers factices et de plantes variées; il permet aux visiteurs de se répandre sur les berges et, en passant sous le pont des Invalides, de gagner le boulevard fluvial du Cours-la-Reine.

Si les beautés artistiques entassées dans les Grand et Petit Palais attirent une partie importante du public des Champs-Élysées, il est certain que les jardins en retiennent également une fraction considérable. La vue merveilleuse, qui s'étend par-dessus le fleuve jusqu'au dôme des Invalides, est une des plus belles visions de la capitale : les monuments, bien plantés sur l'avenue nouvelle, forment un premier plan du tableau, les pylônes du pont guident l'œil vers le point élevé qui forme le fond du décor, les palais de l'Esplanade avec leurs flèches et leurs campaniles dorés donnent une animation merveilleuse au panorama ; enfin la verdure, qui est très fournie sur les deux côtés de la Seine, forme un soubassement dont la teinte soutient très harmonieusement la blancheur des monuments.

Dès que le pavillon du porche central de l'ancien Palais de l'Industrie a été abattu, on a pu avoir une impression de l'aspect grandiose de la nouvelle avenue.

Il est juste de dire ici un dernier adieu à cet immense Palais qui fut le berceau des Expositions universelles en France; il n'était peut-être pas aussi beau que l'aurait voulu le luxe décoratif de notre capitale; mais on y était habitué et cette circonstance suffit pour que nous le regrettions.

On sait que les deux Palais absorbent toute l'histoire de l'art : le Grand est réservé aux peintres et sculpteurs du siècle et aux contemporains, le Petit Palais nous montre tout ce qu'on a pu réunir de l'art ancien.

Le Petit Palais, qui est sûrement un des plus beaux monuments modernes, par son unité et sa forme, sera merveilleusement goûté des artistes qui, après l'Exposition, verront leurs œuvres exposées en cet endroit. La préoccupation de M. Ch. Girault, l'architecte, a été, en étudiant le plan de son Palais, de faire un temple de l'Art : il a visité les principaux musées d'Europe, et a su voir en chacun ce qu'il y avait de mieux pour l'appliquer aux Champs-Élysées.

Les dispositions sont prises de façon que le peintre et le sculpteur trouveront toujours un éclairage convenable pour leurs œuvres. Les salles du pourtour sont éclairées latéralement par de grandes baies ouvertes sur les jardins ; toutes les expositions de jours se rencontrent puisque, le Palais étant isolé, les salles sont tournées dans toutes les directions possibles. A l'intérieur du monument, nous avons une deuxième série de galeries dans lesquelles la lumière ne vient que par en haut, c'est l'éclairage le meilleur pour la peinture. Au centre de l'édifice on a ménagé un jardin intérieur en demi-cercle bordé, sur sa partie circulaire, par un péristyle garni de colonnes : les artistes trouveront là une lumière mitigée entre celle du plein air et celle des salles; enfin le jardin intérieur lui-même offre pour bien des statues le cadre approprié et désiré par leurs auteurs.

Le Grand Palais ne présente pas une diversité aussi considérable de lumières, ses dimensions ne permettaient guère de chercher des combinaisons savantes. Nous avons un peu la répétition de ce que nous avions au Palais de l'Industrie : une grande piste pour la sculpture et des salles bien éclairées au premier étage pour la peinture.

III

L'ESPLANADE DES INVALIDES.

La différence qui distingue l'Exposition de l'Esplanade en 1900 de celle qui nous avait retenus en 1889, est que, cette fois, les constructions qui couvrent cette place présentent une homogénéité absolue et procèdent d'un plan d'ensemble fort bien dressé. Il y a dix ans, lors de notre dernière manifestation, l'Esplanade des Invalides n'offrait qu'un intérêt secondaire, toute l'attention se portait au Champ-de-Mars et aux abords de la Tour Eiffel; les édifices de l'Esplanade étaient disparates et diffus : il y avait de tout sur cette Esplanade : le Palais de la Guerre, l'Algérie, des panoramas, l'exposition des eaux minérales, etc.; on y avait relégué les parties encombrantes et proposées trop tard, c'était le Vincennes de 1900.

Maintenant, il n'en est plus de même; l'Exposition de 1900 a son centre au pont Alexandre, les Champs-Élysées et les Invalides. C'est de ce côté surtout que se porte la curiosité des visiteurs; il était donc nécessaire de traiter cet emplacement avec plus de soins, de lui donner une unité qui contribuât au décor d'ensemble dont font partie les Grand et Petit Palais, le Pont et même le dôme de Mansart.

Il y avait une certaine difficulté à vaincre. On sait que la Compagnie de l'Ouest avait obtenu depuis longtemps, avant même qu'il ne fût question de l'Exposition de 1900, la concession de construire aux Invalides, près de la Seine, une grande gare pour son chemin de fer; celle-ci absorbe une surface considérable puisqu'elle est composée de onze voies parallèles. Nous savons également que les travaux de la Compagnie sont complètement installés dans une tranchée profonde recouverte par un plancher en fer qui reçoit la chaussée; c'est donc sur cet ensemble qu'il fallait construire une partie des nouveaux palais. Les difficultés qu'avaient à surmonter les architectes étaient de deux ordres : d'abord, il fallait que les édifices, tout en présentant l'aspect imposant requis, fussent édifiés en matériaux très légers, afin de ne pas trop peser sur les poutres métalliques de la couverture du chemin de fer; ensuite, il fallait mener les travaux très rapidement, car la Compagnie a subi des retards pour l'achèvement de sa plate-forme et, naturellement, on ne pouvait commencer les monuments, qu'après l'achèvement de l'ouvrage qui devait les supporter.

Le plan d'ensemble de l'Esplanade nous montre qu'au débouché du pont Alexandre, on a laissé un grand espace recouvert de jardins et qu'entourent les deux palais des Manufactures nationales. Ceux-ci sont édifiés en évasement, ils servent à préparer l'œil à la rue étroite qui sépare la place en deux parties et sur lesquelles sont construits d'autres palais.

Le palais des Manufactures nationales se compose de deux corps de bâtiments symétriques et en tous points pareils; ils présentent une façade sur le quai de la Seine et une autre sur les jardins. Ainsi qu'on peut le voir sur le plan, ils ont très peu de profondeur, les galeries sont fort étroites, le monument est tout entier

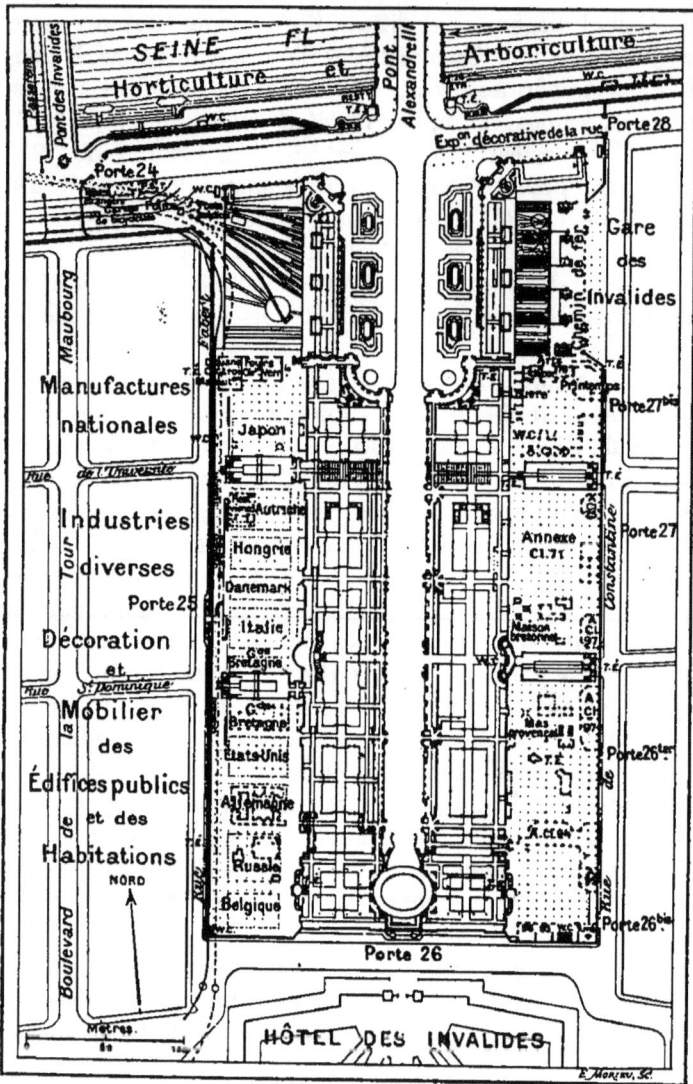

Fig. 3. — Plan de l'Esplanade des Invalides.

en façade. La partie de gauche embrasse le bâtiment de la gare de la Compagnie de l'Ouest qui est un fort bel édifice, mais dont l'aspect est complètement caché pendant le cours de l'Exposition : ce n'est qu'après la fête, lorsque les palais seront démolis, que l'on pourra en admirer l'architecture.

Cet édifice des Manufactures nationales est un des plus réussis de l'Exposition ; sa situation exceptionnelle, bien en vue, se prêtait d'ailleurs merveilleusement à un beau déploiement d'architecture. Les auteurs ont eu une idée fort heureuse : ils ont établi des terrasses avec murs de fonds sur lesquels ils ont fait exécuter des grandes peintures décoratives ; l'effet est nouveau et sûrement d'un très grand succès. Les architectes sont MM. Toudoire et Pradelle.

Un raccordement en quart de cercle permet aux édifices du premier plan de rattraper la largeur de la rue centrale. Dans celle-ci nous avons deux palais fort intéressants ; celui de droite est dû à MM. Larches et Nachon, celui de gauche à M. Esquié. Ces deux monuments ne se ressemblent d'aucune façon, ils ont chacun leur architecture bien définie qui dénote deux auteurs différents ; toutefois, ils sont semblables... je m'explique : les porches sont situés en face l'un de l'autre, les clochetons sont élevés sur les mêmes axes, des galeries découvertes ont été prévues de façon à se faire pendants. Il existe entre ces deux palais une harmonie qui empêche l'un de faire du tort à son voisin d'en face.

Le palais du fond, dû à M. Troppey-Bailly, est construit sur le même principe que celui des Manufactures nationales du premier plan : il est divisé en deux parties symétriques et jumelles ; une cour circulaire et ouverte aux deux extrémités de son axe, vient continuer la rue centrale, de façon à ne pas en interrompre l'alignement ; la présence de cette cour circulaire est fort heureuse, car elle a permis le dessin de deux façades courbes du meilleur effet avec clochetons élevés ; ceux-ci servent aussi à la décoration d'ensemble de la façade principale, sur la rue de Grenelle. De ce côté, nous avons deux grandes frises décoratives peintes en couleur de terre cuite, elles servent de sujets principaux à l'architecture, tout le reste paraissant servir d'encadrement. Les auteurs de ces deux frises sont MM. Frères et Damé.

Tous les arbres de l'Esplanade des Invalides ont été respectés, aucun d'eux n'a été enlevé, les palais n'étant construits que sur la partie médiane, celle qui n'est pas boisée. Le sol du rez-de-chaussée, ainsi que celui de la rue médiane, a été relevé de $1^m,50$ par rapport au niveau ancien, de sorte que la cote des planchers est en contre-haut de $1^m,50$ par rapport au sol des parties latérales et extérieures aux monuments. Ce remblaiement a été jugé nécessaire afin de donner plus de soubassement aux palais de l'Esplanade, ils sont ainsi vus avec plus de hauteur par les spectateurs qui sont placés de l'autre côté du pont Alexandre III. Ce nivellement était d'ailleurs indispensable, car le sol de l'Esplanade ne forme pas une pente régulière, depuis la Seine jusqu'à l'Hôtel des Invalides ; au centre, vers la rue de l'Université, il y a une dépression très sensible qu'il était nécessaire de faire disparaître.

Les différents palais recouvrent les produits des industries diverses, notamment de ceux qui se rapportent à la décoration de l'habitation et au mobilier : les palais de gauche, construits du côté de la rue Constantine, sont réservés à la section française, et ceux de droite aux sections étrangères.

Les moyens d'accès à l'Esplanade sont le pont Alexandre, qui communique avec les Champs-Élysées, et la passerelle construite au-dessus de l'avenue de la Tour Maubourg, à l'entrée du pont des Invalides ; elle met ces parages directement en rapport avec le quai d'Orsay sur lequel sont construits les palais des puissances étrangères ; en dehors de ces deux moyens, nous avons également toutes les portes depuis le n° 24 jusqu'au n° 28 *bis*, ainsi qu'il est indiqué sur le plan.

Ajoutons que le chemin de fer électrique de l'Exposition et la plate-forme mobile longent la rue Fabert ; on a ménagé une station entre les rues Saint-Dominique et de l'Université. Ces deux modes de locomotion permettent au public de gagner soit le quai d'Orsay, soit le Champ-de-Mars, par l'avenue de la Motte-Piquet.

IV

LES BORDS DE LA SEINE.

Le visiteur, qui connaît déjà les palais des Champs-Élysées et ceux de l'Esplanade des Invalides, continue son excursion à travers l'Exposition par une promenade sur les rives de la Seine ; celles-ci sont comprises à l'intérieur de l'enceinte, entre le pont Alexandre et le pont d'Iéna.

Les transformations que notre fleuve a subies et le coup d'œil féerique qu'il présente, sont sans contredit le côté le plus attrayant de la fête. Les galeries et l'imposante architecture des palais qui couvrent les Champs-Élysées, l'Esplanade et le Champ-de-Mars, ont une grande part du succès ; sans doute... mais, le public a toujours un penchant pour les grands décors d'ensemble, surtout lorsque ceux-ci se présentent sous une forme nouvelle et imprévue ; les objets exposés retiennent les personnes curieuses de se renseigner et de s'instruire, les abords de la Seine attirent tout le monde sans distinction.

Les berges du fleuve, pour la traversée de l'Exposition, ont été radicalement transformées ; en effet, plusieurs millions ont été dépensés pour changer les anciens ports de tirage en ports droits. Ce travail n'est pas perdu, car il fait partie d'un plan d'ensemble de la réfection totale des rives de Paris. Mais, au point de vue de l'Exposition, le but de cet ouvrage a été de présenter un sol horizontal sur lequel on pouvait asseoir des constructions importantes et bien disposé pour établir un large boulevard fluvial.

Cette promenade, sur les bords même de la Seine, possède un charme tout particulier, provenant de la présence du fleuve plus bas d'un mètre seulement que la chaussée et du panorama incomparable qui se déroule devant les yeux.

La Seine présente un alignement droit entre les ponts des Invalides et de l'Alma ; elle forme ainsi un grand bassin rectangulaire sur lequel on compte donner, pendant l'Exposition, des parades de bateaux et des défilés nautiques avec fêtes nocturnes. Aussi cette section du fleuve a-t-elle été soignée d'une façon toute particulière ; à ses deux extrémités, nous avons les passerelles provisoires construites contre les deux ponts ; elles ont une ornementation des plus riches et des plus gaies, due aux architectes MM. Mewès et Gauthier. Ces deux passerelles sont uniquement réservées aux visiteurs de l'Exposition, le public ordinaire de la rue peut donc continuer à se servir des ponts eux-mêmes pour traverser la Seine ; toutefois, l'enceinte de l'Exposition n'est pas interrompue par ce fait, car, sur les quais, aux deux extrémités de ces ponts, on a établi des passerelles par-dessus la chaussée, de façon à laisser le public longer la rivière sans sortir de l'Exposition.

Sur la rive droite, trois palais officiels sont élevés et occupent à eux seuls presque toute la distance comprise entre les ponts des Invalides et de l'Alma : les palais de la Ville de Paris, de l'Horticulture et des Congrès ; le seul qui mérite un intérêt spécial est celui qui sert de temple aux fleurs ; il se compose de deux grandes serres jumelles séparées par un grand terre-plein en jardin dominant un large escalier aboutissant sur le boulevard fluvial inférieur construit sur la berge ; les deux autres sont des édifices fort disgracieux n'ayant d'autre excuse d'existence que l'utilité de leur destination.

Sur la rive gauche, nous voyons l'enfilade de palais des puissances étrangères, élevés les uns à côté des autres sur le quai supérieur. La construction de ces monuments a été assez difficile à établir à cause de l'existence du chemin de fer de l'Ouest qui passe en tranchée par cet endroit; il a fallu couvrir cette dernière avec un plancher en ciment armé sur lequel les édifices ont été élevés; toutefois, ils n'ont pas pris leurs points d'appui sur cette couverture même — cela aurait été imprudent, — on a dû établir des espèces de ponts en fer pardessus la tranchée et c'est sur cette arcature métallique qu'on a monté les murs des palais.

Du côté de la Seine, et devant ces palais, on a établi une plate-forme en bois qui constitue une promenade située au-dessus du boulevard fluvial dont nous parlions plus haut; plusieurs pavillons étrangers ont même été installés de façon à empiéter sur cette plate-forme; la saillie est alors disposée en arcades sous lesquelles on peut passer, de façon à ne pas interrompre l'alignement général.

Les palais étrangers ont été divisés en deux lots séparés par un

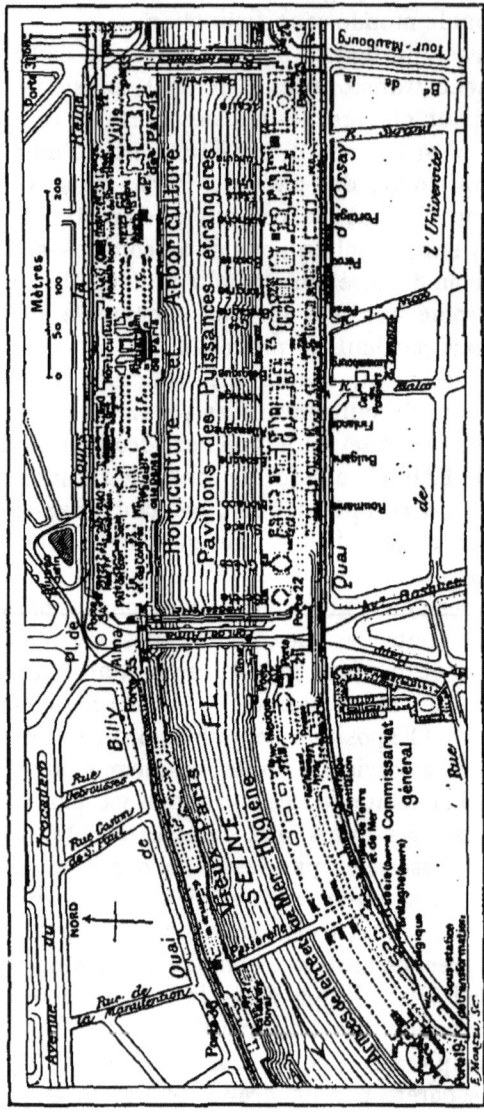

Fig. 4. — Plan des bords de la Seine.

grand jardin situé en face de l'escalier monumental du palais de l'Horticulture ; le regard peut ainsi embrasser chacune des deux parties avec plus de profit esthétique que si la continuité n'avait pas été interrompue.

Tous ces palais sont fort intéressants et offrent chacun une architecture originale rappelant le pays auquel elle se rattache ; ils sont construits avec un luxe de décoration considérable qui montre le désir que les différents États avaient de faire une belle figure à notre grande manifestation de la fin du siècle. Ceux qui retiennent le plus l'attention des visiteurs sont ceux de l'Italie et de l'Allemagne ; le premier est une composition originale faite d'après des reproductions de motifs pris sur les palais de Venise ; on reconnaît la copie textuelle de la porte della Carta du palais des doges et les coupoles de l'église Saint-Marc. Quant au palais allemand, il représente une habitation austère de la Bavière ; les toits, peints en vert doré, sont très élancés et montrent beaucoup de mouvement ; ils soutiennent une tour qui n'a pas moins de 45 mètres de hauteur.

Un palais qui intéresse moins par sa beauté que par l'originalité de sa conception, est l'édifice des États-Unis ; c'est une grande masse carrée surmontée d'une coupole imposante et munie d'un portique qui n'a d'autre mission que d'encadrer la statue équestre de Washington. On sait que les Américains ne sont pas des artistes et que, pour eux, la manifestation du beau se traduit par la représentation de l'argent dépensé ; or, tout leur palais représente cette idée ; on y voit en effet beaucoup de pierre et beaucoup d'or.

La Belgique est très bien interprétée et fait une fort belle figure dans ce concours des nations. Elle montre une reproduction exacte de l'hôtel de ville d'Audenarde qui fut construit de 1525 à 1530 par l'architecte bruxellois Van Pede ; c'est le plus beau type connu des anciens édifices communaux des Flandres.

Après le pont de l'Alma, la Seine change d'aspect ; au lieu d'être rectiligne, comme dans la section précédente, elle présente une courbe très prononcée ; sur la rive gauche, nous avons le palais du Mexique, c'est une grande construction d'aspect sévère et triste, précédant le palais de la Guerre, qui s'étend sur une longueur de 350 mètres.

Presque toute la rive gauche de la Seine, entre les ponts de l'Alma et d'Iéna, est réservée à l'armement, car à côté du palais des Armées de terre et de mer, nous voyons des pavillons russe, anglais et belge réservés à l'exposition des moyens de défense ; le plus important des pavillons isolés est celui de MM. Schneider et Cie, pour leur exposition du Creuzot ; il représente une coupole métallique de 40 mètres de hauteur. Il y a de la fantaisie dans cet ouvrage, dû à l'architecte M. Bonnier, mais l'impression qui s'en dégage est la puissance des moyens de défense et d'attaque ; le blindage de la couverture semble défier tous les projectiles, et les gros canons dirigés vers la Seine sont des exemples de nos meilleures et plus puissantes unités d'artillerie.

En face du palais des Armées de terre et de mer, les Parisiens ont pu admirer, pendant plusieurs mois avant l'Exposition, ce merveilleux tableau dû au crayon de M. Robida et qui représente une évocation du Vieux Paris ; cette délicieuse synthèse nous donne une impression charmante de ce que pouvait être la vie de nos grands-pères à la capitale ; il y a dans ce décor une foule de détails qu'on découvre les uns après les autres ; tel balcon avait échappé à la première vision, tel campanile n'était pas apparu avec sa finesse et sa dentelure ; c'est un amusement constant pour les yeux qui cherchent et pour l'esprit qui découvre.

Il faut dire deux mots de la passerelle qui est lancée par-dessus la Seine, en face du palais de la Guerre, nous en reparlerons d'ailleurs plus loin. Elle fait le plus grand honneur à MM. Résal et Alby qui l'ont dessinée, car elle est mathématiquement belle ; les chiffres ont produit un ouvrage d'art?... la chose est assez rare pour pouvoir être constatée. Il y a un tel sentiment d'équilibre dans ses lignes, que les yeux perçoivent presque d'eux-mêmes les efforts de résistance auxquels chaque pièce est soumise.

Sur la rive droite, la passerelle sépare le Vieux Paris du restaurant populaire de la Société des bouillons Duval.

La dernière attraction qui nous retient avant d'arriver au Trocadéro est un petit port en miniature établi à l'aide d'une digue construite en pleine eau ; des yachts de plaisance et des bateaux de luxe mouilleront dans ce port pendant toute la durée de l'Exposition ; ils ont auprès du public un très gros succès, car on sait que celui-ci est toujours très curieux de tout ce qui touche à la navigation telle que la comprennent nos riches amateurs.

V

LE CHAMP-DE-MARS.

En 1889, l'attrait immense de la tour Eiffel et des merveilleuses constructions qui l'environnaient, avait eu pour résultat de faire du

Champ-de-Mars le centre de l'Exposition ; c'est de ce côté que se portait la foule curieuse, et l'on se souvient encore des agglomérations qui s'y sont produites ; toutes les autres zones, c'est-à-dire le Trocadéro, les quais et l'Esplanade, n'avaient qu'une importance de second ordre. Aujourd'hui, il n'en est plus de même, la Tour de 300 mètres est trop connue pour avoir le même prestige qu'il y a dix ans et, d'autre part, la nouveauté du palais des Champs-Élysées et du pont Alexandre III attirent naturellement de leur côté l'intérêt principal du public.

Pourtant, afin de rétablir, autant que possible, l'équilibre de la densité moyenne de la foule, on n'a pas hésité à donner aux palais du Champ-de-Mars une splendeur exceptionnelle et à réunir dans ses jardins une série de constructions et d'attractions toutes plus gaies, plus colorées et plus intéressantes les unes que les autres.

Ainsi qu'on peut le voir sur le plan qui accompagne ces lignes, l'idée d'ensemble qui a présidé à l'élaboration des divers palais, a été de ménager un vaste jardin au milieu des palais qui doivent l'entourer. De tous ces palais, le plus grand, le plus mouvementé, celui qui attire le premier les regards des visiteurs est le Château d'Eau accolé au palais de l'Électricité qui tient tout le fond du décor et constitue l'élément principal de cet immense tableau d'ensemble des constructions du Champ-de-Mars ; cette pièce importante se compose de deux parties, l'une forme la façade du palais de l'Électricité, elle est un grand rideau de dentelle aérienne qui se trouve placé derrière la massive architecture du Château d'Eau ; ce dernier monument, qui est tout entier en décoration, puisqu'il ne recouvre aucune salle, forme une niche de 20 mètres d'ouverture, contenant une large vasque d'où s'étend une immense nappe d'eau colorée. A sa base, un vaste bassin, placé entre deux talus conduisant au premier étage des palais adjacents, reçoit le liquide et est lui-même orné de jets d'eau divers, de statues et de plantes aquatiques.

A droite et à gauche de ce motif central, nous voyons les deux séries de palais : ceux-ci se composent de trois unités de chaque côté. Elles ont chacune une architecture spéciale et un caractère indépendant, toutefois les galeries intérieures sont disposées de façon à se continuer les unes les autres ; la répartition de celles-ci a été établie pour qu'un visiteur qui s'est engagé dans un palais à une extrémité puisse parcourir toute la file des monuments sans sortir de la même galerie ; cette disposition est fort avantageuse pour le classement des produits et pour l'installation des différents groupes se rapportant aux diverses sortes d'objets exposés.

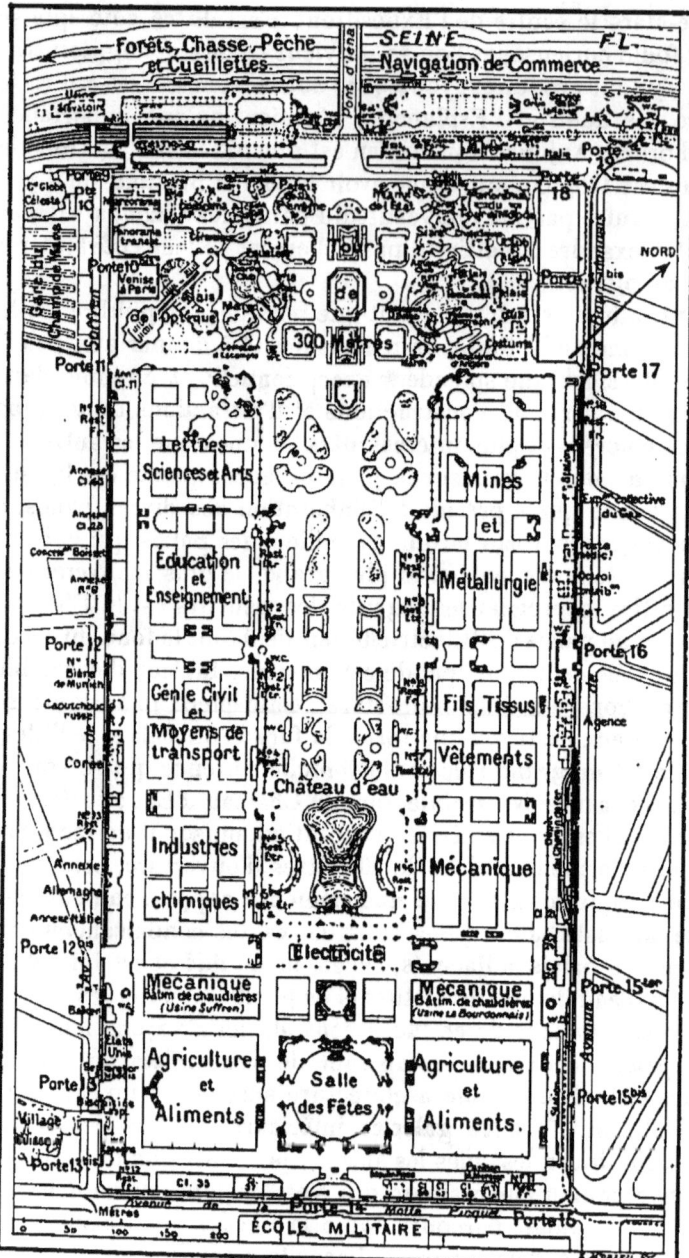

Fig. 5. — Plan du Champ-de-Mars.

Les trois palais de gauche (côté de l'avenue de La Bourdonnais) sont ceux des Mines, des Industries du Fil et de la Mécanique. Celui qu'on voit en premier est celui des Mines et de la Métallurgie dont la façade est établie sur deux parements disposés en équerre; à l'intersection des deux plans, l'architecte, M. Varcollier, a imaginé de construire un grand porche surmonté d'une coupole à contexture de tiare; cet artiste considère que cette forme est l'application la plus belle du métal et que cet emblème d'une figure si gracieuse est le couronnement naturel d'un édifice.

Le palais du Fil, qui lui est accolé, se compose d'une série d'arcades formant une promenade couverte dans le genre de celle de la rue de Rivoli, mais doublée d'un étage qui sert de dégagement aux galeries intérieures. Au milieu de l'édifice, nous avons un grand porche en plein cintre de dimensions importantes.

Quant aux palais de la Mécanique et des Industries chimiques, ils n'ont d'autre prétention, au point de vue architectural, que d'entourer le Château d'Eau et de lui faire un cadre qui en rehausse la valeur.

Ces deux palais sont situés de part et d'autre du motif central et se trouvent être symétriques par rapport à l'axe médian du Champ-de-Mars.

A la suite de ce palais, sur le côté droit, nous avons le palais du Génie civil et le palais de l'Éducation. Ces deux derniers sont destinés à servir de pendants aux palais du Fil et des Mines; comme nous le disions au commencement, tous ces édifices ont leur caractère propre et ils sont totalement différents les uns des autres; toutefois, leurs auteurs ont dû obéir à un plan d'ensemble fort bien conçu par le service central d'architecture de l'Exposition à la tête duquel se trouve M. Bouvard et qui a pour objet de présenter chacun de ces monuments, de façon à ne pas nuire à ses voisins ; il y avait une symétrie générale à conserver et une harmonie d'ensemble qu'il ne fallait pas négliger ; c'est ainsi que les porches des palais situés en regard les uns des autres sont sensiblement de mêmes dimensions, les clochetons, les tours, les pavillons d'angles sont disposés aux mêmes endroits et possèdent les mêmes hauteurs.

Au milieu de ces palais, nous avons des jardins merveilleux dus à l'initiative de M. Vacherot, l'habile directeur du service des jardins à l'Exposition. Toutes les anciennes dispositions de 1889 ont disparu, ainsi que la dénivellation qui séparait le Champ-de-Mars en deux plans de cotes différentes ; aujourd'hui le sol est sensiblement horizontal.

Une allée de 40 mètres a été réservée au centre et sert à la circulation du public; autour, nous avons des pelouses, des parterres, sur lesquels plus de 1500 variétés d'arbustes ont été plantées.

Avant d'aborder les parages de la Tour Eiffel, disons deux mots des installations situées derrière le Château d'Eau.

Le palais de l'Électricité prend toute la largeur du Champ-de-Mars entre l'avenue de La Bourdonnais et l'avenue Suffren; la partie centrale recouvre une salle de 45 mètres de hauteur et dont la façade émerge au-dessus du Château d'Eau, comme nous le disions plus haut. Les deux ailes latérales se composent de fermes de 30 mètres, dont quelques-unes ont été empruntées à la galerie de 30 mètres de la dernière Exposition. On se souvient que ces dernières ont été transportées d'une seule pièce à l'aide d'une opération très hardie qui n'a réussi qu'à moitié, puisque quatre fermes se sont effondrées pendant l'opération.

C'est dans ce palais que sont placées les diverses machines électriques destinées à fabriquer la force électro-motrice nécessaire au mouvement de toutes les machines des exposants et à l'éclairage du soir.

L'ancienne galerie de 120 mètres a été conservée intégralement et rien n'a été changé à son aspect extérieur. On ne peut en dire autant de ses dispositions intérieures. La partie centrale est transformée en une immense salle d'honneur, pouvant contenir 20 000 personnes et qui doit servir à toutes les solennités de l'Exposition. C'est une merveille de forme et de décoration qui fait le plus grand honneur à M. Raulin, son architecte.

La Société de la Tour Eiffel a voulu donner à son monument un air de renouveau qui le mît au diapason des splendeurs environnantes : plus d'un million a été dépensé en réfections diverses ; on sait que la teinte générale a été changée, de nouveaux ascenseurs permettent d'élever 2 000 visiteurs à l'heure, enfin tous les aménagements des bars, restaurants du premier étage ont été démolis et reconstruits sur de nouveaux dessins.

Les environs de la Tour ont une allure des plus gracieuses, les palais qui sont élevés au milieu de la verdure et des petits lacs sont très chatoyants, il n'est pas douteux que ce coin ne soit fort apprécié des visiteurs de l'Exposition. Nous avons quatre palais exotiques, du Siam, du Maroc, de la République Équatorienne et de Saint-Marin.

Les attractions sont des plus nombreuses ; il faut citer le palais de la Femme, celui du Costume, le Panorama du Tour du Monde, le Maréorama, le pavillon du Club Alpin, le palais lumineux, le palais de l'Optique, le palais de la Céramique, etc., etc.

Sur les bords de la Seine, enfin, nous avons deux grands palais officiels, celui de la Navigation et celui des Forêts situés en amont et en aval du pont d'Iéna ; ce dernier a subi un travail d'élargissement portant de 14 à 24 mètres la distance entre les garde-corps.

La circulation intérieure à l'Exposition et celle de l'extérieur ont été l'objet de soins spéciaux au Champ-de-Mars. Les personnes de la rue qui veulent longer les quais de la Seine, pour passer d'un côté à l'autre du Champ-de-Mars, ne sont pas obligées de pénétrer à l'intérieur de l'enceinte ; elles profitent d'une rue en tranchée construite en 1878 pour la circulation courante. Elle est recouverte, dans l'axe du pont d'Iéna, d'un très large pont dont la chaussée est de plain-pied avec le sol du Champ-de-Mars ; de cette façon le public extérieur et les visiteurs peuvent se croiser sans se gêner.

Le chemin de fer électrique de l'Exposition et la plate-forme mobile longent le Champ-de-Mars, sur l'avenue de La Bourdonnais ; ils permettent de gagner facilement d'une part l'Esplanade des Invalides par l'avenue de la Motte-Piquet et de l'autre d'aborder les quais de la rive gauche, sur lesquels sont construits le palais de la Guerre ainsi que les pavillons des puissances étrangères.

Sur l'avenue Suffren, plusieurs entreprises ont été installées et méritent d'être citées ; parmi elles, seuls, le village suisse et le grand globe céleste sont réunis à l'Exposition par des passerelles ; les autres, la Grande Roue, la Rue du Caire, Venise à Paris sont indépendantes et ne relèvent que de leurs propriétaires.

VI

LE TROCADÉRO.

La situation en plein nord des jardins du Trocadéro rendait cet emplacement particulièrement indiqué pour l'installation des pavillons rappelant les souvenirs des zones exotiques. En ces nations, le soleil joue un rôle considérable dans l'esthétique monumentale, il semble même que les architectes de ces pays aient cherché à profiter de ce facteur important qui se présentait si économiquement à eux ; nous voyons en effet les édifices des pays chauds établis généralement en plusieurs plans, de façon que les ombres portées de l'un sur l'autre augmentent l'effet décoratif ; au Trocadéro, le soleil donne toute la journée, si bien qu'en le prenant pour allié, les constructeurs ont eu un atout supplémentaire pour donner de la couleur locale à leurs édifices.

Nous savons que le pont d'Iéna, qui se trouve entièrement compris dans l'enceinte de l'Exposition, a été élargi de 14 à 24 mètres à l'aide d'un trottoir en encorbellement.

Le visiteur venant du Champ-de-Mars et qui débouche au Trocadéro aperçoit devant lui toute une ville de palais et de constructions divers, les architectures sont les plus variées, les styles les plus opposés sont représentés sur tous ces monuments. A gauche, nous voyons les édifices des colonies françaises et à droite ceux des colonies étrangères et de quelques pays lointains. Au premier plan, deux groupes de constructions blanches et très mouvementées sont les interprètes de l'exposition algérienne. L'Algérie est une province de la France, elle ne dépend pas du ministère des Colonies, mais du ministère de l'Intérieur; c'est à cette circonstance sans doute qu'on doit de ne pas voir cette contrée mêlée aux autres possessions françaises; on lui a fait une place à part, isolée et bien en vue. L'emplacement exceptionnel de l'Algérie la fait remarquer particulièrement.

Des deux groupes d'édifices de l'Algérie, l'un est officiel et dépend du gouvernement, aussi est-il austère, classique et presque ennuyeux; l'autre, au contraire, relève d'une entreprise particulière qui prétend retrouver, dans les attractions diverses, la rémunération des sacrifices financiers engagés; aussi de ce côté tout y est chatoyant, gai et attirant; nous voyons la reconstitution d'une rue d'Alger avec ses portes basses, ses fenêtres aux parties avancées, des vélums, des treillages; c'est un peu ce que nous avions eu en 1889 au Champ-de-Mars dans la rue du Caire; des almées exécutent leurs danses lascives, des aïssaouas nous étonnent de leurs sortilèges terribles, enfin des panoramas, des cinématographes nous transportent sur la côte algérienne et nous font revivre de cette existence si caractéristique des enfants de Mahomet.

Le groupe colonial du Trocadéro constitue un des clous de l'Exposition; chaque colonie est représentée avec ses bâtiments, ses produits, ses plantations et même ses habitants.

C'est ainsi que près de la Seine, nous voyons une reconstitution de ville tunisienne avec tout son décor si coloré et si mouvementé. Plus loin c'est le Soudan, avec ses habitants; le Dahomey avec ses cases et ses paillotes, la Guinée, la Martinique, aucune colonie n'est oubliée. Une des plus intéressantes exhibitions est celle de l'Indo-Chine à laquelle M. Doumer a donné tous ses soins; il a fait au

Trocadéro une synthèse de ce nouvel empire qui, sous son habile direction, est en voie de devenir une des plus brillantes possessions françaises.

On a dit que le Trocadéro était le triomphe des panoramas; c'est un peu vrai, de tous les côtés nous en retrouvons: ici c'est l'histoire de la mission Marchand par Castellani, plus loin c'est l'entrée du général Galliéni à Tananarive par Tinayve et partout des dioramas, des tableaux reconstituant l'histoire et la vie des Français coloniaux.

L'exposition malgache a été installée sur la place du Trocadéro à l'endroit où se trouvait jadis un bassin circulaire avec son jet d'eau. L'édifice est une grande construction circulaire réunie au Trocadéro par une passerelle en ciment armé qui laisse libre la voie publique et permet aux visiteurs de se rendre dans ce domaine de l'Afrique, sans sortir de l'enceinte de l'Exposition. Il a été entendu avec la Ville qu'après la fermeture des portes, ce monument disparaîtrait et que la place reviendrait de nouveau à son ancienne destination.

Les palais de la partie droite du Trocadéro sont réservés aux colonies étrangères, c'est-à-dire à la Sibérie pour la Russie, aux Indes et au Canada pour l'Angleterre, Java et Sumatra pour la Hollande; il faut ajouter à cette liste les possessions portugaises d'Afrique. Nous y voyons également quelques pays qui, par leur caractère d'exotisme et leur cachet typique, trouvaient bien leur place sur le versant du Trocadéro; ces pays sont le Japon, la Chine, l'Égypte et le Transvaal.

Le palais de la Sibérie est le pavillon officiel de la Russie qui n'en a pas de plus considérable à l'Exposition; tous les efforts du commissariat russe se sont portés sur ce groupe de monuments, afin d'y faire une manifestation intéressante et une reconstitution très authentique. A côté de ce palais, se trouve l'exposition de la Compagnie des wagons-lits; les visiteurs sont placés dans les voitures de la Compagnie et voient défiler par les portières le panorama (encore un!...) du paysage du nouveau chemin de fer transibérien.

La Chine et le Japon se montrent à nous chacun sous l'aspect d'une ville locale avec des pavillons, des arbres venus d'Asie, des lacs contournés, toute l'architecture si originale de ces contrées.

Dans l'exposition transvaalienne, nous voyons une reconstitution du travail de l'or, avec les machines, bocards, tables d'amalgation, etc., employés dans cette exploitation.

Une société particulière a entrepris au Trocadéro une exposition minière; elle a utilisé à cet effet les anciennes carrières sur lesquelles

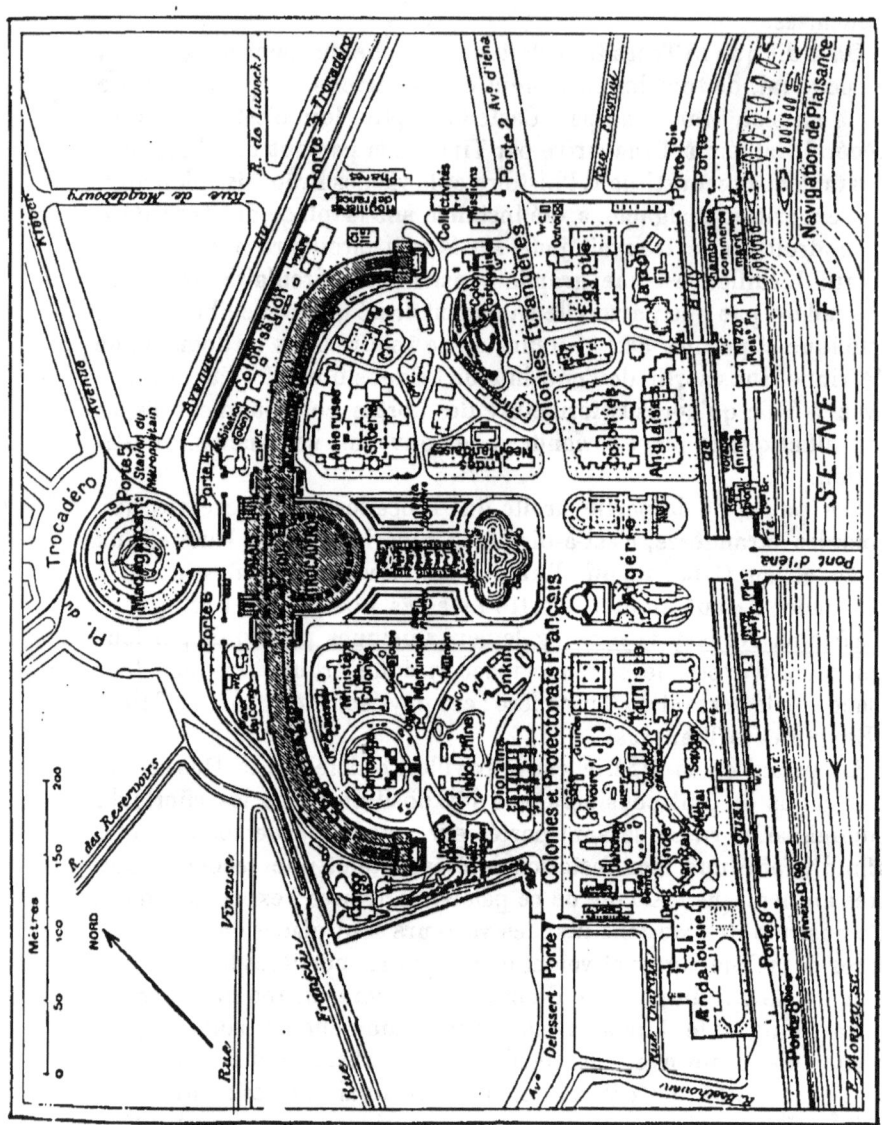

Fig. 6. — Plan du Trocadéro.

le Trocadéro est assis, elle les a égalisées, rendues propres à la circulation, si bien que nous avons un développement de galeries qui s'étendent sur plus d'un kilomètre jusque sous les chaussées de l'avenue du Trocadéro. Une partie de cette mine artificielle passe sous les bâtiments d'extraction d'or du Transvaal, on en a profité pour la consacrer au minerai aurifère ; du véritable quartz a été apporté d'Afrique et appliqué contre les parois du souterrain ; des figures en cire représentent des mineurs cafres dans l'exercice de leur travail, l'extraction du minerai.

Plusieurs attractions ont été aménagées au Trocadéro, en dehors de celles dont nous avons parlé, panoramas et autres ; il faut citer particulièrement cette entreprise considérable de l'Andalousie aux temps des Maures, située près de la Seine, à l'extrémité ouest des jardins ; une grande piste a été construite ainsi qu'un théâtre sur lesquels on nous montre des reconstitutions de scènes espagnoles du plus captivant aspect.

Le Trocadéro contient également des restaurants exotiques divers, entre autres un établissement indien dans lequel on sert les mets épicés et le riz pimenté de la grande péninsule d'Asie.

La circulation des visiteurs a été prévue de la façon la plus rationnelle ; toute la partie centrale a été conservée avec ses allées ; le public arrivant du pont peut se porter sur ce grand terre-plein et se répandre ensuite dans les voies diverses conduisant aux exhibitions des différents pays.

Afin de ne pas interrompre le mouvement de la rue sur le quai, on a creusé une tranchée ouverte à proximité de la Seine ; elle est réservée aux tramways et aux voitures ; une large passerelle en ciment armé est construite dans le prolongement du pont d'Iéna, par-dessus la tranchée dont nous venons de parler ; il résulte de cette disposition que les personnes de la rue et de l'Exposition se croisent sans se gêner, les deux services peuvent se faire concurremment.

L'Exposition du Trocadéro obtient beaucoup de succès, son aspect est merveilleux : toutes les constructions variées forment un tableau unique auquel le magistral monument du Palais du Trocadéro, avec ses deux tours et ses longues galeries latérales, constitue un cadre du plus grandiose effet.

CHAPITRE II

LES PALAIS DES CHAMPS-ÉLYSÉES

LE GRAND PALAIS

Les chantiers de construction du Grand Palais.

En général, tout le monde se trouve d'accord pour reconnaître qu'une Exposition universelle est un événement considérable; il se trouve pourtant des personnes sur lesquelles les idées de progrès et de lumière n'ont pas encore complètement agi et qui se plaignent : Paris livré aux terrassiers, des arbres enlevés, la Seine recouverte (!) et bien d'autres ennuis sont pour eux des sujets de lamentation. Un mot suffit pour avoir raison de ces récriminations. Les expositions à Paris ont chaque fois doté notre capitale d'édifices importants, qui, sans elles, n'auraient jamais vu le jour. Le Palais de l'Industrie, aujourd'hui disparu, fut construit pour l'Exposition de 1855, le Trocadéro fut élevé en 1878, c'est pour 1889 que furent érigés ces deux monuments incomparables : la Galerie des Machines et la Tour de 300 mètres. Nous devons enfin à la manifestation d'aujourd'hui l'existence du pont Alexandre III et de ces deux merveilleux Palais des Champs-Élysées.

Il est évident que les mois de préparation d'une Exposition ne sont guère attrayants et que la vue de tous ces chantiers ouverts et des travaux exécutés en pleine voie, ne réjouissent pas le cœur du Parisien ; mais maintenant que tout est fini et que nous voyons les galeries achevées, on reconnaît l'exagération des plaintes. Devant les merveilles élevées aujourd'hui sur les rives de notre Seine, il n'y a qu'un cri d'admiration et que d'unanimes applaudissements.

On se souvient qu'un premier concours pour l'Exposition de 1900 eut pour résultat immédiat la décision de la démolition du Palais de l'Industrie et la création d'une large avenue se prolongeant par un pont monumental situé dans l'axe de l'Esplanade des Invalides; ce projet de transformation des Champs-Élysées constitue le fond du plan d'ensemble de l'Exposition et son importance est telle qu'il absorbe, pour sa part, un grand tiers des dépenses totales. L'admirable débouché des Champs-Élysées sur la Seine, les deux chefs-d'œuvre d'architecture du premier plan, et la perspective des palais de l'Esplanade aboutissant au dôme de Mansard forment un décor du plus merveilleux ensemble qui est, à lui seul, le clou de l'Exposition de 1900.

La démolition du Palais de l'Industrie une fois décidée, on ouvrit un deuxième concours pour la construction des palais qui devaient le remplacer. Les lauréats furent MM. Girault, Deglane, Louvet et Thomas qui, d'ailleurs, ont été immédiatement chargés de mener à bien, comme architectes, la construction de leurs œuvres.

La grosse difficulté qui se présenta dès le premier moment et avec laquelle il a fallu compter jusqu'au bout, a été le manque de temps. Pour construire convenablement des édifices aussi importants que ceux qui nous occupent, il faudrait bien dix années; il ne suffit pas, en effet, de concevoir une œuvre pour en faire un monument vraiment digne de ce nom, il faut l'étudier à fond, recommencer vingt fois les plans et les façades sur le papier, avant de livrer un seul dessin aux entrepreneurs, revenir souvent sur les détails d'architecture et d'ornementation, et n'arrêter les grandes lignes que lorsque les plus petits détails sont fixés. Quand on commença l'ouvrage, trois années à peine nous séparaient du 15 avril 1900 et il fallait à tout prix être prêt pour cette date; heureusement que la compétence des artistes qui ont assumé la responsabilité d'un tel travail a été à la hauteur des difficultés.

Trois architectes se sont réparti le travail de construction du grand Palais. M. Deglane a eu le gros morceau, la partie antérieure donnant sur la nouvelle avenue; M. Thomas la portion située sur l'avenue d'Antin; quant à M. Louvet, son rôle a consisté à réunir les deux palais par une construction intermédiaire. Les chantiers ont été également divisés en trois lots, et chacun d'eux s'est trouvé adjugé à un entrepreneur différent. La portion postérieure, qui a été commencée la première a été confiée à M. Pradeau, la partie de M. Louvet à M. Chapelle, et la façade antérieure à MM. Nanquette et Marlaud, les constructeurs hardis qui ont déjà réalisé quelques tours de force: c'est à eux, en effet, que l'on doit la construction complète d'un immeuble important de la rue Réaumur en 100 jours!

Afin de gêner le moins possible les voies de la capitale par le roulage des grosses voitures apportant sur les chantiers les matériaux de construction, il a été entendu, dès les premiers jours, que la manutention des pierres et fers se ferait autant que possible par la Seine. A cet effet, on a établi contre le pont des Invalides, sur la rive droite de la Seine, un quai provisoire en bois sur lequel les entrepreneurs pouvaient venir déposer les matériaux nécessaires à leurs constructions. Dans le but de leur faciliter les transports jusqu'à pied d'œuvre, M. Picard a fait construire sous le quai de la Confé-

Fig. 7. — Vue de l'entrée du tunnel souterrain.

rence une tranchée couverte reliant directement ce quai aux chantiers des Champs-Élysées; de cette façon, la majeure partie des pierres et autres objets nécessaires à l'élévation des palais n'avait pas à passer sur les voies publiques.

Ce tunnel, qui a été utilisé pendant tout le cours des travaux des Grand et Petit Palais, n'a pas été démoli; il sert actuellement de dégagement pour le public des Champs-Élysées qui désire se répandre sur les berges en passant sous le pont des Invalides.

L'organisation du chantier de cette partie du Grand Palais mérite que nous nous y arrêtions quelques instants; il est assurément le plus important qui ait été ouvert ces derniers temps, tant au point de vue du cube de maçonnerie à traiter que de l'ensemble de l'outillage employé.

Fig. 8. — La scie oscillante.

La quantité de pierres qu'il fallait débiter et mettre en place rien que pour la partie antérieure du Grand Palais est évaluée à 17 000 mètres cubes, sans compter 10 000 mètres cubes de maçonnerie en moellons, et 2 millions de briques. Les pierres sont de différentes provenances ; les carrières d'Euville, de Lérouville, de Souppes et de Villebois ont été les plus mises à contribution. Mais toutes n'ont pas les mêmes qualités et ne pouvaient dès lors être employées dans les mêmes conditions. La pierre de Souppes, par son grain très serré et résistant, est un calcaire d'une dureté à toute épreuve et dont l'emploi s'impose pour l'installation d'une première assise toujours plus soumise aux chocs et aux coups et qui, de plus, est directement exposée aux infiltrations de l'humidité du sol. La pierre de Lérouville a été employée pour les moulures : son grain, bien que plus tendre que le précédent, est très fin et résistant, il se prête merveilleusement au travail des ravalleurs et fait ressortir toute la beauté d'un profil bien fini ; enfin, l'Euville, qui est une très bonne pierre, est très recherchée pour les parements ordinaires dans lesquels on n'a pas à exécuter des ornements importants de décoration ; elle est friable sous de petites épaisseurs et n'offre de résistance sérieuse qu'employée en masse comme pour la construction d'un mur.

Les chantiers du Grand Palais cons-

Fig. 9. — Le pont roulant.

tituent, dans leur ensemble, une étude très intéressante au point de vue de l'installation générale et du maniement des pierres. Le plan

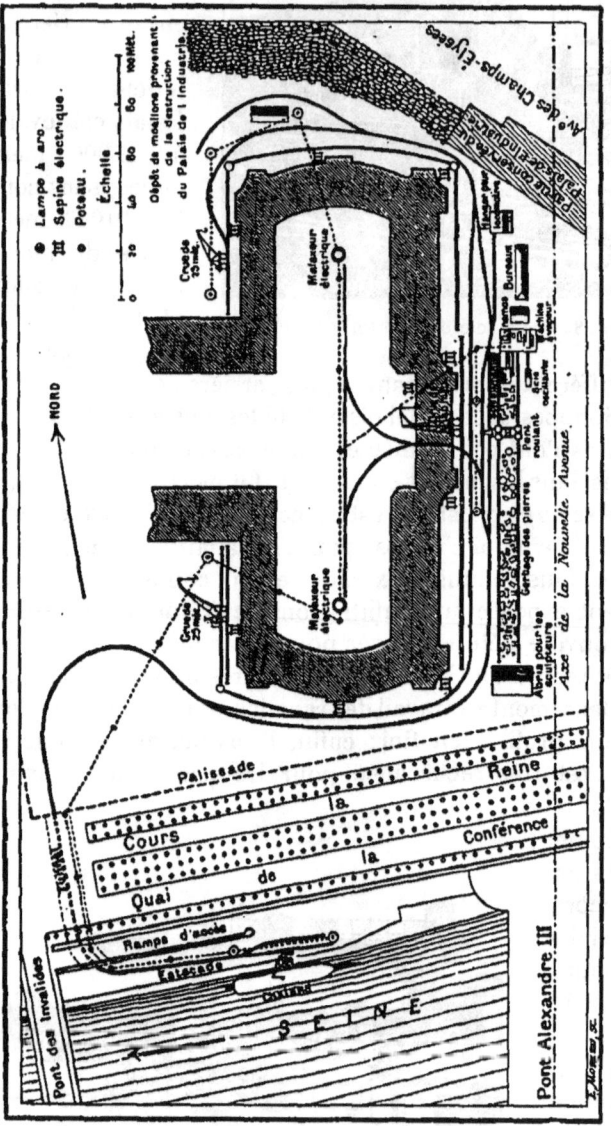

Fig. 10. — Plan du chantier de la partie antérieure du Grand Palais.

ci-contre montre la disposition des voies de services et l'emplacement des différents engins de manutention. La série des appareils employés a permis de prendre la pierre qui arrivait sur les chalands par la Seine,

Fig. 11. — La scie diamantée. Vue de face.

de la gerber, de la débiter et de la mettre en place sans avoir besoin de la poser une seule fois à terre : les grues, voies ferrées, appareils de sciage, etc., se suivaient si bien que l'opération s'est faite pour ainsi dire automatiquement. Les chalands amenant la pierre venaient accoster, comme on le sait, contre l'estacade en bois construite spécialement pour cet usage, à proximité du pont des Invalides. Une grue puissante de 10 tonnes prenait les blocs et les déposait sur les wagons d'un petit chemin de fer qui se ramifiait sur tous les points importants des différents chantiers. Ces trains roulaient sur des voies de 1 mètre d'écartement et étaient tirés par de véritables locomotives. Une fois chargés de pierres, ils quittaient l'estacade pour passer sous le tunnel du quai de la Conférence, et munis de leur chargement, s'arrêtaient à proximité des

Fig. 12. — La scie diamantée. Vue de côté.

appareils de sciage. Un pont roulant de 12 mètres d'écartement recueillait ces pierres et se chargeait de les gerber entre les deux

Fig. 13. — Vue d'ensemble de la scie diamantée.

voies sur lesquelles il roulait. Elles attendaient ainsi que l'on eut besoin de les employer; à ce moment, le même pont roulant les

Fig. 14. — La grue de 40 mètres.

reprenait et les présentait sur le plateau de la scie diamantée à vapeur. Le travail de cette dernière machine est considérable : elle est capable de fournir une surface coupée de $7^{m2},20$ en quinze minutes, tandis que pour arriver au même résultat avec une scie à main, il faudrait trois journées de tailleurs de pierres. Une scie oscillante, également mue par la vapeur, était plus spécialement réservée au coupage des pierres tendres.

La pierre, une fois débitée, était reprise une troisième fois par le pont roulant qui la chargeait sur les vagonnets ; ceux-ci devaient alors la porter à pied d'œuvre où se trouvaient des appareils de levage en nombre suffisant.

Ces derniers étaient de deux espèces : les grues et les sapines. Les premières étaient mues à la vapeur à l'aide de générateurs placés sur l'appareil lui-même. Un des élévateurs était plus important que les autres ; il se composait d'une sorte de tour en fer dont la partie supérieure seule était mobile, elle atteignait 40 mètres de hauteur et pouvait élever des poids de 5 tonnes ; l'avantage de ces engins est de prendre la pierre à terre et de l'enchâsser exactement à l'endroit qu'elle doit occuper dans la construction.

Une petite installation mécanique était disposée aux abords du chantier. Elle était commandée par une locomobile de 80 chevaux qui servait à faire marcher les scies diamantées et oscillantes ainsi que deux dynamos de 130 à 230 volts. Celles-ci donnaient le courant au pont roulant sur lequel se trouvaient les appareils de mouvements, à des malaxeurs installés aux deux extrémités de la piste et aux appareils moteurs des sapines, qui devaient élever les pierres à la dernière assise construite. Une installation d'éclairage électrique servait au travail des journées trop courtes.

Les lampes à arc ont peu fonctionné, car l'ouvrage s'est fait vite et régulièrement.

Les craintes de retard qu'on avait au début, relativement à l'achèvement des travaux pour la date fixée, malgré les quelques grèves qu'on a eu à subir, n'ont heureusement pas eu de suite, les entrepreneurs ayant aussitôt payé aux ouvriers le salaire qu'ils ont demandé.

Description du Grand Palais.

Le Grand Palais des Champs-Élysées présente une architecture simple dans ses grandes lignes, mais qui laisse la place largement ouverte à un grand déploiement de sculpture. L'éminent architecte, M. Deglane, qui a été chargé de sa construction, a évidemment eu comme première intention de faire un monument qui donnât satisfaction aussi bien à l'œil qu'à l'esprit ; dès la première vue, en effet, chacun peut se rendre aisément compte de la destination du monument, la grande nef qui en forme l'élément principal se trouve bien accusée de l'extérieur sans que, pour cela, aucun angle ne paraisse heurté. Les merveilleuses lignes de colonnes qui constituent tout l'ornement de la façade donnent à l'ensemble de l'architecture un air magistral et grandiose prévenant immédiatement que l'édifice doit servir aux manifestations importantes de l'art, aux grandes expositions. Enfin, l'entrée monumentale du porche d'accès et sa rampe pour les voitures avec sa courbe gracieuse sont l'indice que les réunions auxquelles on est convié en ce Palais, s'adressent principalement à un public d'élite.

On peut considérer le Grand Palais des Champs-Élysées comme étant composé de trois parties bien distinctes : la grande nef donnant sur la nouvelle avenue, le bâtiment longeant l'avenue d'Antin et la portion intermédiaire servant à relier les deux autres. Le plan général du monument était presque indiqué par la forme du terrain dont on disposait ; il devait en effet épouser pour ainsi dire complètement les quatre voies qui l'entourent ; les avenues Nicolas II et d'Antin n'étant point parallèles et formant même entre elles un angle très sensible, il fallait dissimuler autant que possible la dissymétrie de l'édifice ; il ne fallait pas que de l'intérieur l'on pût se douter que le monument ne présentait pas un ensemble de lignes raccordées par des angles droits, d'où la nécessité de la partie intermédiaire qui, par des artifices d'architecture, devait rattraper en trompe l'œil la bizarrerie du quadrilatère à recouvrir ; d'autre part, le quai de la Seine et le prolongement de la rue Jean-Goujon qui doit, d'après les données du problème, aboutir à la naissance de la nouvelle avenue sur les

Champs-Élysées, ne sont pas eux non plus parallèles entre eux ; les architectes se virent obligés de donner une forme arrondie en arc de cercle aux petits côtés de la nef principale. — L'existence du prolongement de la rue Jean-Goujon découpera, après l'Exposition, sur les Champs-Élysées une sorte de triangle sur lequel se trouve le Palais de Glace actuel; cette portion de terre sera plantée d'arbres et ornée de massifs, elle continuera d'ailleurs à faire partie des jardins des Champs-Élysées.

Mais revenons à notre Palais dont nous allons essayer de donner une rapide description; la grande nef forme à elle seule la partie constitutive du bâtiment et tous les autres services devaient naturellement en dépendre. Les dimensions du vaisseau sont sensiblement les mêmes que celles du Palais de l'Industrie; toutefois son aspect intérieur présente une disposition toute différente de celle de l'édifice démoli : la monotonie de l'ossature de la partie vitrée composée de fermes surélevées est rompue dans la partie médiane par la présence d'une coupole dont le point culminant est élevé de 75 mètres au-dessus du sol et qui sert de jonction à la grande nef et à la galerie intermédiaire. Malgré ses dimensions, cette coupole ne présente pas un dôme proéminent, à cause de l'écartement considérable de ses points d'appui; il fallait réagir contre l'usage mmodéré des grandes coupoles et, d'autre part, il aurait été déplacé d'employer ce moyen facile d'architecture en un endroit où tout devait être sobre, afin de ne pas diminuer l'intérêt de la vue générale dont le point culminant est le dôme des Invalides.

La première chose qui frappe les yeux du spectateur, en pénétrant à l'intérieur du nouveau Palais, est la grande baie située en face de l'entrée; cette large ouverture qui donne l'accès aux bâtiments de l'avenue d'Antin, a été l'occasion de motifs de décoration dont l'heureux effet forme un des clous du Palais.

Le principal sujet de cette décoration est un immense escalier monumental qui remplit la contre-nef et sert à conduire les visiteurs au premier étage de la partie postérieure du Grand Palais.

On sait qu'après l'Exposition cet édifice doit servir de palais *à tout faire* comme l'ancien Palais de l'Industrie; c'est là que se feront les réunions annuelles du concours hippique, du salon, etc...

Tout autour de la piste, se trouve une terrasse surélevée de $1^m,80$; sa largeur de 10 mètres permettra de l'employer à différents usages; en certaines occasions, elle pourra servir de promenoir ou d'expositions spéciales et en d'autres temps, elle pourra être utilisée pour la construction des tribunes, surtout aux moments des courses hippiques et vélocipédiques; deux escaliers monumentaux aux extrémités servent d'accès aux salles du premier étage qui seront plus spécialement réservées aux expositions annuelles de peinture (1); ces salles contournent le Palais sur toute son étendue, y compris la partie intermédiaire et celle de l'avenue d'Antin; un balcon intérieur, comme celui que nous avions au Palais de l'Industrie vient relier entre elles les pièces du premier étage et permet le passage de l'une à l'autre sans en traverser aucune.

La grande nef se trouve réunie aux bâtiments de l'avenue d'Antin par une vaste galerie de plain-pied et au même niveau pour les trois parties du Palais; cette disposition a permis l'installation des écuries pour les chevaux du Concours du côté de l'avenue d'Antin; à droite et à gauche du portique, de grands espaces sont réservés, dans lesquels sont aménagés les boxes et stalles, de telle façon que les chevaux n'auront qu'à gravir une pente douce qui relie le sous-sol à la piste.

C'est également sur la partie de l'avenue d'Antin que se trouvent centralisés les différents services relatifs au Grand Palais, et qu'on a aménagé les secrétariats des différentes expositions et concours qui se succéderont en cet endroit.

Les façades du Grand Palais.

L'aspect extérieur du monument présente une élégance et une simplicité de lignes qui font le plus grand honneur à ses architectes.

La façade principale se compose du porche d'entrée et des deux galeries latérales; celles-ci sont l'explication des rangées de colonnes qui marquent à peu près toute la hauteur de l'édifice; elles soutiennent le bandeau général qui forme l'arête extérieure du plafond de la galerie et qui explique leur présence. Il ne suffit pas, en effet, de placer des colonnes le long d'un édifice parce que l'on trouve que *cela fait bien*, il faut surtout leur donner une raison d'être qui satisfasse l'esprit tout en ménageant à la décoration l'harmonie qui doit présider à l'ensemble de la conception. Le portique d'entrée est formé de trois baies cintrées dont l'architecture soutient les deux files de colonnes; il est dominé par une

---

(1) Ces escaliers ne seront mis en place qu'après l'Exposition.

Fig. 15. — Halle d'accès de la partie postérieure du Palais.

balustrade, dont la ligne n'est coupée que par des motifs de décoration de la plus grande sobriété.

Le sol de la piste se trouvant à $1^m,20$ au-dessus du niveau extérieur, il fallait rattraper cette différence de cote par une série de marches et par deux rampes d'accès pour les voitures qui s'arrêteront devant l'entrée même du monument. Il faut regretter la disposition qui est employée : on sait, en effet, dans quelles difficultés on se trouvait les jours de pluie à la sortie du Palais de l'Industrie, il fallait traverser des flaques d'eau et avoir recours, le plus souvent, pour regagner sa voiture, à l'obligeance intéressée de portiers armés d'immenses parapluies. Cet inconvénient, si grand qu'il soit, se répétera après 1900 au Grand Palais, car aucune voûte n'a été réservée à l'entrée des voitures, qui continueront à stationner *à découvert* devant la sortie ; il y avait là une question d'utilité majeure à sauvegarder et dont l'importance est augmentée en raison du public élégant qui constitue l'élément principal des réunions mondaines du Salon et du Concours Hippique.

On peut voir, dans la partie postérieure construite par M. Thomas, un édifice à part ou mieux un Palais spécial qu'il est possible d'isoler par la pensée : bien que son architecture soit intimement liée à celle de l'ensemble du monument, puisque le tout doit se tenir et ne former qu'une seule et même construction, on y retrouve un cachet personnel, qui est la signature de son auteur.

Si nous jetons, en effet, un regard attentif sur le dessin de l'élévation, œuvre de M. Thomas, ainsi que nous venons de le dire, nous pouvons faire une remarque intéressante. On sait que M. Thomas, l'éminent artiste à qui l'on a confié la construction de cette partie importante du monument, a été pendant de longues années l'architecte du Palais de l'Industrie, poste qu'il a conservé jusqu'à la fin. Ce n'est assurément pas sans une vraie tristesse qu'il vit s'en aller, morceau par morceau, cet édifice qu'il avait *conservé* si longtemps, et la seule consolation qu'on put lui offrir fut de lui donner

Fig. 16. — Ensemble de la façade du grand Palais après la mise en place des colonnes.

le soin de remplacer, dans une certaine mesure, le monument dont il avait eu la charge et qui vient de disparaître. C'est à cette circonstance, sans doute, que nous devons de retrouver dans la nouvelle façade quelques lignes de l'ancienne : Le porche central du pavillon de l'avenue d'Antin ressemble, de loin, à celui du Palais de l'Industrie ; on y voit la grande baie cintrée, le soubassement avancé et surmonté de deux colonnes de chaque côté, les tympans ornés et enfin le bandeau supérieur surmonté de son allégorie décorative. Nous n'émettrons aucune critique contre cette reconstitution posthume ; elle rappellera l'ancien Palais qui, malgré son peu de beauté, fut aimé de tous, car il fut si longtemps témoin de tant de fêtes parisiennes.

Les grandes lignes de la façade rappellent dans leur ensemble celles de l'élévation de M. Deglane sur l'avenue Nicolas II ; on y retrouve le porche central encadré des deux files de colonnes situées au premier plan, derrière lesquelles on voit le mur principal percé de baies en cintres. Ici tout est sobre, l'entrée principale est relevée d'une quinzaine de marches comme l'autre, mais elle a des proportions moins grandes et moins solennelles, l'ornementation est plus tranquille : il ne faut pas oublier, en effet, que ce côté est le dos de la construction et qu'il eût été du plus mauvais goût d'y étaler une magnificence trop intense, dont le premier résultat eut été de créer une concurrence qui ne pouvait être que fâcheuse pour la façade principale.

A droite et à gauche de la porte centrale nous voyons deux séries de fortes colonnes ioniques jumelées ; elles sont relevées sur un soubassement de 6 mètres de hauteur ; nous retrouvons d'ailleurs ces colonnades tout autour de l'édifice, notamment sur les côtés de la partie intermédiaire de M. Louvet ; elles marquent, par leur continuité et l'harmonie qui ressort de cette répétition, la note que l'on a voulu donner à l'ensemble de la composition.

Les deux extrémités du Palais Thomas se trouvent en bordure l'une du quai de la Conférence, l'autre de la rue Jean-Goujon prolongée. A ces endroits, nous avons deux portes basses pratiquées dans le soubassement et sises de plain-pied avec le sol ; elles serviront d'entrée aux chevaux et autres animaux dont les concours doivent avoir lieu annuellement dans le Palais. Les écuries, placées au sous-sol, sont à proximité de ces entrées ; pour empêcher toute infiltration d'humidité qui aurait pu être préjudiciable aux animaux hébergés, des dispositions spéciales ont été prises : on a construit sur le sol un épais radier en béton qui préviendra les accidents.

Sur la façade nord de la partie intermédiaire nous trouvons une entrée monumentale pour piétons ; un escalier extérieur à double évolution étale des marches basses et présente l'avantage d'un accès facile, tout en étant l'occasion de motifs d'une décoration du plus heureux effet. L'édifice garde l'aspect sérieux qui a été la première préoccupation des architectes; toutefois il n'est pas austère pour cela. On a cherché à ne pas négliger le côté riant et gai. Les colonnades et les soubassements contribuent, par leur massive ossature, à donner à l'ensemble une apparence imposante, mais le large bandeau du second plan, rehaussé d'une décoration en faïence polychrome, a pour mission d'atténuer le style trop grave des lignes. Les entrées monumentales des façades ont grand air ; par leurs dimensions et le style relevé de leur architecture, elles sont l'emblème d'une invitation faite à un public d'élite à pénétrer dans l'intérieur du monument.

Les groupes monumentaux et les statues du Grand Palais.

Il existe deux espèces de sculptures : la sculpture de statue et la sculpture monumentale. Elles sont complètement différentes, procédant chacune de données spéciales, et ont des destinations opposées. Une statue possède ses qualités par elle-même, elle peut être un chef-d'œuvre par elle-même, indépendamment du cadre qui l'entoure. Le programme que l'on trace à l'artiste ne touche jamais à la liberté complète de mener son œuvre comme il l'entend.

Les difficultés sont bien plus considérables dès qu'il s'agit de sculpture monumentale, car un groupe qui doit contribuer à l'ornementation d'un édifice, doit obéir à des règles qui enserrent l'artiste à tel point qu'il n'est presque plus maître de ses mouvements. Les conditions imposées, et qui sont d'ordre général, obligent le statuaire à donner à son œuvre une forme générale arrêtée d'avance, et dont il n'en est pas l'unique maître, de façon à ce que le motif s'encadre bien dans la construction. Il y a aussi des difficultés techniques : il faudra songer à quelle hauteur du sol l'ouvrage devra être placé et savoir en quels matériaux il sera exécuté.

L'Exposition de 1900 nous donne des exemples de toutes ces difficultés.

M. Récipon, qui a exécuté les quadriges qui doivent surmonter les deux angles de la façade du Grand Palais, s'est trouvé dans ces conditions; toutefois, comme il était seul pour faire les deux groupes, il a pu se livrer plus facilement à son imagination personnelle. Lorsque M. Deglane a dessiné la façade du palais et lorsqu'il en a arrêté les lignes, il avait nettement dans son esprit l'existence de ces deux groupes aux extrémités ; et, bien qu'il n'en ait pas arrêté tous les détails, puisqu'il n'est pas statuaire, il a su indiquer vaguement à l'artiste la silhouette générale de l'ensemble; c'est alors que celui-ci a trouvé l'idée précise, la pensée qui devait être exprimée par le groupe. Il lui a donné une forme dans une maquette, et c'est après l'accord entre l'architecte et l'artiste que ce dernier a commencé son œuvre.

Chacun de ces groupes est une allégorie : l'un et l'autre sont des quadriges que surmonte une forme humaine ayant le bras élevé ; au premier plan, un personnage renversé sur le socle forme un avant-corps à l'ensemble. D'un côté, nous avons l'*Harmonie dominant la Discorde*, et, de l'autre, l'*Immortalité devançant le Temps*. Le sujet de ces deux symboles s'applique bien à un palais fait pour durer toujours et construit pour une Exposition qui marquera une grande date dans l'histoire du monde. L'*Harmonie dominant la Discorde* parle du passé, et l'*Immortalité devançant le Temps*, esquisse une espérance pour l'avenir.

Ces groupes ont des dimensions considérables; ils atteignent 12^m,50 de hauteur et ont 10 mètres pour chacune des deux dimensions de surface. Nous avons dit que l'artiste avait exécuté une maquette définitive en plâtre; celle-ci, au dixième, a servi de modèle aux metteurs au point qui avaient pour mission de faire un exemplaire grandeur d'exécution en terre glaise; ce travail purement mécanique a été fait à l'aide d'un système de rapportage qui augmente l'échelle et donne à chaque instant le point précis de l'espace correspondant à un point donné du modèle réduit; toutefois, M. Récipon a été obligé de surveiller ses praticiens sans arrêt, et a dû faire des corrections sur la terre elle-même; alors, on pouvait le voir avec ses outils de géant, scies, spatules grandes comme des pelles, et attaquer personnellement le sujet.

L'artiste doit avoir constamment en vue la hauteur et la situation de son groupe, et ceci est aussi vrai pour la disposition du sujet que pour son exécution. Quand on installe des personnages sur un socle élevé à 25 mètres du sol, il faut que les dispositions soient prises pour que le visiteur perçoive tous les éléments du groupe et qu'il n'y ait rien de caché ; le sujet doit même être choisi en vue de cette situation élevée; il faut que le statuaire sache incliner ses personnages en avant, de façon qu'on puisse voir leur face. Dans les groupes de M. Récipon, le piaffement des chevaux permet d'admirer tous les éléments de la structure ; ils sont assez séparés pour ne point se cacher les uns les autres, et le personnage debout se détache très haut; enfin, l'allégorie qui se trouve renversée sur les moulures du socle est très nettement visible d'en bas; chaque détail apparaît sans qu'aucun d'eux ne soit perdu.

Pour l'exécution, il est également nécessaire de tenir compte de la hauteur à laquelle sera érigé le groupe, car souvent des questions de perspective obligent l'artiste à donner à certaines parties des dimensions fausses en réalité, mais qui semblent vraies en raison du lieu d'où l'on ne peut les voir qu'en raccourci.

Une fois le modèle en glaise terminé, on en prend une empreinte en plâtre et on exécute les modèles d'éléments du groupe en fonte. Ces modèles servent de matrices sur lesquelles on viendra présenter les feuilles de cuivre qu'on aura martelées jusqu'à leur donner la forme définitive. Cette partie du travail a été faite

Fig. 17. — Un des groupes monumentaux de M. Récipon au Grand Palais.

dans les ateliers de M. Monduit. C'est un métier difficile; on prend, en effet, des feuilles de cuivre laminé de 2 millimètres d'épaisseur; à l'aide d'un maillet en bois on vient donner à chacune une forme approximative la plaçant sur le modèle en fonte; puis, à l'aide du marteau et de coups redoublés sur les différentes parties de cette feuille qui repose sur un *tas*, on arrive à lui donner la forme définitive; mais, pour cela, il faut constamment venir présenter le travail au modèle et rectifier le mouvement s'il n'est pas parfait; après chaque battage, il faut faire recuire la pièce pour éviter de la briser. Ces feuilles terminées, on les réunit pour voir si les joints se font convenablement; chaque élément est rattaché à son voisin par des petits boulons provisoires. Quand on a été sûr que l'ajustage était irréprochable, on a démonté le groupe pour pouvoir apporter les éléments au Grand Palais.

Malheureusement les visiteurs de l'Exposition ne verront pas ces groupes monumentaux sur le Grand Palais ; on n'a pas pu être prêt à temps et le commissaire général, craignant le mauvais effet des échafaudages pendant la durée de la Fête, a décidé que leur mise en place ne se ferait qu'après la fermeture des portes, au mois de décembre.

Quand on en fera le montage, il faudra avoir le soin d'établir une ossature de fer bien solide sur laquelle on posera les plaques de cuivre, qu'il faudra river entre elles. Une fois ce travail terminé, il n'y aura plus qu'à dorer les groupes.

L'exécution en cuivre de chacun de ces groupes coûte 140 000 francs. Comme on le voit, c'est un travail considérable. Lorsque les années, la pluie et la poussière auront estompé le brillant de l'or neuf, les groupes prendront la note fondue qui leur convient. Les quadriges de M. Récipon contribueront au succès du grandiose palais des Champs-Elysées.

La partie sculpturale du Grand Palais est très considérable : rien que pour la façade principale, on compte une cinquantaine de groupes de statues et de sujets décoratifs. Ils rappellent presque tous la destination du monument, c'est-à-dire qu'ils sont des figures allégoriques des beaux-arts.

Le porche central est entouré de quatre grands groupes décoratifs ; au pied, d'un côté nous avons celui de M. Gasq et de l'autre celui de M. Boucher. L'idée représentée par M. Gasq est l'*émoi de l'Artiste devant la Beauté* ; on voit un sculpteur écartant les voiles qui recouvrent une jeune femme et l'artiste extasié recule en un mouvement de surprise et d'admiration.

L'œuvre de M. Boucher, qui fait pendant à la précédente, est également fort belle : elle matérialise l'*Inspiration* ; la poésie parle à l'oreille de l'artiste et lui raconte l'œuvre qui doit sortir de son ciseau.

Les deux groupes qui dominent le porche symbolisent *les Arts et la Paix* ; les premiers sont interprétés par M. Verlet, et la seconde est l'œuvre de M. Lombard. il nous montre la Paix tenant captive la Discorde, pendant qu'un enfant emporte un faisceau de glaives désormais inutiles.

Au premier plan du porche, entre les colonnes qui divisent les cintres, nous voyons quatre allégories charmantes : ce sont des femmes taillées dans du marbre de trois mètres de hauteur. Elles représentent l'*Architecture*, par M. Carlès ; la *Peinture*, par

M. Camille Lefebvre ; la *Sculpture*, par M. Cordonnier, et la *Musique*, par M. Labatut.

La décoration qui accompagne les colonnades des deux ailes se rapporte à l'idée conçue par l'architecte : les *Grandes époques de l'Art*. Elle se traduit par une frise et par des statues. La frise, qui est une œuvre admirable, s'étend sur 75 mètres de longueur ; elle est due à M. Fournier et a été exécutée en mosaïque de verre par M. Guilbert Martin, sous la direction même de l'artiste. Elle se compose d'une série de motifs séparés par des cartouches en pierres sculptées : on en compte trois grands et deux petits pour chaque travée ; nous passons successivement en revue l'*Art asiatique*, l'*Art égyp-*

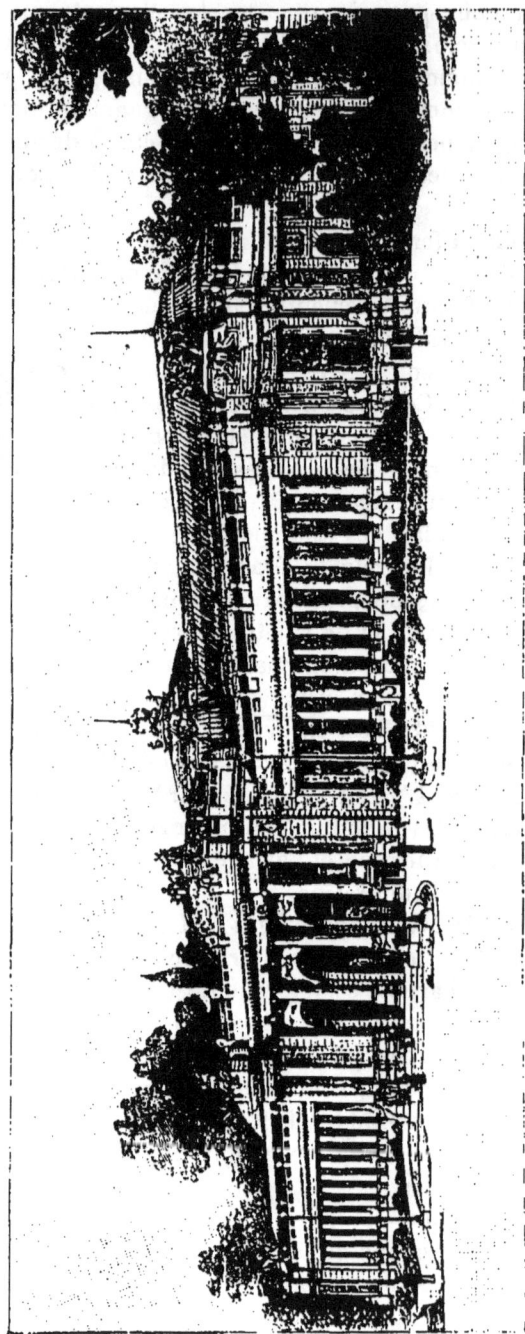

Fig. 18. — Grand Palais des Beaux-Arts. — Façade principale sur la nouvelle avenue.

tien, etc., pour arriver à l'*Art contemporain*, qui termine la série.

Les statues sont placées entre les colonnes : elles représentent des femmes assises dans un joli mouvement et rappellent les grandes époques de l'art. Du côté de la Seine, nous voyons les arts anciens : l'*Art asiatique* (M. Bareau), l'*Art égyptien* (M. Suchet), l'*Art grec* (M. Béguine), et l'*Art romain*, par M. Clausade, qui n'aura pas eu le temps de voir son œuvre en place, il est mort avant que les praticiens eussent fini la mise au point. La droite du Grand Palais est réservée aux époques plus rapprochées : Nous avons successivement l'*Art au moyen âge* (M. Boutry), l'*Art pendant la Renaissance* (M. Enderlin), l'*Art au* xviiie *siècle* (M. H. Lefebvre) et l'*Art contemporain* (M. Charpentier).

Nous devons nommer MM. Soldi, Levasseur, Bayard de la Vingtrie et André, qui ont exécuté les cartouches placés derrière les colonnades; et MM. Lafont, Villeneuve, Daillon et Léonard, qui ont dressé aux perrons d'angles des statues allégoriques représentant l'*Art décoratif*, l'*Art industriel*, le *Dessin* et la *Céramique*.

Intérieur du Grand Palais.

Lorsque nous entrons dans le Grand Palais par la porte de l'avenue d'Antin, nous nous trouvons immédiatement dans une sorte de vaste hall elliptique que surmonte la coupole aplatie très visible de l'extérieur. La lumière tombe à flots dans ce vaisseau ; aussi la décoration conserve-t-elle une apparence terne et grise dans le genre de celle qui a été adoptée au grand amphithéâtre de la Sorbonne. Les peintures vives en sont exclues de même que les couleurs à oppositions trop violentes, ce genre d'ornementation ayant toujours un caractère de crudité quand il est vu sous un jour trop intense.

Cette pièce d'entrée est entourée d'escaliers donnant accès à deux vastes galeries d'expositions de 10 mètres de largeur situées sur les côtés de l'édifice ; celles-ci se trouvent à 3 mètres d'élévation par rapport au hall d'accès. On a ménagé des sommiers en poutres inclinées pour la construction des escaliers. Malgré leur hauteur de 7 mètres, ces salles sont très éclairées par le jour qui vient de tous côtés : par le plafond où sont ménagées des parties vitrées et par les fenêtres qui donnent sur l'avenue d'Antin. Tout autour de ces galeries règnent de larges balcons qui se relient entre eux de façon à former une promenade continue ; on accède à cette plate-forme supérieure à l'aide de deux escaliers monumentaux situés chacun à l'extrémité des deux grandes salles du rez-de-chaussée.

Ainsi, grâce à la multiplicité des fenêtres et à leurs dimensions, l'intérieur du Grand Palais est inondé de lumière, le jour vient et par en haut et par les côtés. Le Commissaire général de l'Exposition a voulu que la grande fête de 1900 fût brillante et gaie, et pour arriver à ce résultat il était indispensable que tout fût bien clair. Cette disposition, qui avait déjà prévalu à la dernière Exposition, n'avait pas été suffisamment réalisée dans les précédentes où l'on ne s'était pas appliqué à remplir cette condition. Le Palais du Trocadéro, qui date de 1878, est un exemple de ce qui fut fait à cette époque : le jour entre mal dans les salles, il y a des coins perdus d'ombre dans lesquels il serait oiseux de vouloir faire une exhibition quelconque à cause de l'obscurité qui règne en ces endroits. En 1900, il faut que le soleil entre à pleins bords de tous côtés ; pour cela, il était nécessaire de pratiquer dans les murs autant de baies que possible et de leur donner les plus grandes dimensions. Les architectes ne voyaient l'application de ce principe qu'avec un certain regret, car leur préoccupation à eux est surtout de créer un monument qui restera et dans lequel la multiplicité des fenêtres n'est pas toujours compatible avec la conception première.

A ses deux extrémités, le monument de M. Thomas est divisé en deux sur sa hauteur par un plancher. En ces endroits sont concentrés les services de logement et d'administration pour les conservateurs du monument ; nous avons également de plain-pied avec le sol, les postes de pompiers et de police, les bureaux de tabac, etc., que nous avions l'habitude de voir à l'ancien Palais de l'Industrie.

Les salles de cette partie du Grand Palais sont décorées dans le style français de la fin du xviiie siècle, c'est celui qui offre le plus de ressources et qui peut être considéré comme le plus pur de ceux qui sont mis à la disposition des architectes ; il marque l'apogée du goût dans l'ornementation ; dérivé de Louis XV, il est moins pompeux, mais plus solennel et arrive à produire des effets plus considérables avec des moyens plus simples. Les artistes de cette époque étaient des gens d'un goût très sûr ; les écoles fort nombreuses à cette époque avaient des maîtres qui dirigeaient leurs élèves dans la bonne voie ; ils eurent la bonne inspiration de dégager l'architecture de toutes ces complications ampoulées qui avaient caractérisé l'époque précédente. La Révolution en fermant les écoles et supprimant les maîtres, arrêta l'élan qui avait été si merveilleusement acquis ; la République voulut réformer le goût comme elle avait transformé les lois et chercha à le pousser dans une renaissance des traditions athéniennes : elle eut tort, le style néo-grec, par la sécheresse de ses lignes et l'abus de la simplicité, est considéré par bien des maîtres comme la négation de l'Art.

La partie, sinon la plus considérable, du moins la plus importante, du Palais dont la construction a été réservée à M. Louvet est la salle des fêtes du premier étage ; c'est pour elle que sont aménagées toutes les constructions environnantes.

Ses dimensions ne sont pas très considérables, mais elle n'en peut pas moins contenir 1.500 places assises suivant les prévisions de l'architecte. Sa largeur est de 20 mètres et sa longueur, qui embrasse toute la distance comprise entre les deux murs extrêmes, est coupée en trois parties de façon à ce que l'on puisse diviser au besoin cette salle en trois parties distinctes. La partie centrale a 23 mètres et les deux autres 15 mètres chacune. Sur le mur du salon de milieu, on a installé une niche en hémicycle surmontée d'une coupole en quart de sphère, pouvant abriter un orchestre et des chœurs, ainsi qu'un orgue monumental.

Dans l'esprit de son auteur, cette salle devra être transformée après l'Exposition en salle permanente de concerts. Ce serait combler une lacune, car il n'existe rien à Paris de spécialement construit à cet usage : on est obligé de recourir aux salles de spectacles, et cela au détriment de la musique. Nous ne parlons pas de la salle des fêtes du Trocadéro, qui est magnifique au point de vue de la décoration, mais qui peut être considérée comme inutile au point de vue des services qu'elle devrait rendre : on sait combien son acoustique est défectueuse. Il n'existe aucune loi, paraît-il, pour éviter les accidents de ce genre ; quand on réussit, c'est presque toujours une affaire de hasard ; aussi, pour ne point commettre de bévue dans le genre de celle qui a été faite en 1878, le mieux est de se rapprocher des formes qui ont donné de bons résultats, d'éviter les autres et de ne pas chercher à faire des choses nouvelles ; on voit que le moyen est plutôt empirique. Les décorations en relief, les pâtisseries en plâtre coupent défavorablement les ondes sonores, il faut les éviter.

Aux Champs-Élysées nous avons une décoration sobre en ronde-bosse et qui emprunte toute sa valeur à la couleur et aux tons employés : le noyer, l'or et les peintures se marient dans un judicieux emploi, pour le plus grand plaisir des yeux sans être une cause d'inconvénient pour celui des oreilles.

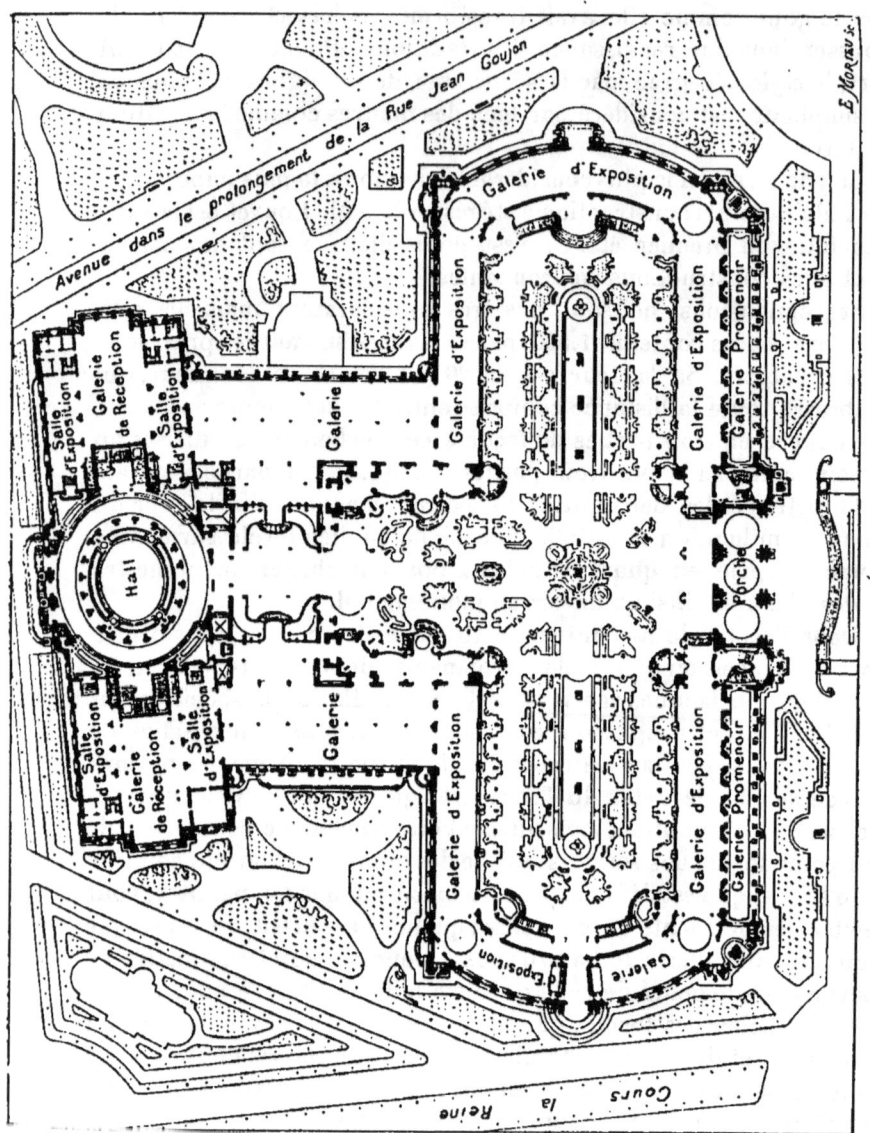

Fig. 19. — Plan du grand Palais des Beaux-Arts.

On arrive au grand salon d'honneur par deux escaliers placés dans le Palais de M. Thomas ; ils n'ont qu'une apparence modeste, des marches larges de 8 mètres servent à la montée de la foule quand elle entre par l'avenue d'Antin ; de vastes ascenseurs en soulagent l'emploi.

Du côté de la grande nef, en face l'entrée principale de M. Deglane, nous avons un escalier monumental, qui est destiné à faire sensation par son luxe décoratif et par ses dimensions exceptionnelles. Deux grandes volées en fer à cheval se réunissent au premier étage et convergent vers une vaste tribune en forme de balcon d'où l'on peut découvrir tout l'intérieur du palais. Au fond se trouve l'accès du salon d'honneur ; cette entrée est soulignée et encadrée par le dessin de l'édifice lui-même ; de grandes baies cintrées viennent épouser la forme des fermes de construction et servent à la décoration de cette porte de gala. L'assemblage des fers forme une sorte de nef croisée du plus bel effet. C'est d'ailleurs l'idée de cette application qui a valu à M. Louvet son prix au concours, ainsi que l'honneur d'être chargé d'une partie de la construction du Grand Palais.

La couverture de la grande nef du palais des Beaux-Arts.

Bien que l'Exposition de 1900 n'ait pas donné, comme sa devancière, l'occasion aux ingénieurs de montrer des travaux qui retiennent, d'une façon prédominante, l'attention publique, nous avons pourtant quelques ouvrages qui, par leur importance et surtout par les procédés de construction, méritent à coup sûr de nous arrêter ; c'est le cas du pont Alexandre III, et de la couverture du Grand Palais. L'Exposition de 1889 avait été le triomphe du fer dans ses applications et naturellement les ingénieurs, qui sont les opérateurs indiqués du métal, ont eu à ce moment le succès qu'ils méritaient ; aujourd'hui, ce sont les architectes qui prennent leur revanche par l'emploi peut-être excessif de la pierre et du plâtre, car nous assistons à un déploiement de monuments décorés, si nombreux, qu'il n'est pas douteux qu'ils ne se fassent du tort les uns aux autres.

La charpente métallique, qui supporte la couverture de Grand Palais, n'a pas été exclusivement un travail d'ingénieur, puisqu'elle a été dessinée, pour ses grandes lignes, dans les agences des architectes MM. Girault et Deglane ; et, si les constructeurs qui en ont conduit l'exécution et le montage en retirent de la gloire, c'est surtout par la rapidité, la précision et l'ingéniosité des moyens qu'ils ont employés pour la mise en œuvre de travaux aussi importants, dans le délai très court qui leur était imposé.

Les architectes qui dessinent leurs palais donnent à la partie métallique une forme approximative, dont ils n'ont pas d'ailleurs à chercher la solution définitive, puisqu'ils ne sont pas des ingénieurs. Ce sont ces derniers, qui, à la suite de calculs très longs et compliqués, peuvent seuls fournir les dimensions et les formes finales qui seront mises à exécution.

L'ensemble du travail métallique nécessaire à la couverture du Grand Palais est considérable, car il n'a pas exigé moins de 6 000 tonnes d'acier; il se compose d'un grand dôme de 70 mètres d'ouverture supportant une coupole de 45 mètres de diamètre, cet ensemble forme le motif principal dominant le porche central; la coupole est surmontée d'un campanile de 18 mètres de hauteur, qui porte le point le plus élevé de l'édifice à 75 mètres au-dessus du sol, c'est-à-dire à plus de 100 mètres au-dessus du niveau de la mer. Ce dôme métallique sert de jonction à trois galeries dont deux sont en prolongement l'une de l'autre, et la troisième est perpendiculaire à leur direction; cette dernière sert à former la contre-nef du vaisseau, elle est située en face de la grande porte d'entrée.

Devant l'importance du travail et à cause du peu de temps dont on disposait pour les études préalables, le commissaire général de l'Exposition n'a pas cru devoir s'adresser à une seule personne pour l'exécution de cet ouvrage; il a eu recours à une association collective composée de trois maisons de construction les plus connues, MM. Daydé et Pillé, MM. Moisant, Laurent et Savey et la Société des Ponts et Travaux en fer. C'est avec raison que cette décision a été prise, car on sait que les constructeurs ne sont pas toujours les maîtres de la livraison de leurs commandes, ils dépendent des forges qui leur fournissent les fers, et dont ils sont naturellement tributaires; or, celles-ci sont syndiquées, elles ne produisent que des quantités déterminées d'avance de tôle et de fers profilés, et il est possible qu'elles n'eussent pas été à même de livrer, en aussi peu de mois, à un seul client, les 6 000 tonnes nécessaires.

Bien que le travail total ait été confié à la collectivité que nous avons indiquée et que les trois maisons fussent solidairement responsables, les constructeurs se sont partagé l'ouvrage : MM. Daydé et Pillé ont pris la coupole et la contre-nef, MM. Moisant, Laurent et Savey ont eu la partie de droite de la grande nef et l'on a confié à la Société des Ponts et Travaux en fer la fourniture et le montage de la portion de gauche.

De ces trois constructeurs, ceux qui ont eu la partie la plus importante ce sont assurément MM. Daydé et Pillé, non seulement à cause du poids du métal employé, mais encore, et surtout, en raison du caractère spécial du travail à exécuter. D'ailleurs, ces ingénieurs éminents, pour qui l'acier n'a plus de secrets, ont eu à exécuter maints ouvrages pour l'exposition, c'est à eux qu'on doit les fameux caissons du pont Alexandre; une partie de la couverture du palais du Génie civil, qui est une merveille, est leur œuvre, ainsi que les trois passerelles sur la Seine au sujet desquelles nous reviendrons plus loin. Toutefois, la coupole du Grand Palais reste assurément le plus grand travail métallique de l'Exposition, après le pont, par son caractère de hardiesse et la correction de ses lignes; il a été admiré de tous les connaisseurs qui n'hésitent pas à l'appeler couramment la *Coupole Daydé*, du nom de son constructeur.

Les fermes de cet ouvrage, ainsi que celles de toute la couverture du Palais, appartiennent au genre des fermes dites *encastrées*, c'est-à-dire que la résultante de toutes les poussées passe par les points d'appui sur le sol et y exerce une pression supportée par un grand massif composé de tirants en fer noyés dans du béton; les murs du Palais ne subissent aucun travail, à tel point que ceux-ci pourraient s'écrouler et disparaître, sans que la couverture soit entraînée. Ce choix de fermes présente assurément la forme la plus rassurante, mais il offre un inconvénient d'esthétique assez grave, c'est que les arcs possèdent forcément une flèche très haute, ce qui produit une courbure très accentuée; c'est pour cela que le toit du Palais forme une carapace énorme qui semble écraser l'édifice. Les colonnes de la façade constituent une ordonnance très pure d'architecture, elles rappellent l'époque romaine dans toute sa splendeur; mais, en ce temps-là, le fer n'était pas utilisé dans la construction et les piliers en pierre n'avaient d'autre mission que de supporter un entablement et un motif ou fronton dominant le monument. Aujourd'hui, on est forcé d'avoir recours au métal pour fermer les grandes surfaces dont on dispose; c'est parfait... mais, de l'extérieur, rien ne nous explique que cette couverture est soutenue, à l'intérieur, par des poteaux indépendants que nous ne voyons pas du dehors; il en résulte qu'au point de vue apparent, ce sont les colonnes qui semblent supporter toute cette masse de fer; or, par leur grâce et leur légèreté, elles sont loin de paraître capables d'un pareil effort.

Fig. 20. — Retombée des fermes d'arbalétriers et d'une ferme de noue.

La coupole s'appuie sur une couronne circulaire supportée par les quatre fermes d'arbalétriers qui reposent aux mêmes retombées que les fermes de noues elles-mêmes. Celles-ci constituent la ligne de raccordement de la portion sphérique du dôme et de la partie cylindrique des galeries ; cette ligne est très difficile à expliquer, car elle est très gauche et ne correspond à aucune définition connue ; ceci est encore plus vrai, dans la circonstance actuelle ; en effet, la portion sphérique considérée n'est pas absolument sphérique et les cylindres de pénétration ne sont pas à section circulaire. La création de ces fermes de noue est en général extrêmement délicate ; car, en raison de leur courbure bizarre, elles sont fort disgracieuses ; celles du Grand Palais, au contraire, sont des merveilles de dessin ; leur exécution, qui ne sera forcément admirée que par des spécialistes,

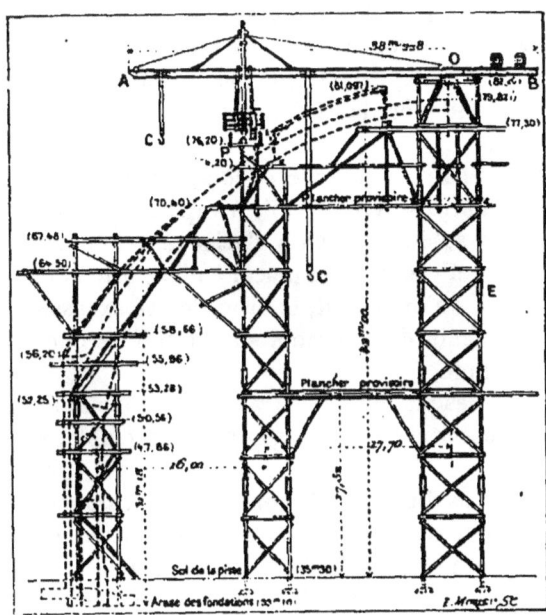

Fig. 21. — Appareil pour le montage de la coupole du Grand Palais.

est impeccable, la courbure est heureuse et ne choque en rien la vue.

Le procédé de montage employé par MM. Daydé et Pillé est très intéressant : on a installé, sur un échafaudage élevé, un chemin de roulement circulaire en bois P situé au-dessus de l'emplacement que devait occuper la coupole dans l'espace ; au centre de l'ouvrage, on a monté un échafaudage indépendant E de ceux qui servent au plancher en cercle dont nous venons de parler ; il est destiné à soutenir une sorte d'anneau en fer de 25 à 30 centimètres de diamètre O ; les emplacements de cet anneau et du plancher sont très importants, car ce sont eux qui auront à supporter l'appareil de manutention nécessaire à la mise en place des différents éléments. Cet appareil se compose de deux poutres jumelles de 35 mètres de longueur AB ; elles sont armées, au quart environ de leur étendue d'une très forte goupille qui s'adapte dans l'anneau central O ; cette disposition permet à l'ensemble de pivoter sur un plan horizontal autour du point O.

La poutre est sensiblement équilibrée ; à cet effet on a placé, au bout du petit bras OB, des barils chargés de rivets. Le grand bras OA est muni à son extrémité d'un chariot dont les roues s'appuient sur un rail circulaire posé le long du plancher de même forme P. Comme on peut s'en rendre compte, ce système peut tourner tout autour de son axe, le bras prend alors la direction d'un rayon quelconque du cercle du travail.

La manutention est maintenant très facile à comprendre : on a fixé sur les poutres deux chariots avec treuils à vapeur dont les crochets CC prennent sur le sol les éléments d'acier à n'importe quelle place où ils sont posés, et viennent les placer à n'importe quel endroit de la coupole ; ainsi qu'on le voit, le procédé est excessivement simple. Les mouvements des chariots sur la poutre elle-même sont faits à bras d'homme.

Nous pouvons ajouter que des planchers de travail sont installés à tous les endroits jugés nécessaires pour l'ajustage et l'assemblage des pièces.

Les deux constructeurs des parties latérales ont chacun employé un procédé différent ; la Société des Ponts qui a fait la portion de gauche a monté un grand échafaudage qui embrasse toute la section de la nef ; il est garni de vastes planchers à différentes hauteurs sur lesquels les ouvriers sont commodément installés pour faire leur travail.

MM. Moisant, Laurent et Savey ont adopté un appareil nouveau d'un emploi très facile, qui permet un montage rapide des différentes pièces.

Il se compose d'un grand pylône en bois qui peut rouler sur le sol dans deux directions normales à l'aide de galets et de rails disposés convenablement, et qui possède la facilité de tourner dans tous les sens. La partie intéressante de cet appareil est localisée au sommet ; nous avons là un grand bras de levier horizontal qui se meut suivant un arc de cercle d'environ 60 degrés, le centre de cet arc étant situé à l'extrémité libre de cette longue poutre, c'est-à-dire en dehors du plancher de manutention. C'est également en ce point que vient passer la chaîne du treuil ; un de ses brins descend jusqu'au plancher inférieur, sur lequel se trouve le tambour d'enroulement; quant à l'autre, il est situé sur un chariot mobile qui glisse le long de la poutre horizontale. On conçoit que cet

Fig. 22. — Appareil de manutention employé pour le montage des fermes du Grand Palais.

appareil sert à toutes les opérations nécessaires puisque le crochet du treuil peut aller en tous les points de l'espace situés sous le bras de levier. Toute l'ossature métallique des galeries latérales et

LES PALAIS DES CHAMPS-ÉLYSÉES. 57

de la nef, côté Champs-Élysées, a été construite avec cet appareil. Les grandes fermes de la piste ont été exécutées en trois

Fig. 23. — Montage des fermes de la grande nef du Palais des Beaux-Arts.

opérations distinctes : dans les deux premières on a installé les poteaux verticaux et les premiers voussoirs situés contre les murs, de sorte que les portions extrêmes de chaque ferme étaient établies en porte-à-faux et se soutenaient toutes seules dans le vide. La troisième opération consistait à fermer l'arc métallique laissé ouvert ; pour cela, on venait soutenir les extrémités des parties construites en porte-à-faux, à l'aide de deux pylônes munis de vérins ; ces pylônes avaient un double but, d'abord ils soulevaient légèrement les extrémités libres de la partie déjà faite, ensuite ils formaient de nouveaux piliers d'appui provisoires sur lesquels on pouvait faire reposer de nouveaux voussoirs encore en porte-à-faux, mais assemblés aux précédents ; il ne restait plus qu'à placer le voussoir de clé et à l'assembler à ses voisins ; on décalait finalement tout le système, en baissant les vérins et toute la ferme tenait par elle-même.

Quant aux ouvriers qui recevaient les différents éléments de la construction et qui avaient mission de les assembler, ils étaient installés avec leurs forges portatives sur des planchers volants accrochés aux parties des fermes déjà terminées.

L'appareil, qui était mû à l'électricité, était, comme on le voit, très ingénieux et occupait fort peu de place ; il fait le plus grand honneur à MM. Moisant, Laurent et Savey, les constructeurs qui l'ont imaginé. Ceux-ci occupent d'ailleurs une place prépondérante dans l'industrie ; les nombreux ouvrages auxquels ils ont été mêlés les mettent au premier rang des ingénieurs français ; aussi l'Exposition les a-t-elle fortement mis à contribution. Ce sont eux qui ont été chargés d'une grande partie des autres combles du palais des Beaux-Arts ; au Champ-de-Mars, ils ont employé un poids énorme de fer et d'acier pour une partie du palais du Fil et des Tissus qui leur a été confié avec le Pavillon Central. C'est également à eux qu'on a donné l'exécution de l'escalier monumental du Grand Palais ; ils ont trouvé là une occasion unique de faire une innovation intéressante de l'emploi du fer ouvré et de la tôle, pour un grand ouvrage décoratif.

LE PETIT PALAIS

Seuls les vieux Parisiens qui ont connu la Capitale avant 1853 ont pu se faire une idée de ce que deviendrait le quartier des Champs-Élysées à la suite de la disparition du Palais de l'Industrie ; et encore cette impression n'était-elle qu'incomplète. Avant cette époque, en effet, la place était libre et les champs qui l'occupaient servaient de rendez-vous aux adeptes du jeu de paume ; de l'avenue on pouvait voir les quais de la Seine et l'ensemble des bâtiments des Invalides ; si bien que l'objection la plus fondée formulée contre la construction du Palais de l'Industrie fut assurément le manque de perspective qui devait en être la conséquence, la vue se trouvant immédiatement arrêtée par ce vaste écran. Le spectacle est beaucoup plus imposant en 1900 qu'il ne l'était en 1850, car l'œil est guidé par la grande avenue que l'on a construite et par le pont qui lui fait suite ; au premier plan, les palais servent d'entrée à cette voie grandiose et, malgré leur importance, ils ne viennent pas distraire l'attention de la vue générale qui, somme toute, a toujours été la considération la plus importante. C'est une révélation ; le porche central du Palais de l'Industrie, que l'on a conservé jusqu'au dernier moment, a servi de rideau aux constructions qui se préparaient derrière ; quand tout a été prêt, on l'a abattu et l'on a pu, dès le premier jour, admirer le merveilleux décor que l'on a mis trois ans à élever.

Une grosse faute que l'on commet parfois dans l'étude d'une construction est de ne pas envisager l'emplacement qui lui est destiné ; il est évident qu'un édifice ne doit pas être traité de la même façon pour une place bien ouverte ou pour une rue étroite. En général, on se contente de demander aux architectes le projet d'un monument sans leur indiquer d'une façon suffisamment précise l'entourage qui en sera en quelque sorte le cadre ; la conséquence est que les études sont faites d'une façon générale et, suivant le talent de l'artiste, on pourra être arrivé à la solution d'un problème architectural plus ou moins compliqué, mais ce résultat ne sera pas toujours suffisant ; une fois la construction terminée, elle ne répondra pas à l'idée que l'on s'en était faite ; c'est ainsi que l'Opéra de M. Garnier qui, en lui-même, est un chef-d'œuvre de construction, perd les trois quarts de sa valeur à cause de l'emplacement encaissé sur lequel il est construit et du manque de recul qui permettrait d'en saisir toutes les lignes d'un seul coup d'œil. Un autre exemple de construction mal placée est le temple israélite de la rue de la Victoire ; le style byzantin en est fort bien étudié, mais l'église ne produit aucun effet dans cette rue de 10 mètres de large où les yeux ne peuvent sans effort s'élever au dessus du premier étage. En architecture, on marche au rebours de la peinture, il faut que l'œuvre soit faite pour le cadre. Aux Champs-Élysées, nous n'avons eu aucun inconvénient de ce genre à déplorer, car le premier concours avait nettement donné les grandes lignes de l'Exposition de 1900 et lorsqu'on demanda aux architectes des projets pour les deux palais, on savait bien exactement la place qu'ils devaient occuper, on en connaissait le cadre et l'on pouvait dès lors établir des projets qui fussent étudiés en vue de l'endroit où devaient s'élever les constructions.

L'éminent architecte, M. Ch. Girault, qui a obtenu le premier prix pour son projet du Petit Palais et à qui est incombé l'honneur de la direction générale de toutes les constructions actuellement achevées pour les palais des Champs-Élysées, peut être fier du résultat qu'il a obtenu et du succès qu'il a remporté, car rien n'a été modifié sur les plans primitifs qu'il avait présentés, et son palais une fois terminé est, à très peu de détails près, tel qu'il l'avait primitivement conçu. C'est un fait assez rare, surtout quand il s'agit d'une construction d'ordre public et de l'importance de celle qui nous occupe; il méritait donc d'être signalé. Les remaniements et tâtonnements sans nombre dont sont en général grevés les projets de monuments ne peuvent être que préjudiciables à l'idée générale qui doit ressortir d'une ordonnance calculée et d'un ensemble d'art que seul un premier jet de génie peut faire éclore.

Ainsi que tout le monde le sait, le Petit Palais est situé sur la nouvelle avenue Nicolas II, à gauche en entrant par les Champs-Élysées, en face du Grand Palais. Les deux architectures, sans être semblables, ont pourtant été étudiées de façon à *se tenir*, afin de ne pas nuire l'une à l'autre. D'un côté, nous avons un monument de vastes dimensions et dont l'aspect grandiose répond en quelque sorte à la destination qui en a été prévue. Le Petit Palais, ayant une autre visée et une destination différente, ne devait pas présenter le même aspect; d'une forme moins imposante, le nouvel édifice n'en aura qu'une apparence plus coquette et plus attrayante; les dimensions, moins étendues, permettent à l'œil d'en saisir plus facilement l'ensemble, de sorte que l'architecte a pu donner à la façade un dessin général dont les différentes parties se raccordent heureusement entre elles. Le soubassement, plus élevé que celui du Grand Palais, sert d'appui à deux séries de colonnes ioniques; le porche central avec sa coupole, et les deux avant-corps des extrémités soutiennent l'ensemble de la construction; ils sont des prétextes de décorations dont on peut admirer le bon effet.

Comme on peut s'en rendre compte, les colonnes, qui avaient été un peu négligées dans les constructions des Expositions précédentes, reparaissent ici avec toute l'importance qui leur est réellement due. L'abus quelque peu inconsidéré du fer et son emploi fort peu artistique font été la cause de l'oubli dans lequel on laissa ce motif de décoration qui, après tout, est celui qui répond le mieux aux exigences d'une construction. La colonne est assurément un moyen d'édification aussi vieux que l'histoire de l'habitation ; dans les temps les plus reculés on avait déjà senti le parti merveilleux qu'on pouvait en tirer dans les édifices, tant au point de vue de

Fig. 24. — Détails des chapiteaux de colonnes.

l'utilité qu'à celui de l'esthétique ; les Grecs, qui sont nos maîtres en architecture, et dont les modèles ont toujours été recopiés, ne construisaient pas un temple, un monument ou même une demeure particulière sans avoir recours à son emploi, et si l'architecture romaine s'est aussi surabondamment servie de colonnes dans ses constructions, c'est que Rome avait vaincu la Grèce et employé à son luxe les artistes de l'Illyrie qui apportèrent avec eux leur façon de faire ; mais, afin de rendre le vieux style ionique plus en rapport avec la magnificence des vainqueurs, ils l'enjolivèrent en y ajoutant des motifs d'ornementation ; on vit les chapiteaux se développer en feuilles d'acanthe, les frises se chargèr de sculptures et les fûts de colonne eux-mêmes furent sillonnés de crénelures : c'est ainsi qu'est né l'ordre corinthien.

Cette petite parenthèse, tout en nous rapprochant de la mythologie, nous a un peu éloignés des Champs-Élysées, mais nous y revenons bien vite pour n'en plus sortir. La portion la plus saillante de la façade du Petit Palais est, sans contredit, le motif central composé d'une grande baie de 15 mètres d'ouverture, soutenue par

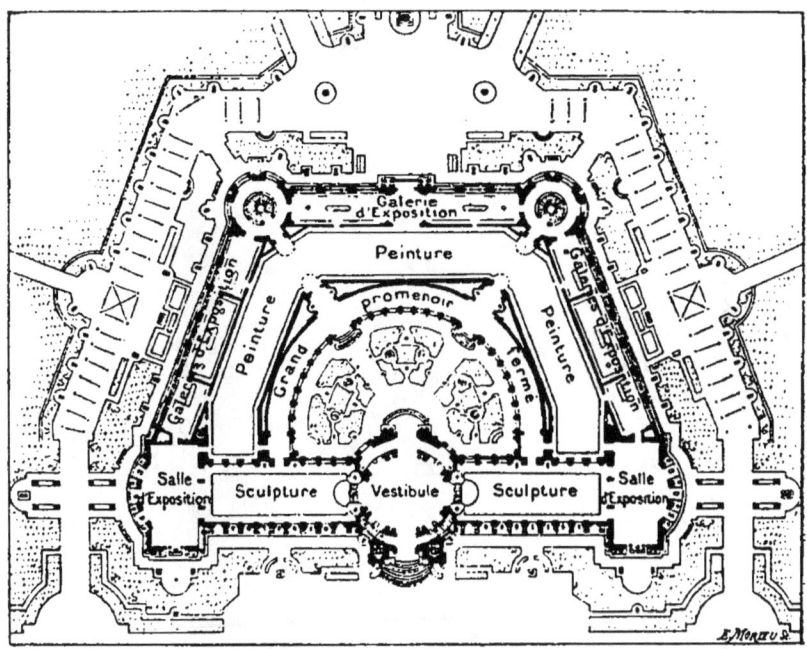

Fig: 25. — Plan du petit Palais des Beaux-Arts.

une vingtaine de marches, qui en relève les piédroits et servent elles-mêmes de point d'appui aux tympans du dôme. La disposition générale de cet ensemble rappelle vaguement celle que M. Bouvard avait employée en 1889 au Dôme Central, mais avec cette différence que la pierre employée ici comme moyen de construction permet un déploiement d'art architectural que le fer proscrit, malgré toute l'ornementation qu'on est susceptible de lui donner.

Il serait difficile de dire à quel style peut se rattacher l'architecture du Petit Palais, il est quelque chose d'inédit ; aucun monument de Paris ne le rappelle même de loin. Un architecte très compétent, à qui nous demandions quel était le genre employé pour la construction de l'édifice, nous répondit par un mot qui en résume bien le caractère et la nouveauté : « Mon Dieu! nous dit-il, c'est du style Girault! »

S'il est aisé jusqu'à un certain point à un architecte de talent de traiter une façade pour laquelle on lui laissait la plus grande latitude, on ne peut en dire autant de l'arrangement intérieur et de l'organisation des différents services qui ont été imposés dans le cahier des charges du Petit Palais; la configuration du terrain et la forme bizarre du quadrilatère à recouvrir ne permettaient guère de s'éloigner du plan qui a été adopté. Cette disposition en trapèze est plutôt ingrate, car elle oblige la recherche de moyens spéciaux pour ar-

Fig. 26. — Petit Palais des Beaux-Arts. — Façade principale sur la nouvelle avenue.

rondir les angles obtus, qui ne sont jamais bien heureux dans une construction, surtout quand ils sont très évasés, comme dans le cas qui nous occupe. On s'est tiré d'affaire en construisant des coupoles, de sorte que l'écueil a non seulement été évité, mais la difficulté a encore été vaincue par l'emploi d'une disposition qui est devenue une source nouvelle de décoration.

Lorsque nous pénétrons dans le Petit Palais par la porte principale, nous nous trouvons d'abord dans un vaste vestibule de forme légèrement elliptique, recouvert par la coupole dont nous parlions tout à l'heure; à droite et à gauche, deux grandes salles d'exposition prennent jour sur la façade par de larges fenêtres situées dans l'embrasure des colonnes.

L'édifice est entouré, sur ses trois autres faces, de galeries éclairées par des fenêtres; à l'intérieur du monument, et sur les trois petits côtés, sont élevées de larges galeries ne prenant jour que par le haut. Enfin le milieu même du monument est aménagé en jardin bordé d'un péristyle en hémicycle pouvant servir de promenoir couvert. Comme il eût été disgracieux de voir cette galerie surplomber le sol de ce petit jardin des 6 mètres qui constituent la différence de cotes entre le sol extérieur et le plancher du rez-de-chaussée, le niveau de la cour intérieure a été relevé à 4 mètres au-dessus de la cote moyenne du sol.

Le Grand Palais servira, pendant l'Exposition de 1900, aux expositions des Beaux-Arts; la partie principale est réservée aux productions des dix années écoulées, et celle qui longe l'avenue d'Antin aux chefs-d'œuvre du siècle; le Petit-Palais, dont l'aménagement spécial permet un emploi pour tous les cas qui se présenteront, a été réservé à l'exposition rétrospective de l'art; de telle sorte que l'histoire du Beau est tout entière représentée aux Champs-Élysées dans ses manifestations, depuis les temps les plus reculés jusqu'à nos jours.

Ce n'est pas sans une étude très approfondie des différentes qualités nécessaires à un palais destiné à abriter des œuvres d'art, que M. Girault est arrivé à établir le plan du sien; il a visité les principaux musées d'Europe et a recueilli en chacun d'eux ce qu'il y avait de bien, de façon à former un tout capable d'approcher autant que possible de la perfection; tous les genres d'éclairage se trouvent réunis au Petit Palais, si bien que les artistes pourront toujours trouver pour leurs œuvres une lumière convenable; les galeries extérieures, avec leurs fenêtres, permettant au jour de venir latéralement, sont plus spécialement favorables aux sculpteurs; les salles de la façade, éclairées par les fenêtres percées sur les deux murs, peuvent être réservées aux grands motifs de décoration; les sculpteurs peuvent également trouver des emplacements heureux dans le promenoir intérieur et dans le jardin situé au centre de l'édifice; en ces endroits, le plein air et le cadre spécial seront assurément appréciés par certains artistes. Nous avons enfin les galeries intérieures, ne prenant jour que par en haut, et qui sont consacrées aux expositions de peinture.

Le rez-de-chaussée, très élevé, permet l'installation d'un sous-sol d'une hauteur exceptionnelle, puisqu'il a près de 6 mètres au-dessus de la chaussée extérieure. De nombreux dégagements ont été installés pour servir de bureaux aux services d'administration et de dépôts pour les œuvres d'art qui, après le temps de l'Exposition, seront destinées à trouver asile au Petit Palais.

Malgré le luxe de sa décoration, le prix du Petit Palais n'a pas dépassé cinq millions de francs dont un a été attribué à la sculpture.

La partie la plus importante de la sculpture se trouve concentrée autour du porche central; la porte est dominée par un grand fronton en demi-cercle de M. Injalbert qui représente *les fleuves de France, de l'Océan à la Méditerranée*. Au milieu du sujet on voit la Ville de Paris formant un groupe avec la Seine.

A la base du porche se trouvent deux groupes forts intéressants de MM. Louis Convers et Ferrary; celui du premier représente les *Quatre Saisons* et l'autre la *Seine et ses affluents*.

On voit enfin au-dessus du cintre qui domine le fronton, deux allégories de M. de Saint-Marceaux représentant la *Ville de Paris*. Ces deux statues sont d'une belle envolée, mais au point de vue esthétique elles laissent le visiteur assez songeur, car il n'est pas habitué à voir la plastique de la femme représentée comme l'a voulu le maître : après tout, l'éducation du peuple n'est peut-être pas encore faite, il se trouve dans des conditions inférieures pour admirer les belles choses de l'art !

Les cartouches des pavillons extrêmes sont dus à M. Peynot fils; MM. Fagel et Hugers ont sculpté les motifs placés au-dessus des fenêtres de la façade.

La décoration sculpturale trouve encore sa place dans le jardin intérieur du Petit Palais : nous voyons un grand pendentif de M. Lefeuvre et des groupes en bronze doré de M. Peynot : aux angles, deux groupes en pierre représentant des enfants sortent du ciseau de M. Hercule; quant aux musiciens qui dominent les portes du péristyle, ils sont les œuvres de MM. Convers et Ferrary.

On sait, en effet, qu'une fois les portes de la grande foire fermées, le Palais deviendra la propriété de la Ville et sera destiné à remplacer le Pavillon de la Ville de Paris, qui a été démoli, derrière l'ancien Palais de l'Industrie. Tous les ans, le Conseil municipal fait des achats fort importants aux artistes et se trouve souvent embarrassé pour donner à ces œuvres l'emplacement et la publicité nécessaires; il en résulte que les achats stationnent assez longtemps en des dépôts où, en dehors de l'oubli dans lequel ils sont perdus, ils ont en outre l'inconvénient de se détériorer. Le Palais servira donc à combler une lacune : jusqu'ici, nous n'avons jamais eu de local pouvant donner satisfaction aux artistes; on ne pouvait, en effet, compter comme palais d'Exposition ce pavillon fort abandonné situé derrière le Palais de l'Industrie et qui a été enlevé; il a servi un peu à tout peut-être, sauf à la production d'œuvres d'art.

Dès que M. Ch. Girault et son armée de dessinateurs eurent terminé les études préparatoires à la construction du Petit Palais, on se mit à l'œuvre; l'ouvrage fut mené avec beaucoup d'activité; pendant des semaines on travailla douze à quinze heures tous les jours, et ce n'était pas un spectacle banal que d'assister à ces travaux de nuit pendant lesquels les ouvriers passaient et repassaient comme des ombres devant ces immenses fanaux qui répandaient sur les chantiers leur lumière. Les entrepreneurs, MM. Grousselle et Cie, n'ont pas eu de temps à perdre; on leur doit une bonne part du succès final; tout le monde s'est ressenti forcément des lenteurs qui ont accompagné les préparatifs de la démolition du Palais de l'Industrie.

On a employé, pour les murs des caves, les anciens matériaux du Palais de l'Industrie, ce n'est pas donc une métaphore de dire que les nouveaux palais sont nés de ses cendres. Sur la partie la plus rapprochée de la Seine, on a été obligé de battre des pieux, comme on l'a d'ailleurs également fait pour le Grand Palais; la couche de bon sol, qui se trouve à 3^m,50 aux abords des Champs-Élysées, s'incline suivant une pente très rapide à mesure qu'on se rapproche du fleuve, si bien qu'en certains points des constructions on ne la retrouve qu'à 8 et 10 mètres; il eût été trop dispendieux d'aller la chercher aussi bas avec de la maçonnerie; c'est à cette circonstance que l'on doit l'emploi des pilotis.

Il n'y a pas de caves, à proprement parler, au Petit Palais, le sous-sol étant très élevé sur toute la surface du bâtiment; toutefois, les calorifères, dont on a prévu la place, sont nstallés en contre-bas du niveau général; l'excavation a été préparée sur la façade Est, et si l'on en juge d'après ses dimensions, nous ne devons avoir que peu d'inquiétude au sujet du confort qu'on pourra espérer trouver l'hiver au Petit Palais. Plus de 400 mètres carrés représentent, en effet, l'emplacement prévu pour les appareils. Une petite difficulté s'est présentée au sujet de la construction de la cave du calorifère. Son sol se trouve à la cote 27,20, c'est-à-dire sensiblement au niveau de la Seine; en temps ordinaire, on n'aurait donc rien à craindre qu'un peu d'humidité, mais dès que l'eau montera pendant les inondations, les calorifères seraient submergés si l'on n'avait pris certaines précautions; c'est pour parer à cet inconvénient que l'on a disposé le sol d'une façon toute spéciale; on a installé une double couche de béton de cailloux et de gravillons épaisse de 80 centimètres et construite en forme de voûte renversée pour résister à la poussée verticale des eaux; nous pouvons donc, de cette façon, considérer le sol comme absolument étanche et présentant une barrière infranchissable aux inondations.

Deux procédés de constructions, peut-être pas nouveaux, mais dont l'usage n'avait pas encore été sanctionné par l'application à un grand édifice, ont été employés au Petit Palais, nous voulons parler de l'établissement des planchers en ciment armé et des coupoles construites sans l'intervention des cintres en bois.

Le ciment armé.

Ce nouveau procédé n'est autre chose que du béton ordinaire composé de gravillon et de ciment dans lequel on a entrechâssé par des moyens spéciaux des tiges de fer.

Lorsque Léon Cogniet inventa le béton, ce fut une révolution dans la construction; il fabriquait des blocs artificiels aussi solides que la pierre elle-même, ces blocs avaient toutes les formes inimaginables puisqu'ils étaient moulés et pouvaient remplacer dans la plupart des cas le granit et les grès. Le ciment armé remplace le fer dans beaucoup d'applications : on a construit dernièrement à Châtellerault un pont de trois travées en ciment armé, celle du milieu ayant 52 mètres de portée.

Le principe de la construction de tout travail en ciment armé est l'établissement de poutres. On sait que, d'une façon générale, lorsque celles-ci sont placées horizontalement et qu'elles sont soumises à des efforts verticaux, la partie supérieure comprise entre la *fibre neutre* et la *table supérieure* travaille à la compression, tandis que l'autre portion, celle d'en bas, doit résister à des efforts de traction, ceci est tellement vrai qu'on ne diminue en rien la résistance d'une poutre en sciant la pièce normalement à sa portée sur la moitié supérieure de sa section.

Il résulte de ce fait que si on peut mouler, suivant la forme d'une poutre, un système dont la partie inférieure est composée de tiges de fer et dont la portion supérieure est du béton, on aura un solide ayant toutes les qualités d'une pièce rigide très résistante : les tiges métalliques travaillant à la tension joueront leur rôle à cause de la place qu'elles occupent dans la poutre moulée, et le béton, qui n'a aucune résistance de tension mais qui se laisse comprimer sans déformation, rendra tous les services utiles que rendent les fibres supérieures d'une poutre ordinaire qu'elle soit en bois ou en métal.

Le béton armé ne constitue pas un brevet, car il est d'une application très ancienne : la compagnie de l'Ouest a démoli dernièrement pour ses nouveaux travaux, une maison à Passy qui remontait à une centaine d'années et dans laquelle les planchers étaient composés de pièces de fer entourées de mortier. La grosse difficulté est de savoir bien se servir de ce dernier mode de construction.

Il faut d'abord établir des moules en bois puissamment échafaudés pour supporter le poids énorme de ces poutres en béton ; on dispose ensuite des tiges métalliques en fer rond telles qu'on les trouve dans le commerce et présentant la section nécessaire pour bien jouer le rôle qui leur est dévolu. Dans une poutre en fer à double T, l'axe qui réunit les deux plateaux a pour mission de former une liaison entre ces deux parties constitutives de la pièce dont l'une travaille à à la tension et l'autre à la compression ; sa hauteur a une importance considérable : elle est, en effet, un des facteurs principaux du moment d'inertie qui est la base des opérations du calcul nécessaire pour trouver les dimensions de la pièce. Dans les poutres en béton armé, l'âme existe de la même façon, seulement elle est composée d'une série de pièces en fer plat de forme spéciale appelées *étriers* qui réunissent les tendeurs en fer de la partie inférieure de la poutre à tout le ciment dont se compose la masse.

Le principe du système de M. Hennebique, qui est maintenant employé partout, consiste justement dans l'emploi de ces étriers.

Une fois que le moule est terminé et que les fers sont en place, il faut laisser tomber le béton et le pilonner avec soin : c'est la grande difficulté du travail, et la réussite dépend de ce pilonnage qui donne une cohésion complète à la masse et empêche les éléments de travailler isolément, le tout devient solidaire. La composition de ce béton est la suivante : gravillon 850 litres ; sable 400 litres ; ciment de Portland 250 kilogrammes.

Ces opérations terminées, on laisse sécher et l'on attend huit à dix jours avant de démouler et de décintrer.

L'emploi du ciment armé tend à se propager chaque jour davantage. On construit des ponts, des planchers, des pilotis, des escaliers, des maisons entières avec ce système : les dernières applications qui ont été faites sont celles des planchers des nouveaux palais de l'Exposition de 1900 aux Champs-Élysées ; au Petit Palais des portées de huit et dix mètres ont été atteintes et les essais qui ont été faits avec des surcharges de 1500 kilogrammes par mètre carré n'ont pas produit une flèche supérieure à 1/800 de la portée. Au Grand Palais des planchers en porte-à-faux ont été

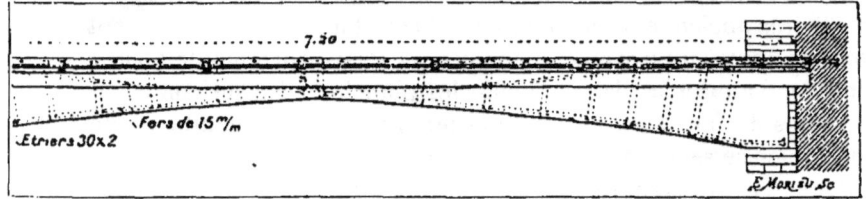

Fig. 27. — Plancher en ciment armé du Petit Palais des Champs-Elysées.

construits sur une largeur de 2^m,70. Comme dernier exemple enfin nous pouvons citer les trottoirs élevés en encorbellement sous la chaussée du boulevard Pereire pour les nouvelles constructions du chemin de fer de ceinture.

Les avantages du ciment armé sont l'incombustibilité, l'économie et la résistance considérable de la masse ; mais le plus grand est assurément la rapidité et la facilité du travail ; un ouvrage une fois commandé, on peut l'exécuter immédiatement puisque les fers sont ceux en usage dans le commerce : quant au béton, il est toujours très aisé de l'obtenir ; tandis qu'une construction en pierre ou en fer est soumise aux nécessités des carrières et des forges, il faut attendre les disponibilités, en passer par les nécessités de la réception et attendre le temps indispensable du transport.

L'invention du ciment armé, tel qu'on l'emploie aujourd'hui, est due au hasard, comme toujours... Un entrepreneur de maçonnerie, M. Hennebique, ayant à construire une villa qu'on lui demandait incombustible, fit ce qu'aurait fait tout constructeur à sa place, il commanda des fers, qui devaient constituer l'ossature des murs et des planchers; on allait commencer le travail quand un violent incendie se déclara à proximité de la maison à élever; or, cette dernière était, elle aussi, construite en fer; le désastre fut complet : sous l'empire de la chaleur, les poutres métalliques se dilatèrent au point de provoquer l'effondrement de l'édifice. Le système ne valant rien, il fallait trouver autre chose; c'est alors que l'entrepreneur proposa à son client de noyer le fer dans du béton, le métal se trouvant ainsi isolé de la chaleur ne subirait plus son action. Ce procédé était bon mais dispendieux; M. Hennebique pensa que du moment que l'on employait du béton, on pouvait profiter de son action résistante et diminuer par là le poids du fer et partant la dépense; il associa les deux éléments en un tout rigide; il soumit le système à des essais de résistance sous des températures élevées et constata que les poutres ainsi formées se comportaient merveilleusement, le fer et le béton possédant tous deux le même coefficient de dilatation; d'autre part, la présence du ciment de Portland rendait la masse inattaquable par l'eau.

Le procédé qui n'a guère qu'une dizaine d'années d'existence a déjà reçu plus de 5000 applications; nous ne savons pas ce que l'avenir lui réserve, peut-être détrônera-t-il un jour la pierre et le fer, qui, mis aux bans de la construction, auront l'air piteux que prennent aujourd'hui les chevaux devant l'envahissante poussée du roi automobile et de la reine bicyclette.

Les voûtes sans cintres.

La grosse difficulté pour la construction d'une voûte ou d'une coupole est de trouver les moyens d'en diminuer le poids; les pressions provoquées par la couverture d'un grand vaisseau ont toujours des conséquences qui obligent à subordonner le monument tout entier aux exigences des dômes et des voûtes; les murs latéraux devront être assez épais pour résister aux poussées horizontales imprimées par la voûte dont la tendance est de s'ouvrir et de produire un écartement aux naissances. Ceci est tellement vrai que lorsqu'on a construit l'église Saint-Augustin, on a vu qu'il était impossible de faire reposer le dôme sur les assises de pierres, celles-ci commençaient même à s'effriter sous le poids; c'est alors qu'on a eu l'idée de placer ces colonnes en fonte qui partent du sol et qui ont pour mission exclusive de soutenir toute la couverture. Le dôme de l'église du Sacré-Cœur, à Montmartre, est en pierre et son poids est formidable; mais ici on se trouve dans des conditions particulières : on n'a rien ménagé pour établir une maçonnerie puissante, on ne s'est pas inquiété de la question d'argent, la charité publique étant inépuisable. Au moyen âge, époque à laquelle on a commencé à construire les grandes nefs de nos églises gothiques qui seront toujours les modèles de la plus belle architecture qui ait jamais existé, on sentait bien la difficulté que les murs avaient pour vaincre les poussées horizontales du toit ; c'est pourquoi on établissait des arcs-boutants extérieurs qui venaient consolider la construction ; et comme à ce moment les architectes étaient avant tout des artistes, ils surent profiter de cette nécessité pour la transformer en un élément de décoration des plus heureux.

Maintenant que nous sommes dans une autre ère, une époque de production — de reproduction surtout, — on n'a plus les mêmes loisirs de nos aïeux qui n'hésitaient pas à consacrer une existence entière à la sculpture d'une fenêtre ; aujourd'hui, il faut construire vite et bien : nos monuments auront-ils la longévité de ceux que nous ont laissés les quatorzième, quinzième siècles et la Renaissance, c'est peu probable ?... On en sera quitte pour *reconstruire*.

Les nouvelles voûtes que nous allons décrire ont toutes les qualités requises par les nécessités du siècle où nous vivons ; elles s'établissent très rapidement, elles sont économiques et elles ont sûrement assez de solidité pour survivre aux monuments en pierres tendres et peu durables actuellement en usage.

Le principe de ces voûtes ne repose sur aucune règle précise et l'application du système reste l'apanage de spécialistes qui possèdent un tour de main à eux..., ce sont presque des artistes.

Pour faire une coupole d'après les nouveaux procédés, on commence par établir, à l'intérieur de l'ouvrage à construire, un plancher mobile qui servira aux ouvriers, et qu'on élèvera à mesure que les travaux avanceront ; on place des guides en bois très légers qui dirigent les maçons dans l'exécution des différentes assises de briques, mais ces guides ne constituent qu'un gabarit dont le seul rôle est de conduire le travail et qui n'a aucunement pour but de soutenir les maçonneries. Les ouvriers établissent des couronnes en briques creuses de 4 centimètres, placées de champ, qu'ils font tenir les unes aux autres avec du plâtre gâché d'une façon spéciale : il faut le pétrir sur le moment pour qu'il forme une sorte de pâte ; dans cet état, il colle très facilement, l'adhérence des briques les unes sur les autres se fait en moins de dix secondes, même lorsque celles-ci sont situées au sommet de la coupole.

Les assises sont placées successivement et les ouvriers ont suffisamment le sentiment de la sphéricité pour n'avoir besoin de rien autre que le gabarit en bois pour les diriger. Ils peuvent même, si on le leur demande, ménager des vides dans la voûte pour laisser la place de fenêtres ou de regards; c'est ce qui a été fait pour les coupoles du Petit Palais des Champs-Élysées, où toutes les voûtes ont été exécutées d'après ce procédé.

D'une façon générale, une coupole établie comme nous venons de l'indiquer, est assez solide pour se soutenir elle-même, le poids relativement faible et la forme en œuf sont des conditions qui expliquent la résistance. Aussi quand la voûte ou la coupole n'a pas à supporter de couverture, on se contente des assises en briques de 4 centimètres d'épaisseur : c'est le cas de la chapelle de la rue Jean-Goujon où on a ménagé trois coupoles emboîtées les unes dans les autres; mais il n'en est pas toujours ainsi, les coupoles du Petit Palais sont recouvertes de motifs de décoration en zinc et de toute la couverture en ardoise ; cet ensemble est très lourd et ce serait trop demander que d'exiger d'une calotte de $0^m,04$ d'épaisseur de supporter une masse pareille : en ce cas, on double la croûte par une série de nouvelles rangées en briques de Vaugirard. Ce travail se fait très facilement puisqu'il est exécuté extérieurement. La voûte prend alors une solidité à toute épreuve, l'épaisseur étant de 12 ou 15 centimètres. Un dernier revêtement en ciment de Portland rend l'ouvrage inattaquable aux effets de la pluie et de l'humidité.

Si, au lieu d'avoir à faire une coupole, on avait à procéder à l'exécution d'une voûte en forme de nef, comme pour une église ou une galerie, on suivrait le même procédé. On commence par établir un arc doubleau en brique à l'aide d'un gabarit en bois qui donne bien exactement la forme de la voûte, puis on reporte ce patron plus loin; le premier arc construit devient alors lui-même une sorte de gabarit du travail; les ouvriers tendent des cordeaux entre l'arc doubleau construit et la forme en bois et calent leurs briques de champs, par assises, les unes à côté des autres en les faisant tenir avec de la chaux comme nous l'avons indiqué pour le cas des coupoles; quand une rangée est achevée, on en attaque une seconde, une troisième, etc., jusqu'à ce qu'on soit arrivé au faîte de la voûte.

Dans ces dernières, on peut faire des voûtes de pénétration pour ménager la place de fenêtres dans une nef construite par ce système; pour cela on cherche par tâtonnements à trouver dans l'espace un point qui soit le centre de la circonférence directrice du cylindre de la voûte de pénétration et on établit en cet endroit un système composé de deux pièces de bois assemblées, la première verticale, et l'autre ayant la direction de la voûte de pénétration ; en faisant

Fig. 28. — Construction d'une voûte.

tourner ce système autour de la base comme point d'appui, la pièce de bois supérieure dessinera la forme de la voûte à construire et servira ainsi de guide aux ouvriers pour coller leurs briques les unes contre les autres.

Dans les églises de style gothique, il arrive quelquefois qu'on se trouve obligé d'exécuter des parements à surfaces courbes très compliquées. En ce cas, on commence à construire, à l'aide de guides en bois, les arcs doubleaux, les formerets et les nervures; à cet effet, on se sert de briques spéciales présentant extérieurement la forme et les moulures de l'arc à construire; une fois ce canevas établi, les ouvriers placent leurs briques sans être dirigés par autre chose que par l'aspect général de la courbure; quand les éléments sont collés les uns à côté des autres, on les abandonne à eux-mêmes et ils tiennent très solidement.

M. Favre, qui est le spécialiste de ce genre de constructions, a déjà fait plusieurs églises par ce procédé; il a été chargé d'exécuter les coupoles des palais de l'Exposition. La principale, celle de la façade, ne mesure pas moins de 24 mètres de diamètre.

CHAPITRE III

LES MONUMENTS EN STAFF DE L'EXPOSITION.

LE TRIOMPHE DU PLATRE

Lorsque les visiteurs se répandent dans l'enceinte de l'Exposition, ils sont frappés du contraste que présentent les palais nouveaux avec ceux qu'on a pu admirer en 1889. Il y a dix ans, les édifices importants — nous parlons de ceux du Champ-de-Mars — étaient une application fort heureuse des éléments nouveaux de construction, le fer et la céramique. Les palais des Beaux-Arts et des Arts Libéraux avaient des défauts de dessin fort grands, c'est vrai ; ils étaient mal couronnés, ils manquaient d'allure dans leur conception ; mais il y avait une excuse : ils étaient les premières œuvres exécutées avec des moyens nouveaux, et les fautes commises n'entraînaient qu'à moitié la responsabilité de leurs auteurs. Le fer était utilisé d'une façon rationnelle ; toutes les lignes de l'ossature restaient apparentes ; elles se trouvaient même soulignées par la décoration : cette architecture était très franche et foncièrement honnête. Elle était, de plus, un des premiers exemples de ce que pouvait produire la collaboration intelligente des ingénieurs et des architectes.

En 1900, changement de décor! Les palais se présentent à nous sous les apparences de la pierre et du granit ; mais, comme ils doivent disparaître au bout de très peu de temps, au lieu d'employer des matériaux solides, on a cherché à les imiter. Ce qui vous paraît de la pierre n'est que de la peinture sur des surfaces de plâtre ; toutes ces belles sculptures et ces décorations si fouillées ne sont que du staff ; ces belles colonnes de marbre précieux ne sont que de peu coûteux revêtements polychromes.

Somme toute, ces édifices ne sont pas des palais, mais de superbes maquettes grandeur d'exécution.

Ce n'est donc plus la matière employée qui offre de l'intérêt dans la nouvelle Exposition ; c'est uniquement l'invention artistique. Disons tout de suite qu'elle est généralement digne d'admiration et commençons par rendre hommage au goût de M. Bouvard, à qui incombait la direction supérieure de tous les architectes.

Il s'est tiré à son grand honneur de la difficile mission de répartir à chacun son rôle, de façon à conserver une harmonie générale qui plût à la première impression.

L'Exposition de 1900 coûta plus de cent millions de francs, en y comprenant les constructions des puissances étrangères et les différents édifices des attractions particulières et restaurants. De tous les palais et monuments qui, pendant cette année couvrent les bords de la Seine, les seuls qui vivront sont les deux palais des Champs-Élysées, les serres de M. Gautier sur la rive droite, le pont Alexandre et la passerelle construite sur le fleuve, en face du palais des Armées de Terre et de Mer. Tout le reste s'en ira : aussitôt les portes fermées et les produits enlevés, les jardins seront envahis par une armée de démolisseurs qui auront pour mission de faire disparaître toute cette féerie qui nous aura émerveillés pendant quelques mois ! Il y aura pour quarante millions de palais qui ne seront sûrement pas payés un million au prix de vieux matériaux !...

Il est certain que si la pioche ne devait pas jeter à bas ces palais provisoires, ils ne résisteraient pas bien longtemps aux intempéries de l'air : ils sont, en effet, bâtis en plâtre.

1900 est le triomphe du plâtre et du staff, comme 1889 avait été celui du fer. C'est par centaines de tonnes que le plâtre est arrivé sur les chantiers ; d'innombrables ballots d'étoupe ont été déballés tous les jours ; et comme cela ne suffisait pas, des industriels ont inventé pour la circonstance — la nécessité est la mère de toutes les inventions — des procédés nouveaux pour soutenir le plâtre sur les charpentes. On a utilisé du métal déployé très friable, des treillis de roseaux, des ficelles même, disposées en filets dans lesquels on a jeté du plâtre par centaines de kilogrammes et qu'on a raboté ensuite pour faire des surfaces lisses.

Sans aucun doute, bien que les résultats ainsi obtenus satisfassent les yeux, la raison répudie ces procédés hâtifs et mensongers de construire.

Lorsque nous réfléchissons que tous ces édifices ainsi bâtis n'ont pas de consistance, qu'il suffirait d'un hiver ou deux pour les écailler, les effriter, les dissoudre, nous sommes amenés à crier à la folie.

Mais nous devons nous dire que, quelles que soient les dépenses faites, elles seront largement couvertes par l'affluence des visiteurs et que le souvenir de ce qu'on aura admiré restera du moins longtemps vivace dans les mémoires.

Presque tous les palais de l'exposition comportent une charpente en fer; il y a exception pour ceux des Forêts, de la Navigation, des Congrès de la Ville de Paris dont la carcasse est en bois. Pour établir les revêtements de plâtre et de staff, il faut dresser des pans de bois sur lesquels on monte les murs; il y a plusieurs procédés pour en arriver là; en certains cas, — c'est ce qui a été fait au palais des Congrès, — on apporte des carreaux de plâtre, qui ont environ 1^m,50 de longueur sur 40 centimètres de largeur et on les fixe avec des clous galvanisés. Ces carreaux se composent d'un treillis de jonc noyé dans du plâtre; ce mode de travail est très pratique et très rapide. Une fois ces éléments placés les uns à côté des autres, on fait un revêtement général en plâtre dans lequel on peut réserver des épaisseurs pour la décoration.

D'autres fois, le mur est construit au fur et à mesure : on tend un support quelconque, métal déployé ou autre, et on jette du plâtre dessus; celui-ci tient dans les trous du treillage en assez grande quantité pour qu'on puisse faire une surface unie.

En ce qui concerne la décoration, il y a deux façons de procéder : ou bien on peut fixer sur place les éléments en plâtre mélangé avec de l'étoupe (staff), ou bien on peut travailler et sculpter le plâtre à l'endroit définitif qu'il doit occuper. Ce dernier mode de procéder est délicat; il demande des artistes très experts et, de toute façon, il ne peut être employé que pour les motifs de faible importance ou pour les raccords. En général, on fait les sujets en staff dans des ateliers spéciaux et on vient les coller sur les murs à l'endroit où ils doivent rester; les ouvriers qui font ce travail sont des mouleurs; on leur donne un modèle en terre glaise et ils en prennent une empreinte dans laquelle ils font tomber leur composition de staff.

Pour faire une belle colonne bien massive en marbre, on prend comme squelette une colonnette en fer très solide, mais fluette à l'œil; puis, on vient placer autour d'elle deux larges demi-cylindres en staff de 3 ou 4 centimètres d'épaisseur, et on les ajuste; on colle ensuite un soubassement, on fixe un chapiteau et on passe le tout à la couleur. C'est tout ce qu'il y a de plus facile, un enfant en ferait autant.

Rien n'est curieux comme de voir les équipes de staffiers dans les chantiers. Pendant deux années l'Exposition leur a appartenu : ils en ont été les maîtres.

Disons deux mots sur le staff, cette composition dont il est tant parlé au sujet des palais de l'Exposition.

Le staff est un mélange de toile d'emballage et de plâtre ; il est d'une solidité merveilleuse et remplace avec beaucoup d'avantage les modèles en plâtre pur. Son usage est très facile et à la portée de tous ; de plus, il permet d'avoir des moulages creux dont la légèreté est extrême ; enfin, si par un accident quelconque la statue ou le motif de décoration en staff vient à se casser, les filaments de l'étoffe retiennent le plâtre et permettent un raccordage auquel il ne faudrait pas penser si l'on avait affaire à un objet uniquement en plâtre ; ce dernier en se brisant tombe et s'effrite, rendant tout replâtrage impossible.

Pour obtenir un modèle en staff, il faut avoir un moule en creux de l'objet à reproduire. On commence par le savonner intérieurement et par passer des couches d'huile, afin de faciliter le démoulage ultérieur. On passe ensuite un lait de chaux assez léger qui constituera la surface extérieure du modèle ; on n'attend pas que ce plâtre ait pris complètement et on applique des morceaux de toile qu'on a préalablement trempés dans de la chaux ; ceux-ci font corps avec les fils pour former un tout très compact ; le staff épouse la couche de plâtre préalablement fixée et forme avec elle une croûte très intime d'un centimètre environ d'épaisseur. En dernier lieu, et afin de consolider le système, on fixe des morceaux de bois entrelacés qui soutiennent les éléments du modèle et constituent l'ossature même de la statue. On attend que le tout ait bien pris et on démoule.

Très souvent on emploie du chanvre ou de l'étoupe au lieu de la toile d'emballage, le mélange prend alors le nom de « torchis » ; mais la plupart du temps on continue à l'appeler également « staff » comme l'autre composé.

Le staff ne sert pas seulement à l'exécution des motifs de décorations provisoires comme ceux des palais de l'Exposition, on l'emploie beaucoup pour les intérieurs des édifices définitifs ; les moulures, les rosaces, etc., des appartements sont généralement faites en staff ; toute la décoration de la salle et du foyer du grand Opéra de Paris est en staff recouvert de peintures et de dorures.

Quand il s'agit de surfaces planes importantes comme pour les parements des murs des monuments de l'Exposition, on remplace le support, chanvre ou toile intimement mélangé au plâtre, par un corps quelconque tendu sur la charpente en bois qui constitue le bâtis du palais. Ce corps doit avoir des aspérités qui retiennent le plâtre : on a employé avec succès des feuilles de métal fendillées et étirées, appelées « métal déployé » ; on s'est également adressé à des treillis de roseaux, à des lattes de bois hachurées, à de la ficelle tendue même.

Il est évident que ce moyen économique ne peut donner lieu à des constructions durables, surtout quand il s'agit de la décoration extérieure. Il semble répondre merveilleusement à l'esprit du siècle et de notre civilisation ; aujourd'hui l'on veut faire beaucoup et vite avec peu d'argent, sans trop penser au lendemain.

LE PALAIS DE L'ÉLECTRICITÉ ET LE CHATEAU-D'EAU

Bien que tous les palais du Champ-de-Mars soient différents comme architecture, ils procèdent pourtant d'une idée d'ensemble, de façon à ce que l'intérêt soit gradué et aille en augmentant à partir de ceux qui longent la Seine jusqu'à la pièce principale, comprenant tout le fond du Champ-de-Mars, nous voulons parler du palais de l'Électricité et du Château-d'Eau qui lui est accolé.

Ces deux constructions, bien que séparées comme destination et comme travail, puisqu'elles ont eu chacune un architecte différent, ne forment pourtant qu'un seul et même motif. L'ensemble de ces deux palais est destiné à constituer une sorte de grande pièce de fond, très brillante et pour laquelle la décoration est presque exclusivement la seule raison d'être. Cet immense rideau a deux rôles à remplir dont le principal est de former une construction aussi jolie que possible et qui, à elle seule, puisse attirer les nombreux visiteurs de l'Exposition du côté du Champ-de-Mars où l'intérêt n'est pas aussi considérable qu'en 1889. Les Champs-Élysées avec leurs nouveaux palais et les berges de la Seine garnies de constructions riantes forment l'attrait principal de la Fête ; il fallait pourtant trouver quelque chose pour retenir au Champ-de-Mars le public afin d'en égaliser autant que possible la densité : c'est le Château-d'Eau et ses dépendances qui assument cette responsabilité en 1900. Le palais de l'Électricité, tel qu'il est conçu, a encore une autre destination, c'est de masquer complètement la galerie des Machines à laquelle il sert de paravent. Dans l'esprit des auteurs, il fallait faire disparaître autant que possible les souvenirs de la dernière Exposition ; puisqu'on leur imposait de conserver la Tour et la Galerie et comme il était impossible de songer un instant à dissimuler la première de ces deux constructions, ils résolurent de sacrifier complètement la seconde ; du Champ-de-Mars on ne voit donc pas la galerie de Machines et personne ne s'en plaint, car le merveilleux décor que l'on a devant les yeux fait oublier tout le reste.

Malgré le caractère provisoire des deux palais — puisque, l'Exposition fermée, ils devront immédiatement disparaître — on n'y a pas moins consacré une somme relativement considérable : trois millions. Aussi son importance est très grande ; c'est ainsi que le motif du sommet qui, sous l'aspect d'un génie armé d'une torche et entouré d'un soleil de cristal, représente l'Électricité éclairant le Ville Lumière, n'est pas à moins de 70 mètres de hauteur, c'est-à-dire qu'il atteindra sensiblement l'altitude des Tours de Notre-Dame. De tous les points de Paris on verra cette allégorie qui est en même temps un emblème : elle marque l'apogée des applications de la science aux besoins journaliers de notre existence ; l'électricité est aujourd'hui tellement entrée dans nos habitudes qu'elle est devenue un des éléments indispensables de notre vie, comme le feu, l'eau, l'air.

Le palais de l'Électricité, placé derrière le Château-d'Eau et auquel il se trouve lié, peut se diviser extérieurement en deux parties ; une visible et constituant la façade, et l'autre complètement cachée par les constructions environnantes.

L'éminent architecte M. Hénard, à qui est incombé l'honneur de mener à bien cet important édifice s'est trouvé en présence d'un des problèmes les plus curieux qui se soient présentés dans l'art de construire : élever une façade qui ne commence qu'à 45 mètres au-dessus du sol, pour monter à 70 mètres ; il n'y a donc pas de soubassement ni de décoration au ras du sol, tout se trouve en l'air, puisque les premiers motifs d'ornement ne commencent qu'à une hauteur double d'une maison à quatre étages.

La galerie de l'Électricité a 420 mètres de longueur, c'est-à-dire toute la largeur du Champ-de-Mars ; elle est parallèle à la galerie des Machines et sert à la séparer du château-d'Eau et de ses dépendances. Ce bâtiment se trouve tout entier enfermé dans la masse des constructions environnantes et comme écrasé par elle ; par derrière, l'immense ossature du palais des machines, et par devant la magistrale architecture des constructions du Château-d'Eau le font disparaître presque complètement ; la seule partie qui est visible est cet immense panneau décoratif qui émerge du milieu et vient dominer l'ensemble des constructions du premier plan.

En dehors de ce vaste écran, les seules parties apparentes de la

Fig. 29. — Le Palais de l'Électricité et le Château d'Eau.

galerie sont les deux façades des extrémités, donnant l'une sur l'avenue de La Bourdonnais, l'autre sur l'avenue Suffren; en ces endroits, nous avons deux élévations assez sobres, rappelant la forme des fermes qui constituent l'ossature du monument et ornées de moulures en staff et plâtre.

L'intérieur de la galerie, qui n'a pas moins de 80 mètres de largeur, est divisé en trois parties: celle du centre, qui est une sorte de hall carré, et les deux ailes latérales, pour la construction desquelles on s'est servi de quelques fermes de l'ancienne galerie de 30 mètres qui, à la dernière Exposition, réunissait le Dôme Central à la galerie des Machines. Toutefois, comme elles n'étaient pas assez nombreuses pour couvrir l'espace nécessaire, on a dû s'approvisionner de nouvelles portions métalliques. L'opération qu'on a faite pour l'utilisation de ces anciennes fermes a été très intéressante malgré sa demi-réussite; nous y reviendrons plus loin.

Aux deux extrémités des galeries latérales et contre le hall du centre, nous avons deux escaliers monumentaux qui conduisent au premier étage. Un de ces deux escaliers est celui que nous avions déjà admiré à la dernière Exposition et qui est dû au dessin de Dutert; il est composé de motifs en fer forgé et en bronze. La double évolution laissait, on s'en souvient, un large espace vide dans lequel on avait aménagé une fantaisie allégorique équestre du plus grandiose effet: ce groupe n'a pas été utilisé.

C'est dans le palais de l'Électricité que se trouvent réunies les machines nécessaires à la fabrication de la force pour faire marcher toutes les machines de l'Exposition. Nous ne sommes plus au temps de ces transmissions de force par des arbres retenus sur des paliers et que venaient couper d'une façon si disgracieuse des poulies de toutes les dimensions! En 1900, le transport de la force se fait électriquement par des fils invisibles, des moteurs à grand voltage distribuent des ampères à toutes les machines-outils de l'Exposition. Celles-ci sont chacune munies d'un transformateur d'électricité en force active, et, si éloignées qu'elles soient de la source d'énergie, elles peuvent fonctionner avec la même facilité que si elles étaient en relation rigide avec le moteur.

Le palais de l'Électricité est l'origine de toute la force et de toute la lumière de l'Exposition : en d'autres termes, il en est l'âme.

La grande façade du palais de l'Électricité est une application nouvelle du métal et du verre dans la décoration extérieure d'un monument. Toutes les parties sont en zinc repoussé et en céramique transparente; la note générale qui a conduit l'auteur du monument est de donner à l'édifice un aspect de légèreté : c'est une dentelle à mailles serrées dont les pointes émergent verticalement, et de tout ce fourmillement de motifs gracieux, il ressort un air de clarté et une harmonie générale des couleurs du plus riant effet.

Le soir, l'aspect brillant est centuplé par les jeux de lumières changeantes qui sont aménagés en cet endroit, chaque clocheton est un foyer lumineux, chacune des lignes du monument est une rampe de lampes à incandescence, et tout cet ensemble varie constamment de formes et de couleurs sous la direction d'un mécanicien, placé devant un clavier, qui commande tout le système.

Au bas, nous avons la Cascade, qui est lumineuse à la façon des fontaines de 1889 ; le Château-d'Eau, qui s'étend sur un développement de 115 mètres, est contitué par une infinité de jets d'eau lumineux ; la réunion des jeux de lumière et d'eau combinés est assurément un des aspects les plus féeriques qu'il soit permis de voir, et si l'on ajoute la Tour Eiffel avec ses 10.000 unités à incandescence et les palais environnants tous merveilleusement illuminés, on peut comprendre pourquoi les fêtes du soir de l'Exposition de 1900 seront un succès sans précédent ; elles laisseront dans la mémoire de chacun des souvenirs auprès desquels toute la fantasmagorie des *Mille et une Nuits* ne sont que de l'obscurité.

Le Château-d'Eau est merveilleusement encadré comme architecture ; le style Louis XV le plus pur a présidé à l'ensemble de la composition ; bien que déjà très sobre comme lignes, le monument du bas, qui sert en quelque sorte de soubassement au motif central du palais de l'Électricité, a une apparence massive et imposante ; la matière employée, qui est le staff et la pierre, en est la cause. Une vaste niche de 33 mètres d'ouverture et de 11 mètres de profondeur contient une sorte de grande vasque d'où toute l'eau de la Cascade semble jaillir, celle-ci tombe d'une hauteur de 30 mètres en une nappe de 10 mètres de largeur, et se répand dans des bassins aménagés de façon à produire le maximun de l'effet décoratif. La quantité d'eau débitée est de 1.900 litres à la seconde, soit près de 4 millions et demi à l'heure. Elle est fournie par l'eau de la Seine refoulée par des machines installées sur les quais.

Au centre de tous ces jeux de liquide, nous avons une allégorie de 10 mètres de hauteur dont le sujet est : « *L'Humanité, conduite par le Progrès s'avance vers l'Avenir* » ; deux personnages disgracieux étendus à terre et foulés aux pieds par le Génie du motif, représentent la routine.

Deux rampes de 140 mètres de longueur entourent le bassin du Château-d'Eau et conduisent les visiteurs au premier étage du palais de l'Électricité. Cette disposition est une conception nouvelle et quelque peu hardie. Elle oblige, en effet, le public à pénétrer à l'intérieur du palais latéralement au lieu de lui offrir la partie centrale du monument comme porche d'accès.

A droite et à gauche du sujet principal, nous avons deux galeries de 10 mètres de largeur qui viennent épouser la forme du jardin en cet endroit, et qui se terminent par deux rotondes surmontées de

Fig. 30. — Le retournement de la première travée.

coupoles servant d'entrées, l'une au palais de la Mécanique, l'autre à celui des Applications chimiques.

Les dispositions intérieures ont permis d'aménager des grottes avec perspectives à travers les nappes d'eau ; nous avons de ce côté encore une source d'effets nouveaux et à chaque pas inattendus. M. Paulin, l'architecte qui a conduit les études et les projets de cette partie des palais du Champ-de-Mars, est assurément un des mieux partagés dans la distribution des rôles, car son œuvre est une de celles qui laisseront dans les souvenirs une des plus belles impressions de l'Exposition de 1900.

Déplacement de la Galerie de 30 mètres.

Ainsi que nous le disions plus haut, le palais de l'Electricité a été

Fig. 31. — Le chariot moteur pour le retournement de la galerie de 30 mètres.

en partie construit avec les fermes de l'ancienne galerie de 30 mètres de la dernière Exposition.

Au lieu de dériver les éléments qui les constituaient, on a cherché à les transporter d'un seul coup par travées de deux fermes contiguës.

La galerie de 30 mètres de la dernière l'Exposition, une fois débarrassée de la maçonnerie qui constituait ses murs, il fut décidé que l'ossature métallique serait utilisée pour la construction du palais de l'Électricité de notre manifestation industrielle. On sait que ce palais est parallèle à la galerie des Machines dont il se trouve séparé par une cour de 50 mètres de largeur dans laquelle on a centralisé les appareils générateurs de vapeur.

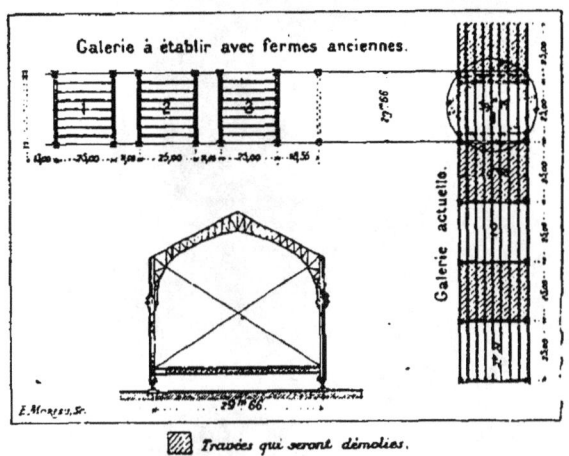

Fig. 32. — Sectionnement et positions successives de la galerie de 30 mètres.

Ce travail, bien qu'il ne fût pas nouveau, n'en était pas moins un ouvrage peu courant, délicat et présentant des aléas qu'il était toujours difficile de prévoir.

Dès le commencement, il a été convenu que le déplacement serait effectué en trois phases successives : à cet effet, on a sectionné la galerie à transporter en trois lots d'égale importance, composés chacun de deux fermes réunies par tout le système d'arbalétriers et les pans de murs en fer. De cette façon, chaque déplacement constituait une opération indépendante.

Le transport nécessitait trois mouvements : deux de translation parallèle séparés par une rotation en quart de cercle destinée à donner au système l'orientation nouvelle, normale à l'ancienne. Avant de se livrer à aucune tentative de déplacement, il importait de renforcer les fers, de façon à rendre l'ensemble des deux fermes complètement indéformable en en faisant un tout bien homogène. On commença par relier les bases des quatre poteaux par une ceinture en fers à T haute de 1 mètre, puis on établit un jeu d'entretoisement en câble d'acier dans les sens horizontal et vertical, de façon à répartir dans toute la masse les mouvements qui seraient donnés à chacune des bases; de gros madriers en bois vinrent

Fig. 33. — Effondrement de la galerie de 30 mètres.

enfin jouer le rôle d'étais pour supporter la partie inférieure des chéneaux.

Une fois le système habillé de la sorte, on chercha à l'isoler du sol; on enleva la terre pour former un sillon ayant la direction que devait prendre le mouvement, et on y installa solidement un rail de chemin de fer. Il fallait ensuite soulever le tout pour le faire reposer sur des chariots roulants; à cet effet on riva au pied des poteaux une sorte de console retournée soutenant une petite plate-forme de 1 mètre de développement environ; cette pièce reposait sur deux vérins à vis qu'il suffisait de manœuvrer pour imprimer le soulèvement nécessaire, il était alors possible de faire glisser sous chaque pied le chariot-moteur.

Chacun de ces chariots était monté sur quatre galets placés en ligne les uns derrière les autres; le poids total qui n'était pas moins de 140 tonnes, se trouvait ainsi réparti sur les seize galets constituant les points d'appui sur le sol. L'utilité de cette répartition était d'étendre sur une longueur aussi grande que possible l'action des pressions sur le terrain. C'est de ce côté en effet que se portaient les inquiétudes des ingénieurs : s'ils étaient sûrs de l'outillage qu'ils employaient et des calculs qu'ils avaient médités, ils n'avaient que des données vagues sur la solidité du sol dans lequel pouvaient se trouver soit des crevasses, soit d'anciens égouts dont la conséquence eût été de diminuer sa résistance.

Une fois le système monté sur ces chariots, on lui imprima un mouvement de translation pour l'amener jusqu'à un rail circulaire placé à l'intersection des axes des deux positions de la galerie; arrivé là, on fit agir derechef les vérins pour pouvoir donner aux galets l'obliquité nouvelle de la voie; un pivot placé au centre de cet appareil permettait ce mouvement; il fallait le faire avec précautions, de façon à bien donner aux axes des roues la direction des rayons du grand cercle. La rotation effectuée, on procéda à des opérations similaires pour placer les galets sur les nouveaux rails rectilignes (fig. 32).

Le mouvement de transport s'est fait à l'aide de treuils montés sur les chariots; ceux de l'avant actionnaient chacun une chaîne dont l'extrémité libre était attachée en avant à un éclissage de rail. Ces deux machines suffisaient pour imprimer le mouvement, mais on a préféré les soulager par deux tambours situés sur les chariots arrière et autour desquels se trouvaient enroulés des câbles agissant comme les chaînes de l'avant. L'avancement, quoique lent, était assez sensible; avec deux équipes de six hommes chacune placées à l'avant, et deux de trois à l'arrière, on avançait de 30 mètres à l'heure. Le plus long de l'opération résidait dans le retournement des chariots et le réglage des galets (fig. 31).

Le travail a été exécuté par la Société des Forges de Franche-Comté, dont le siège est à Besançon ; c'est cette société qui avait construit la galerie de 30 mètres en 1889, et qui a été chargée de la construction de toute la partie du palais de l'Électricité et annexes en collaboration avec la maison Baudet-Donon.

Malheureusement les opérations qui avaient si bien débuté n'ont pas été couronnées du succès qu'elles méritaient, car un matin sous l'effort d'un vent violent les étais en bois qui soutenaient provisoirement les chénaux cédèrent, et un coin de la galerie s'abattit sur le sol entraînant avec lui tout le reste de l'édifice (fig. 33).

Les deux premières travées avaient été transportées à leur nouvelle place et on les avait même réunies par une série d'arbalétriers neufs ; l'ensemble de la partie abattue se composait donc de deux travées de 25 mètres séparées par un écartement de 20 mètres, soit en tout 70 mètres de galerie. La troisième et dernière portion était toute prête à effectuer son voyage ; elle a été ensuite régulièrement transportée et constitue aujourd'hui une partie de l'ossature métallique du palais de l'Electricité.

LE PALAIS DE L'ÉDUCATION.

Le palais des Lettres, Sciences et Arts situé au Champ-de-Mars, en avant et à droite, quand on tourne le dos à la Seine, correspond à l'édifice, construit en 1889, sensiblement à la même place, par M. Formigé et qui était connu sous la dénomination de palais des Arts Libéraux.

On peut dire que d'une façon générale l'Exposition de 1900 comprend trois parties principales : l'exposition des causes, l'exposition des faits et l'exposition des conclusions ; la première nous reporte au passé, la seconde nous met au présent ; quant à la troisième, elle ouvre une porte sur l'avenir et nous laisse entrevoir ce que pourra être notre civilisation dans les années qui vont courir. Cette classification, qu'on pourrait appeler morale, n'a pas été adoptée d'une façon tangible et, bien qu'il ait été décidé que chaque classe doive prendre ses produits à l'état natif, et nous en montrer l'élaboration avant d'arriver au résultat utile, il n'en est pas moins vrai que nous ne pouvons suivre, pour chaque objet, la philosophie de son existence et arriver aux résultats pratiques qui peuvent être tirés des faits obtenus. Cette classification, qui serait une classification idéale, n'était pas réalisable, car si on prend le travail comme principe, il est impossible de l'appliquer à tel objet d'un genre spécial plutôt qu'à un autre, attendu que si les résultats sont fixes, les causes sont multiples: il y aurait des confusions de classes, des renvois d'un groupe à un autre en nombre infini.

L'Exposition du passé se manifeste dans des exhibitions rétrospectives, d'abord, mais surtout dans les sections du travail.

L'Exposition du présent est naturellement la plus importante ; elle nous montre les produits des usines et des fabriques.

L'Exposition de l'avenir enfin se fait sur les bords de la Seine, dans le palais de l'Économie sociale où, grâce au cent dix Congrès, on examine de quelle façon on peut modifier l'état actuel, pour chaque spécialité, comment on peut augmenter les bénéfices du patron tout en améliorant le sort des ouvriers et par quels moyens enfin il nous est permis d'espérer de tendre vers l'idéal social, ce problème si complexe et si ardu à réaliser, pour lequel il faut tenir compte des intérêts de chacun, des métiers, des caractères, des aspirations et même des opinions politiques.

Le palais des Lettres, Sciences et Arts recouvre l'exposition du travail, non pas du travail manuel qui trouve ses assises ailleurs, mais du travail intellectuel, celui qui prépare l'autre, et qui forme la classe supérieure et dirigeante des pays. Les groupes I et III sont ceux qui s'y trouvent exhibés, c'est-à-dire l'éducation et l'enseignement, les instruments et procédés généraux des lettres, des sciences et des arts.

Dans l'exposition de l'éducation on entend montrer la législation, l'organisation et les statistiques générales des enseignements primaires, secondaires, supérieurs, artistiques et spéciaux : nous voyons les plans des établissements d'instruction, les mobiliers scolaires et le matériel d'enseignement, on nous parle par des ouvrages et des cartes de la formation et du recrutement du personnel enseignant; on nous dit quels sont les régimes des établissements, les plans d'études, les règlements, les programmes, les méthodes employées, enfin des graphiques parlant aux yeux nous édifient sur les résultats obtenus.

Cette exposition qui est toute entière morale, puisqu'elle a pour but de faire valoir, non pas la perfection des objets montrés, mais leur utilité au point de vue de l'enseignement et des résultats, nous prépare d'une façon intelligente à aborder le groupe III qui, lui, comprend non plus l'application, mais les produits eux-mêmes ; et, si dans le premier groupe on récompense surtout la pensée, dans l'autre, les médailles iront principalement aux fabricants qui auront surpassé leurs concurrents. Les classes du groupe III se réfèrent donc à la typographie, à la photographie, à la librairie et aux objets nécessaires à la topographie; les instruments de précision, de la médecine et de la chirurgie, le matériel théâtral complètent le nombre des objets qui nous intéressent.

Comme on le voit, l'Exposition du palais des Lettres, Sciences et Arts offre un intérêt considérable au visiteur qui veut se rendre compte des moyens intellectuels des différentes nations : seulement

Fig. 34. — Le Palais de l'Éducation au Champ-de-Mars.

ce n'est pas à un examen superficiel qu'il faut s'adonner, mais attentif, comparé et laborieux.

Le palais qui nous occupe fait pendant au palais de la Métallurgie situé de l'autre côté du Champ-de-Mars; les axes sont les mêmes, les hauteurs sont réglées de façon à ce qu'il n'y ait pas de déséquilibre entre les deux édifices, et pourtant ils ne se ressemblent en rien.

Un seul élément les rapproche cependant, c'est la difficulté qu'on a eue d'en étudier le plan; l'un et l'autre sont disposés en angle droit, le porche principal avec le motif de décoration qui le domine est situé, pour les deux palais, sur le pan coupé; le voisinage de la Tour Eiffel, enfin, empêchait les artistes de trouver un effet suffisamment intéressant dans la façade et le motif principal : le recul du visiteur est impossible, de sorte que l'architecte, tout en étudiant la symétrie de son ordonnance, a dû avoir constamment en vue de chercher à ce que la principale impression fût donnée par une perspective de trois quarts.

L'entrée monumentale qui constitue le grand porche est une porte immense et toute de décoration ; elle contribue à donner à cet accès l'apparence majestueuse et imposante si recherchée par l'auteur. Une série de marches en hémicycle conduit les visiteurs aux orifices d'accès, ceux-ci sont au nombre de trois et sont compris dans le cadre général ; ce triptyque supporte un large balcon décoratif au-dessus duquel est élevée une immense verrière en plein cintre qui constitue l'élément principal du porche, le sujet du cadre si on aime mieux. Un dôme en forme de tore constitue le motif central, c'est une sorte de couronnement naturel. Cette coupole d'un genre fort nouveau est très intéressante et d'une hardiesse imprévue. L'effet le plus intéressant est celui obtenu par le visiteur qui arrive vers le palais par les jardins de Champ-de-Mars ; en ce cas, il voit le palais de côté : la coupole présente sa partie bombée qui peut être admirée dans toute son envolée.

Ce motif principal est flanqué de deux pavillons circulaires, sortes de tours rondes faisant saillie sur le corps de l'édifice, et destinés, par des points hauts intermédiaires, à faire une transition entre le dôme du centre et les façades latérales du palais. Celles-ci sont un heureux mélange de tous les styles, il y a de la Renaissance dans les arcs à trois cintres des galeries couvertes du rez-de-chaussée, du Louis XIV dans les supports en conque des balcons, du Bysantin dans les retombées des ornements, du Moderne enfin par l'emploi des fers apparents pour la couverture.

C'est une heureuse fantaisie où règne un mélange voulu des éléments venus de toutes les époques et de tous les pays.

La couleur du palais est blanche, comme presque toutes les constructions de l'Exposition ; c'est à peine si les murs sont rehaussés de teintes blafardes qui appuient le dessin des lignes sans se faire valoir elles-mêmes. Ce blanc, auquel la verdure naturelle des jardins forme un soubassement, est un des gros succès des palais.

Afin de donner à cette blancheur le maximum d'effet, qui est d'indiquer surtout la forme du palais, toutes les parties en retrait, sises au second plan, c'est-à-dire les murs de fond des galeries couvertes, sont peintes en tons soutenus de façon à ce que les lignes de la façade se détachent vivement.

Quant au dôme et aux parties supérieures du porche central, ils sont au contraire miroitants de jaune d'or et de scintillements de perles et de pierres précieuses.

Trois motifs de sculpture entourent la baie d'entrée, les *Sciences*, les *Lettres* et les *Arts* : de ces trois personnifications, la principale, celle des sciences, domine le cintre du vitrage; le groupe, qui est d'un fort beau mouvement, est dû au ciseau de M. Desvergnes, prix de Rome en 1889; les deux autres motifs sont situés à droite et à gauche, celui des Lettres sort des mains de M. Houssin et celui des Arts est l'œuvre de M. Devergnes, qui se trouve ainsi avoir deux groupes sur ce palais; le reste de la décoration sculpturale est due à M. Loiseau-Bailly.

Quand nous pénétrons dans le palais de Lettres, Sciences et Arts, nous nous trouvons d'abord dans un vestibule plafonné de 5 mètres de hauteur qui nous conduit à une sorte de hall octogonal où nous trouvons un escalier monumental menant aux galeries de l'étage.

On sait que le palais des Sciences fait suite au palais des Moyens de Transport; les deux édifices sont juxtaposés et les galeries de l'un sont la continuation des galeries de l'autre : les dimensions de largeur et de hauteur sont les mêmes. Cela n'a pas empêché chaque architecte de donner à ses fermes la forme qu'il a désirée; c'est ainsi qu'en passant du palais de M. Hermant à celui de M. Sortais, nous quittons la forme cintrée de la toiture pour envisager des lignes droites; cette disposition était nécessaire à cause de l'intersection en angle droit des galeries, elles forment à leur rencontre une sorte de salle carrée surmontée d'un lanterneau. D'ailleurs, la disposition des fers n'a pas une grande importance, le public ne s'y arrête pas, d'autre part les données de largeur n'ont guère permis aux constructeurs de se livrer à des recherches pouvant intéresser les spécialistes.

Depuis une dizaine d'années, le travail du fer n'a pas fait des progrès très considérables au point de vue des résultats; en 1889, on nous avait étonnés par les constructions fantastiques de la Tour Eiffel et de la galerie de 120 mètres, il n'était guère possible de faire mieux. Il ne faudrait pas conclure de là que le travail des usines n'a pas fait de progrès pendant la période qui vient de s'écouler; seulement les perfectionnements se sont surtout portés sur des procédés de fabrication et les moyens de montage; aujourd'hui on assemble les pièces avec une rapidité qui semble tenir du prodige : en moins de six mois le Champ-de-Mars a été complètement couvert de la partie métallique dont se composent ses différents édifices.

L'escalier monumental du palais n'est pas le seul moyen qui nous est offert pour accéder au premier étage; à droite et à gauche du porche d'entrée, nous avons deux nouveaux escaliers en hélices à marches de trois mètres de largeur; ceux-ci sont soulagés par deux ascenseurs et deux tapis roulants.

A l'étage, nous avons une grande salle de concert où on peut essayer les différents instruments de musique exposés dans le palais; elle se trouve située dans le pan coupé et a pour voûte l'intérieur du demi-tore dont se compose la coupole; l'acoustique y est, paraît-il, excellente.

La décoration de cette salle est somptueuse, une grande fresque épouse la forme compliquée du plafond; elle a été confiée à un peintre de décors de théâtre.

Disons en passant que les fers sont montés par MM. Bardoux et Blavette. Les murs sont faits en staff retenu sur une charpente de bois à l'aide des moyens du métal déployé dont nous avons déjà vu les applications en plusieurs circonstances. Les *staffistes* sont MM. Lapeyrère, Devèche et Ragon.

Comme tous ses congénères du Champ-de-Mars, le palais des Sciences disparaîtra après l'Exposition! Son existence est éphémère, mais les souvenirs qu'il laissera vivront longtemps, car l'exécution est des plus réussies comme forme et comme mouvement; il fait le plus grand honneur à son architecte M. Sortais, qui a obtenu le prix de Rome en 1890. C'est donc un jeune comme la plupart des architectes des palais de l'Exposition. Après ses quatre années passées en Italie, il est revenu en France pour construire plusieurs édifices particuliers, puis il présenta un projet de l'Exposition et obtint le troisième prix au premier concours. Le palais des Sciences est sa première construction importante; elle lui prédit le plus brillant avenir.

LE PALAIS DU GÉNIE CIVIL ET DES MOYENS DE TRANSPORT.

Le palais du Génie civil et des Moyens de Transport est arrivé bon premier dans ce concours courtois que les divers architectes de l'Exposition avaient entrepris pour livrer leurs constructions avant le jour indiqué; en effet, le 21 septembre 1899 M. Picard faisait remise officielle aux commissaires généraux étrangers des emplacements que doivent occuper dans le groupe VI (Génie civil) les exposants des diverses nations. Le sol du palais était divisé par des poteaux indicateurs qui démarquaient la place exacte que chaque pays devait couvrir, et quelques jours après des wagons arrivaient d'Allemagne apportant des fers et matériaux pour l'installation des premiers exposants. Cet empressement était une réponse intéressante aux agitateurs qui voulaient mettre notre Exposition en quarantaine par l'abstention des concours étrangers.

Ce palais est élevé sur la partie gauche du Champs-de-Mars, sensiblement à l'emplacement qu'occupait il y a dix ans le palais

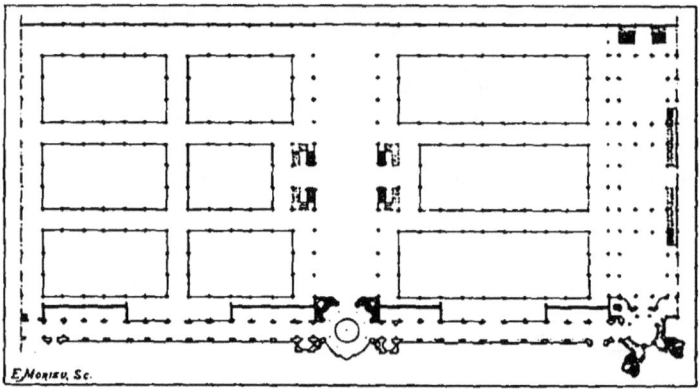

Fig. 35. — Plan du Palais du Génie civil.

des Arts libéraux ; il est placé entre le palais de l'Éducation, situé au premier plan près de la Tour Eiffel, et le palais des Industries chimiques, situé dans le fond près de l'ancienne galerie des Machines. On sait que pour obéir à un plan d'ensemble élaboré par M. Bouvard, architecte suprême de l'Exposition, il a été décidé que si chacun des palais pouvait avoir ses formes et ses couleurs, ils devaient pourtant être tous construits sur un canevas donné : il était nécessaire, au point de vue de la circulation intérieure et de l'idée générale, que toutes les galeries fussent établies dans le prolongement les unes des autres et qu'elles eussent les mêmes mesures de largeur. Chaque architecte pouvait donner à ses fermes les formes qu'il voulait, pourvu que celles-ci eussent les écartements indiqués.

Le palais du Génie civil devait obéir à cette loi commune ; il est donc composé en coupe de trois galeries de 27 mètres de largeur séparés par deux autres galeries de 9 mètres ; une sixième galerie de 12 mètres longe l'avenue Suffren, et une septième est construite sur les jardins. Cette dernière est ouverte sur toute la portion tournée du côté du plein air. L'architecte du palais, M. Hermant, le frère du romancier bien connu, est un constructeur qui a déjà collaboré à diverses expositions; il a été notamment chargé des palais de la Section française à la dernière manifestation de Chicago; c'est d'Amérique qu'il nous a rapporté ses observations sur les constructions métalliques et c'est au palais du Génie civil qu'il les a mises en pratique.

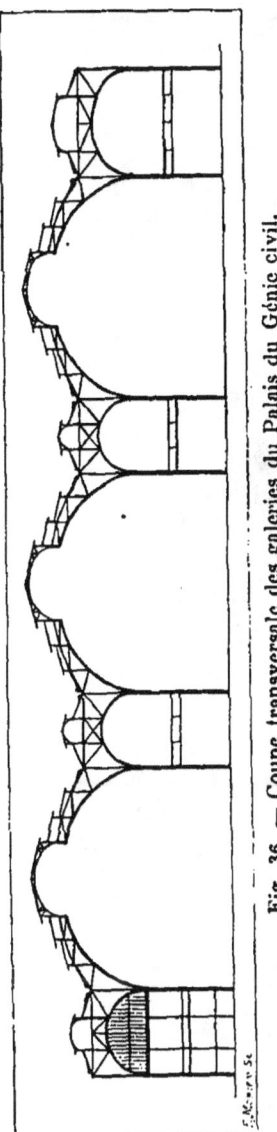

Fig. 36. — Coupe transversale des galeries du Palais du Génie civil.

Nos grandes constructions de 1889, notamment la galerie des Machines, qui est un chef-d'œuvre de calcul et qui fut le prototype des grandes fermes en fer, est la solution mathématique d'un grand problème; mais elle donne plus de satisfaction aux chiffres qu'à l'œil. Aujourd'hui que nous sommes habitués à ces gigantesques travaux, nous pouvons sans doute les regarder avec moins de saisissement et d'étonnement qu'il y a dix ans; or, il est impossible de trouver rationnelle la forme de ces fermes de 120 mètres à trois rotules, l'esprit conçoit mal ces grands colosses de fer reposant sur de simples tambours de dimensions réduites. Les Américains ont travaillé le fer avec plus de souplesse que nous; ils ont surtout cherché à lui donner une apparence de grande légèreté. C'est cette qualité que l'architecte du palais du Génie civil a cherché à réaliser et il a très bien réussi. Ses galeries se composent de demi-fermes dirigées en face les unes des autres et construites en encorbellement, de sorte que chaque paire de demi-fermes forme un système en équilibre; le lanterneau qui vient fermer la voûte ne fait que clôturer l'enceinte et ne joue aucun rôle dans la résistance de l'ensemble. Le résultat de cette disposition est que l'œil perçoit nettement les intentions du constructeur ; il voit avec lui que la masse porte,

Fig. 37. — Intérieur des galeries du Palais du Génie civil.

réellement et apparemment, tout son poids sur les piliers d'appui, tandis que les fermes ayant une grande hauteur de fer à la clé paraissaient s'arc-bouter sur les appuis, comme le ferait, dans une certaine mesure, une poutre de bois soutenue entre deux murs parallèles par la pression qu'elle exerce sur chacun d'eux.

Au point de vue de son apparence extérieure, la construction du palais du Génie civil présentait une certaine difficulté ; il en était d'ailleurs de même pour toutes les constructions de l'Exposition. Il fallait, en effet, élever un monument qui n'en fût pas un. Je m'explique : le propre d'un *monument* est de vivre longtemps et de marquer d'une façon quelconque dans l'histoire de l'architecture ; or, ceux qui nous occupent doivent disparaître dans les derniers jours de l'année courante ; il importait donc que l'architecte fît un palais produisant une grande impression tout en employant des matériaux sans consistance durable et d'un prix très bas ; il fallait produire le maximum d'effet avec le minimum de dépense.

Fig. 38. — Ossature du porche central.

La façade se compose d'un porche central en plein cintre de 20 mètres d'ouverture flanqué de deux minarets élevés à 45 mètres au-dessus du sol ; à droite et à gauche de ce motif, nous avons une série de cintres séparés par des piliers d'appuis et supportant une frise décorative.

Dans l'idée de l'auteur, le porche doit donner l'impression d'une grande ouverture par laquelle la foule se précipite pour pénétrer dans le palais ; et, comme ce dernier est destiné à nous montrer les moyens de transport, il faut, toujours en apparence, que ce même public puisse arriver par tous les véhicules connus : automobiles, chemins de fer et même en ballon.... Ce symbole esquisse à lui seul la destination du monument; la décoration extérieure l'indique complètement.

La frise décorative qui règne suivant toute la longueur de l'édifice parle des moyens de transports depuis la plus haute antiquité jusqu'à nos jours, c'est-à-dire que des scènes nous montrent les procédés employés par tous les peuples et à tous les temps pour se faire transporter ; on voit les chars égyptiens traînés par des bœufs et on assiste aux évolutions des ballons dirigeables et des navires sous-marins. Cette frise est l'œuvre de M. Allar.

Le Génie civil est indiqué par la représentation brutale, sous des figures humaines, de 3 mètres de hauteur, de tous les corps de métiers : on voit un serrurier, un charpentier, etc. Ces sujets sont placés sur les piliers de la façade ; ils sont dus aux ciseaux de MM. Allouard, Georges Lemaire, Perrin, de la Vingtrie, Vernhes et Bernard. Ajoutons enfin qu'à la base du pavillon d'angle nous voyons deux groupes imposants de M. Hannaux qui marquent par leur allégorie les moyens et les résultats du Génie civil : *L'Intelligence conduisant l'Homme à la Fortune* et *l'Instruction révélant à l'Homme son Intelligence*.

La construction de la façade du palais est entièrement faite en staff ; tous les éléments et sujets de décoration ont été exécutés et moulés à part, puis rapportés à la place qu'ils doivent occuper et enfin soudés entre eux avec du plâtre. Tout cet ensemble est recouvert de peinture. La question de la couleur joue un rôle considérable dans un monument de ce genre, car il faut autant que possible

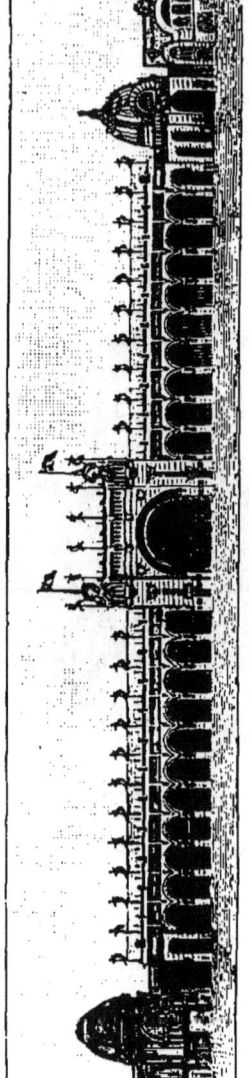

Fig. 39. — Palais du Génie civil. — Élévation de la façade.

donner l'apparence de matériaux solides à ces morceaux de plâtres moulés; des essais ont été faitssur une travée avant d'arrêter les tons qui devaient recouvrir tout le monument.

La peinture intérieure du palais est fort heureuse comme ton, elle est d'un bleu gris tirant sur le vert, c'est une couleur nouvelle, elle obtient un grand succès; elle est claire et gaie et fait confondre les fers avec la vitrerie de la couverture.

Que voit-on dans ce palais? Tous les matériaux, matériels et procédés du Génie civil, l'outillage des appareilleurs, le matériel des travaux publics, l'éclairage, la distribution d'eau et du gaz, la télégraphie pneumatique; les modèles, plans et dessins des travaux d'art; le Ministère des Travaux publics expose dans le palais du Génie civil. On nous parle des ports maritimes, des canaux, des travaux de voiries des villes, etc. Comme moyens de transport: la carrosserie, la sellerie, le matériel des chemins de fer, des tramways et de la navigation du commerce, les automobiles, les bicyclettes, les ballons. En un mot, tous les moyens

Fig. 40. — L'Intelligence conduisant l'Homme à la Fortune (Groupe de M. Hannaux).

connus pour le transport. Il faut ajouter que le groupe VI n'est pas tout entier situé dans le palais qui nous occupe, il y a plusieurs annexes, ainsi les pièces importantes de la navigation sont portées dans un palais spécial construit sur la Seine ; les bateaux stationnent dans un port aménagé dans ce but, les chemins de fer sont relégués à Vincennes, les matériaux de construction, pierres, briques, etc., sont dans une construction spéciale construite sur l'avenue Suffren.

De nombreuses galeries sont installées au premier étage du Palais ; on y accède au moyen d'escaliers et de tapis roulants.

Des ascenseurs conduisent les visiteurs au sommet des minarets de la façade, moyennant la somme de 0 fr. 05.

M. Jacques Hermant, l'architecte du palais, avait fait ses premières preuves en 1889 en construisant le pavillon des pastellistes ; son nom fut attaché dans la suite à bien des édifices, notamment à la caserne de la Garde républicaine du boulevard Henri IV et aux palais français des Expositions de

Fig. 41. — L'Instruction révélant à l'Homme son Intelligence (Groupe de M. Hannaux).

Bruxelles et de Chicago ; le palais du Génie civil, qui ne coûte pas moins de 3 millions et demi, est sa plus grande œuvre, et le seul défaut qu'elle présente est d'être appelée à disparaître après quelques mois de succès.

LE PALAIS DES MINES ET DE LA MÉTALLURGIE.

En arrivant au Champ de-Mars par le quai d'Orsay, le premier palais qui frappe les yeux est celui de la Métallurgie. Sans être un des plus considérables comme surface, le palais de la Métallurgie de M. Varcollier est sûrement un des plus importants à cause de la situation qu'il occupe et du développement de sa façade. Il tient l'angle des constructions du Champ-de-Mars élevées à proximité de l'avenue de la Bourdonnais, il est destiné à faire pendant, sur le plan d'ensemble, au palais des Arts Libéraux, situé de l'autre côté de la Tour de 300 mètres. Ces deux constructions ne se ressemblent en rien comme dessins, mais les grandes lignes sont les mêmes ; elles occupent sur le sol des surfaces symétriques et leurs principales verticales se trouvent situées sur les mêmes axes.

Le porche central débouche sur une salle circulaire placée sous le dôme et communiquant directement avec une grande nef carrée située à l'extrémité des galeries ; celle-ci mesure 32 mètres de côté, elle possède donc des dimensions importantes et la décoration intérieure pouvait, au besoin, se réduire à la seule forme de la construction métallique : un vaste lanterneau également carré vient couronner cette salle. Trois escaliers monumentaux donnent accès au premier étage, le plus important est situé en face de l'entrée, les deux autres étant élevés sur les côtés.

Extérieurement, le palais est tout entier en décor ; c'est une grande pièce destinée à disparaître et qui n'a aucune prétention à la longévité. Il fallait produire le plus d'effet possible et l'on y a merveilleusement réussi.

La grande entrée se compose d'une large ferme métallique recouverte de staff, couronnée par un dôme d'une forme nouvelle des plus heureuses ; elle représente une immense tiare avec renflement légèrement supérieur comme diamètre à celui de la naissance. Ce motif central est encadré de deux pavillons circulaires surmontés de sujets élevés. Ceux-ci sont à jour et renferment chacun un escalier à révolution conduisant aux galeries supérieures ; cette disposition est un trait de génie, car elle permet de donner à ces pavillons une grande légèreté tout en conservant à l'ensemble une apparence assez mâle qui réserve de l'importance à la perspective de trois quarts qu'il fallait soigner d'une façon toute spéciale. Ces escaliers couverts, qu'on retrouve d'ailleurs dans différents édifices du Champ-de-Mars, sont une des nouveautés de notre Exposition ; ils permettent de présenter des pavillons d'angle fort gracieux, qui ont de l'importance sans pour cela écraser les constructions environnantes.

La façade sur les jardins du Champ-de-Mars du palais de la Métallurgie se compose d'une galerie couverte formée de baies en plein cintre coupées par les balcons du premier étage ; des modillons de sculpture empêchent la monotonie des surfaces. Quant au couronnement, il est fait d'un bandeau mouluré supportant de distance en distance une allégorie décorative. Ajoutons enfin que des mâts oriflammés donnent à cet ensemble un air de gaîté et de fête indispensable à tout palais d'exposition.

La façade parallèle à la Seine est plus simple, les grandes lignes sont les mêmes que pour la précédente, mais comme ici nous n'avons pas de passage couvert au rez-de-chaussée, les baies sont fermées au ras du mur par de grandes pièces de vitrerie.

Toutes les couleurs sont claires, le blanc domine. Les palais de l'Exposition de Chicago furent blancs et l'effet produit fut considérable ; tous ceux qui ont assisté à la fête américaine ont rapporté une impression saisissante de ces constructions qui empruntaient leur décoration simplement à la forme, sans intervention de la couleur. Au Champ-de-Mars, l'effet est le même, mais nos artistes n'ont pas l'audace de leurs confrères d'outre-mer et pour ne pas sortir du goût de la polychromie, qui est un peu notre défaut en France, ils ont rehaussé les lignes de leurs palais par des teintes plates d'aspect aussi peu criard que possible, les couleurs sont pâles et mortes, le vieux rose, le vert tendre et l'ocre jaune très dilué sont les bases de la gamme colorée en usage.

Cette règle ne s'applique qu'aux surfaces, car le porche central et la tiare sont resplendissants d'ors et de couleurs. La couronne qui est le symbole parfait du faîtage d'un édifice, est fort brillante et sa décoration ressemble à une illumination diurne, des perles et des pierres de joaillerie alternent avec les métaux précieux pour le plus grand plaisir des yeux.

Il était nécessaire que le palais destiné à recouvrir tous les produits des mines et de la métallurgie rappelât par sa configuration extérieure les objets exposés et l'on peut applaudir à la conception de l'architecte qui a su trouver dans la représentation d'une couronne le modèle de la plus noble utilisation du métal.

Le porche central est surmonté d'un campanile à deux étages destiné à recevoir un jeu de trente-deux cloches — trois octaves complètes — pouvant exécuter tous les airs imaginables, y compris la « Marseillaise ! » La plus grosse de ces cloches donne le « fa naturel », son diamètre est de $1^m,12$ à l'ouverture et son poids de 840 kilogrammes ; quant à la plus petite, celle qui représente le son aigu, elle n'a que 19 centimètres et son poids n'est que de 4 kilogrammes, elle donne le « do naturel ». Cet instrument de musique aérienne a été construit par M. Paccard, le fondeur d'Annecy à qui l'on doit déjà la Savoyarde de l'église du Sacré-Cœur.

Le palais a coûté 1 million 780 mille francs ; c'est une somme assez restreinte, surtout si on la compare à celle des palais environnants ; car toutes ces constructions ont été établies sur le prix de 60 francs le mètre carré ; or, pour le cas qui nous occupe, le rapport de la façade à la surface est très supérieur à celui des autres palais, et l'on sait que la façade avec sa décoration absorbe à elle seule une fraction importante des crédits.

LE PALAIS DES ARMÉES DE TERRE ET DE MER.

Une des constructions les plus importantes de l'Exposition et sur laquelle se porte, en grande partie, l'attention publique, est cet immense palais construit, sur les bords de la Seine, entre les ponts de l'Alma et d'Iéna. Il s'étend sur un développement de 360 mètres de longueur.

Il a d'autres titres que ceux qui découlent de la surface qu'il recouvre pour attirer l'intérêt : le cachet original de son architecture et la destination du monument.

Mais racontons sa genèse, elle fait presque partie de l'histoire de notre troisième république ; elle est même tellement embrouillée qu'il est difficile d'en rappeler toutes les phases, cela serait même peut-être dangereux. Contentons-nous de dire que primitivement chacun des ministères devait concourir à l'Exposition par une exhi-

Fig. 42. — Coupe transversale du Palais des Armées de terre et de mer.

bition indépendante; c'est ce qui s'était produit en 1889, chaque département avait disposé d'un budget spécial et chacun avait pu faire une exposition autonome; on se souvient encore du

palais du ministère de la Guerre sur l'Esplanade des Invalides.
Les plans avaient été dressés, pour la participation des ministères
à l'Exposition de 1900, notamment pour l'édifice des Armées de Terre et de Mer ; il avait été entendu que l'État prendrait à ses frais les trois millions nécessaires à sa construction. Tout était prêt et il ne manquait plus qu'une petite formalité, oh ! bien petite : le vote des crédits par les Chambres ; ce fut la pierre d'achoppement. Les députés qui avaient déjà voté tant de millions pour l'Exposition refusèrent l'argent pour la représentation des ministères. Ils fallut s'incliner et le beau projet qui nous avait été présenté fut enterré ; on s'en souvient encore : deux grands porches se trouvaient encadrés par deux enfilades de palais, lesquels étaient terminés, à leurs deux extrémités, par deux grands vaisseaux ; l'un rappelait le passé de la Marine française, dans un superbe navire en bois, tels que nous en voyons dans des gravures anciennes, l'autre nous parlait de l'époque actuelle, avec un cuirassé muni de tout son armement moderne. L'allégorie était fort heureuse. Il fallut l'abandonner.

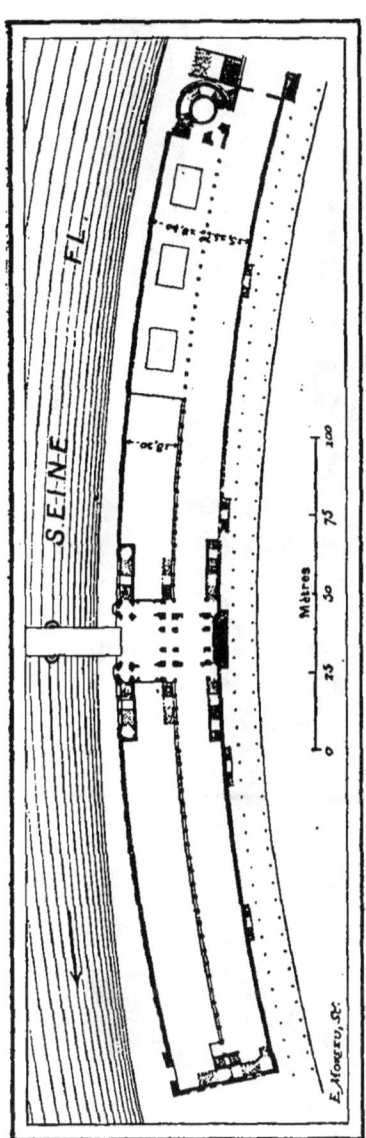

Fig. 43. — Plan du Palais des Armées de terre et de mer.

Mais le Commissaire général tenait absolument au palais de la Guerre ; il ne voulut point renoncer à l'idée qu'il avait eue de faire un grand palais pour les armées ; et, pendant qu'il aliénait, au bénéfice d'autres constructions, les terrains primitivement réservés aux différents ministères, il conservait intact celui de la Seine sur lequel devait s'élever le palais qui nous occupe; il faisait étudier dans les agences une modification du projet initial, de façon à en diminuer les dépenses, d'autre part il cherchait à trouver l'argent nécessaire — deux millions — par des économies et des emprises sur les fonds disponibles.

Bref, le palais qui avait failli ne jamais voir le jour reçut son baptême au mois de septembre 1899 et sa construction fut confiée à MM. Umbdenstock et Auburtin, les auteurs du projet primitif.

Mais on n'était pas au bout des malheurs; toutes les opérations que nous venons de rappeler avaient pris un temps considérable, si bien que lorsqu'il fut décidé d'élever le palais, il était beaucoup trop tard pour l'exécuter en fer.

A cause de la disette du métal que nous subissons aujourd'hui, aucune maison de construction ne voulut s'engager à fournir en aussi peu de temps les éléments nécessaires. Il fallut renoncer au métal et prendre du bois: on engagea immédiatement des équipes de charpentiers qui se mirent à l'œuvre. On avait déjà posé sept fermes et tout s'annonçait pour le mieux, quand un dimanche soir, une chèvre glissa entraînant avec elle l'effondrement de tout l'ouvrage déjà fait. Malgré cet

Fig. 44. — Poutre du plancher de l'étage du Palais des Armées de terre et de mer.

accident, on ne perdit pas courage, on déblaya le terrain et l'on recommença ; et trois mois après le commencement des travaux, en dépit des difficultés, tout le gros œuvre de cet immence palais était terminé.

Le terrain sur lequel on devait le fonder était très mauvais, il fallut battre des pieux en grand nombre et même, en certains endroits, en mettre trois ou quatre les uns contre les autres pour former des piliers souterrains suffisamment solides.

On sait que le chemin de fer de l'Ouest longe la Seine sur toute la partie des quais réservée à l'Exposition ; une tranchée a été faite à cette occasion ; elle fut recouverte dans la suite par un plancher en ciment armé, d'après les procédés de M. Hennebique. Le palais est construit en partie sur cette couverture et en partie sur les berges du fleuve ; toutefois aucun appui n'a été élevé directement sur le plancher en ciment armé ; on a profité des murs de la tranchée qui sont très solides et l'on a monté sur eux les poteaux qui forment l'ossature du monument.

Ainsi qu'on peut le voir sur la coupe qui accompagne ces lignes le palais de la Guerre se compose de deux bâtiment accolés, celui qui est construit sur la tranchée et celui qui est élevé sur la berge. Le premier est divisé en un rez-de-chaussée et un premier étage ; le second se compose des mêmes éléments ; mais, comme il existe une différence de niveau entre les bases d'assise, il se trouve que l'étage de cette galerie est placé à la même hauteur que le rez-de-chaussée de la première partie.

La construction n'a pas présenté de difficulté considérable, sauf pour les planchers de l'étage de la partie construite sur la tranchée du chemin de fer. La portée, en cet endroit, est de 17 mètres ; le problème consistait à lancer une poutre droite en bois, sans appui intermédiaire, puisqu'il était impossible de la faire reposer sur la couverture en ciment armé. On a imaginé alors de calculer cette poutre en faisant travailler chacune de ses parties à son maximum ; elle constitue une poutre d'égale résistance fort intéressante ; elle se compose de deux âmes entre lesquelles on a placé des pièces de bois aux endroits où le travail est de compression et des tirants en fer à ceux où les efforts sont des tensions ; les uns et les autres sont en nombre correspondant à la valeur de ces différents efforts. Cette poutre a été exécutée par M. Poirier, le constructeur de charpentes bien connu (voir la figure, page 44).

La Seine est courbe pour la partie des berges occupée par le palais ; elle forme une ligne convexe des plus accentuées, de sorte qu'il est impossible de jamais voir l'édifice d'un seul coup d'œil ; ceci n'est pas un mal, à cause de la longueur ; l'architecture pourrait

Fig. 45. — Façade du Palais des Armées de terre et de mer.

en effet paraître monotone, si elle se développait uniformément en ligne droite sur une distance aussi grande.

Le sujet principal de la décoration du monument est un grand porche situé en face de la passerelle qui traverse la Seine. Les architectes ont cherché à réunir ces deux éléments pour ne former qu'un seul et même motif, de façon qu'ils paraissent avoir été étudiés l'un pour l'autre. Le porche est un grand arc libre, c'est-à-dire que s'il fait partie intégrante du palais au point de vue de l'architecture extérieure, il sert, somme toute, à séparer le palais en deux parties distinctes, la circulation restant accessible au public qui se promène sur les quais et qui ne désire pas pénétrer à l'intérieur des galeries; quant à la passerelle, elle semble déboucher dans cet arc de triomphe; elle est comme le tablier d'un pont-levis gigantesque rabattu devant la porte d'une forteresse.

Les architectes ont eu une idée fort heureuse en n'établissant pas d'escaliers reliant les berges à la passerelle; cela aurait alourdi considérablement l'ouvrage et aurait enlevé à la passerelle ce caractère qui lui donne l'air d'appartenir au palais. Il était pourtant nécessaire d'établir une communication entre les berges et la passerelle, afin que les visiteurs pussent traverser le fleuve; c'est pourquoi on a construit des escaliers à l'intérieur du monument, dans une sorte de galerie découverte; ces escaliers prennent naissance sur la berge et aboutissent sous le porche, qui est de plain-pied avec la passerelle.

Tous les motifs de décoration de ce palais rappellent sa destination; ainsi le porche est flanqué de deux grosses tours et le mur qui les sépare est crénelé comme un ancien fort; de tous les côtés, on a établi des allégories guerrières et des écussons de régiments divers; de grandes statues en pied, au premier plan, représentent des guerriers armés de hallebardes et, dans le fond du porche, nous admirons deux grandes statues équestres de Bayard et de Duguesclin.

Toute la partie cylindrique du porche principal est vitrée avec des verres jaunes, afin de donner une couleur dorée qui rappelle celle du soleil couchant; elle augmente l'impression de mystère et de grandeur qui doit ressortir de ce monument.

Les visiteurs sont étonnés de voir le peu d'épaisseur de la couverture en ciment armé qui ne dépasse pas quelques centimètres en certains endroits et ils émettent des doutes sur la résistance d'un tel support, surtout quand ils pensent que de grosses pièces d'artillerie sont exposées à l'intérieur des salles. Aujourd'hui on n'est pas encore habitué au ciment armé et l'œil, à lui seul, ne peut donner une impression suffisante pour calculer sa résistance, il faut le raisonnement et des essais; le premier est donné par le calcul qui satisfait complètement les ingénieurs, les seconds sont encore plus rassurants, ils ont été faits à 1 000 kilogs par mètre carré sans qu'il se soit produit de déformations exagérées ; on peut même dire que l'essai a été fait pour un poids bien supérieur, puisque lors de la chute des fermes en bois que nous racontions au commencement de cette étude, les poutres en béton armé ont subi un choc formidable et n'ont point cédé. Cet essai forcé est une des meilleures garanties du système.

La perspective qui se déroule devant les yeux des spectateurs situés dans le palais est merveilleuse ; en face, on voit l'ensemble du Vieux Paris de Robida, qui est une si belle évocation du passé de notre capitale ; à gauche, on découvre le Trocadéro avec ses palais exotiques et ses flèches élevées qui rappellent tous les pays ; et, au premier plan, sur la Seine, nous avons un petit port en miniature, avec sa digue et son phare, qui abrite les yachts et les embarcations de plaisance.

Le palais de la Guerre est un des plus beaux monuments de l'Exposition : il fait grand honneur à ses jeunes architectes, MM. Umbdenstock et Auburtin. Cet édifice est leur première œuvre pour leur coup d'essai, ils ont voulu un coup de maître.

LES PALAIS DE L'ESPLANADE.

Pendant l'Exposition, c'est aux Champs-Élysées que la foule se porte de préférence ; la curiosité est excitée par les aménagements de l'avenue Nicolas II et du pont Alexandre III ; les merveilleux palais retiennent l'attention générale, et leur contenu, les Beaux-Arts, qui constitue le meilleur lot des objets exposés, contribue à donner à ces jardins et à ces édifices la première place dans l'admiration du public.

L'esplanade des Invalides profite de cet engouement et, naturellement, les visiteurs qui ont parcouru les salles du Grand et du Petit Palais traversent le pont et se répandent dans les galeries des palais construits sur cette place. Ici aussi, nous voyons des ouvrages d'art, mais d'un art spécial qui, pour être moins relevé que la peinture et la sculpture, n'en a pas pour cela moins d'attrait, nous voulons parler de l'art de l'habitation et de la rue.

Une raison capitale commandait de tenter sur l'Esplanade un beau déploiement de palais, et cette raison a conduit également les organisateurs de l'Exposition à donner à ces édifices un plan d'ensemble, de façon que le tout eût une bonne tenue, que les palais fussent chacun à sa bonne place, qu'aucun d'eux, par un luxe trop pompeux, ne vînt faire du tort à ses voisins; on sait, en effet, que les aménagements des Champs-Élysées et du pont procèdent d'une idée générale, qui était de construire une voie nouvelle suivant le prolongement de l'axe de l'Esplanade. Il y a là un décor d'ensemble qu'il fallait ménager : les grands palais forment un premier plan à ce tableau et le point final, le dôme de Mansart, semble dominer toute la composition par sa flèche élevée; le pont, avec ses pylônes, forme des touches intermédiaires qui conduisent l'œil des palais au dôme, ils sont des points de repère qui étagent l'intérêt, de façon à ne pas former de sauts brusques à la vision. Il importait donc que les palais des Invalides contribuassent par leur ensemble à ce décor général, il fallait que leur ordonnance fût calculée pour augmenter l'effet décoratif cherché; c'est pourquoi, quand on a fait appel aux différents architectes, on leur a donné un plan d'ensemble sur lequel ils devaient marcher; c'était un canevas à mailles serrées dont ils ne devaient point sortir.

Au premier plan, nous avons le palais des Manufactures nationales; il se compose de deux bâtiments indépendants, mais absolument pareils et symétriques; ils possèdent l'un et l'autre une façade sur le quai et font un retour en angle droit sur l'Esplanade; les coins formés sont même l'occasion de porches importants dont nous reparlerons plus loin; ces façades, sur la place, sont construites en regard l'une de l'autre et embrassent un grand jardin installé entre elles deux; par un quart de cercle, elles viennent se rejoindre aux palais contigus construits en bordure d'une avenue qui tient tout le milieu de l'Esplanade. Ces deux derniers palais, qui sont situés en face l'un de l'autre, s'étendent jusqu'à l'extrémité de la place où ils viennent se raccorder au palais du Mobilier, élevé le long de la rue de Grenelle. Le palais du Mobilier est conçu suivant la même idée que le palais des Manufactures nationales, c'est-à-dire que, comme lui, il se compose de deux pavillons égaux et en tous points pareils.

Une difficulté s'est présentée pour la construction du palais des Manufactures nationales. On sait que la Compagnie de l'Ouest a obtenu, il y a longtemps, la concession d'établir une grande gare sur l'Esplanade des Invalides; cette faveur lui fut accordée avant même qu'il ne fût question de l'Exposition. Pour différentes raisons que nous n'abordons pas, car elles nous feraient sortir du cadre de cette étude, la Compagnie du chemin de fer traîna en longueur les travaux d'établissement de sa gare souterraine, de sorte que ce retard faillit, un instant, compromettre l'Exposition elle-même ; si la gare n'avait pas été terminée à temps, il devenait impossible d'édifier les palais qui devaient la recouvrir, on ne pouvait pas alors être prêt pour le jour de l'inauguration. D'autre part, la couverture de la tranchée, établie en poutres métalliques était calculée pour supporter une chaussée ordinaire et le mouvement courant des piétons, mais non pour recevoir des constructions importantes en fer et en staff d'un poids considérable. Finalement, tout le monde s'entendit, la Compagnie poussa ses travaux activement, elles établit à l'endroit des palais de grandes poutres de 1^m,80 de hauteur, les architectes de l'Exposition montrèrent un zèle infatigable, si bien que les palais purent être terminés à l'heure.

Ainsi que nous le disions, ce palais des Manufactures nationales est composé de deux parties symétriques et pareilles ; toutefois, ses auteurs, MM. Toudoire et Pradelle, ont donné à la décoration le rôle d'indiquer que le palais de gauche était réservé aux produits français, tandis que celui de droite était appliqué aux produits étrangers. Ce palais porte une dénomination qui semblerait lui donner une attribution exclusivement nationale ; mais dans la suite le nombre des demandes des exposants augmentant chaque jour, il a fallu lui changer sa destination : les manufactures de Sèvres et des Gobelins ont envoyé leurs produits, mais ceux-ci n'absorbent pas la surface entière, ils n'en prennent qu'une fraction relativement très faible ; tout le reste est attribué aux sections des industries diverses comme les autres palais de l'Esplanade.

Les écussons qui décorent la façade de gauche rappellent les grandes villes de France, et ceux du côté droit, les grandes villes des pays exposants ; le porche d'angle du palais (côté Constantine) est dominé par un grand groupe décoratif représentant la *France industrielle*, par d'Houdain, et celui qui lui est symétrique est dominé par une allégorie de Peynot, montrant la *France accueillant les Nations*.

Les façades sont composées d'un rez-de-chaussée et d'un étage ; les galeries découvertes sont garnies de colonnes claires se détachant sur un fond très coloré, de façon que la silhouette se dessine de loin et soit aperçue de l'autre rive de la Seine.

Les porches sont construits suivant la règle qui semble être de rigueur pour l'établissement d'un motif de ce genre à notre époque : une grande baie en plein cintre est encadrée par une ornementation très riche et surmontée par un motif de sculpture décorative; un grand balcon coupe la baie dans le sens vertical et sert de *loggia* sur laquelle les visiteurs peuvent s'arrêter et se reposer agréablement des fatigues de leur promenade à travers les galeries.

Une particularité intéressante de chacune de ces deux façades est l'existence d'une large terrasse découverte avec mur de fond; ces deux terrasses sont situées en face l'une de l'autre, et chacun des deux murs contre lesquels elles sont établies est composé de trois grands panneaux décoratifs; du côté Constantine, ils représentent les œuvres de beauté dues au travail du bois, de la pierre et de la céramique; du côté Fabert, ils se rapportent à l'industrie du métal ouvré, des tissus et du livre.

Les deux ailes de ce palais qui se trouvent sur la rue du milieu de l'Esplanade sont plus particulièrement consacrées aux manufactures nationales, le côté gauche aux tapisseries des Gobelins et, le côté droit, à la manufacture de Sèvres; nous voyons extérieurement de grandes peintures décoratives embrassant toute la surface de la façade et entourant les baies; elles représentent, l'une la *Tapisserie*, l'autre la *Peinture*.

Ce palais, qui fait le plus grand honneur à ses auteurs, est tout en façade; il n'a presque pas de profondeur, car tout l'emplacement situé derrière lui est réservé à la gare et aux services du chemin de fer de l'Ouest. Il semble former par son évasement une grande cour ouverte; l'œil perçoit admirablement l'ensemble de l'architecture, qui se trouve ici merveilleusement avantagée.

Nous ne saurions en dire autant des deux palais édifiés le long de l'avenue centrale de l'Esplanade; cette voie n'a que 40 mètres de largeur, et chaque palais s'étend sur un développement de 230 mètres; on conçoit que ces conditions de perspective soient déplorables pour les monuments. Aussi les architectes qui en ont été chargés n'ont pas cherché à dessiner des palais ayant une tenue d'ensemble : cela aurait été peine perdue, puisque jamais l'œil ne pourra percevoir d'un seul coup toute l'élévation du monument; quand il la verra, ce sera d'une des deux extrémités de la rue, et alors tous les motifs se reporteront les uns sur les autres; cette perspective fuyante ne peut donner une idée nette de l'architecture générale. Ce qu'il fallait, c'était provoquer beaucoup de mouvements aux lignes, créer des plans différents et des hauteurs à des cotes variées, de façon à ne permettre aucune monotonie, soit dans le sens vertical, soit dans le sens horizontal.

Ces deux palais sont semblables, car ils sont établis sur les mêmes plans; les points hauts ont été prévus suivant les mêmes axes; les fenêtres, loggias, balcons, sont installés en regard, avec les mêmes dimensions; malgré cela, chacune des deux architectures a son cachet à part; et, si les deux monuments se ressemblent comme grandes lignes, ils produisent cependant des impressions totalement différentes.

MM. Larche et Nachon, les auteurs du palais situé du côté de la rue Fabert, ont fait un monument très gai et très varié; la couleur et l'ornement y jouent un rôle considérable, toute la décoration a été empruntée à la floraison; de tous les côtés nous voyons des motifs qui surprennent par leur nouveauté; ainsi les colonnes du rez-de-chaussée sont couronnées par un chapiteau qui n'appartient à aucun style, il est composé d'un bouquet qui s'enroule, du plus charmant effet; il y a dans toute cette architecture une recherche fort heureuse de motifs inconnus auparavant et qui servira sûrement de thème et de modèles aux constructions à venir. Les grands motifs de sculpture du palais sont dus à M. Larche, le frère de l'architecte.

La fantaisie règne avec moins d'intensité dans le palais de M. Esquié, qui fait face au précédent; toutefois, la monotonie en est exclue; l'architecte a cherché à supprimer autant que possible, sur la façade, les lignes horizontales au profit des lignes verticales; les baies du rez-de-chaussée et celles de l'étage sont encadrées d'un motif général qui part du sol et gagne presque le chapiteau supérieur; cette disposition enlève au palais l'impression de longueur due à ses 230 mètres de développement, il lui donne plus de hauteur; l'œil accompagne mieux l'édifice d'une extrémité à l'autre.

Le palais de M. Esquié n'est pas aussi coloré que son voisin d'en face, l'architecte ayant voulu conserver à son monument l'apparence du plâtre, qui constitue le principal élément de la construction; il y a pourtant des touches de couleur dans l'ornementation, mais elles sont extrêmement sobres et rares.

Le palais du fond de l'Esplanade est très intéressant par sa forme et sa disposition; il se compose de deux parties indépendantes, mais pareilles, séparées par une cour circulaire sur laquelle s'élèvent deux façades arrondies; l'impression qu'on obtient est nouvelle et très heureuse; nous voyons pour chacune de ces deux façades trois portiques surmontés d'un grand chapiteau avec deux campaniles très élevés aux extrémités; la disposition en arc de cercle permet aux visiteurs de fouiller derrière les appuis des portiques et de percevoir la décoration intérieure de la galerie couverte qui est construite derrière.

Les campaniles servent également à la décoration de la façade située sur la rue de Grenelle, en regard de l'hôtel des Invalides. Sur chacune de ces deux nouvelles façades, nous avons une grande frise en terre cuite, ou plutôt qui semble être de terre cuite, grâce à de la couleur : l'une d'elles est due à M. Damé et l'autre à M. Frère; elles représentent les industries de la céramique et du verre; elles sont fort belles et constituent la décoration principale de l'édifice; tout le reste paraît être un encadrement de ces motifs.

LA PORTE D'ENTRÉE MONUMENTALE.

Un des principaux caractères de l'Exposition est la gaieté pour les yeux. Dans une grande manifestation comme celle de 1900, il y a deux éléments à considérer, et le difficile pour les organisateurs est de savoir les concilier, car ils ne semblent pas toujours être faits pour aller ensemble. Ces deux éléments se rapportent aux deux catégories de personnes qui se trouvent en présence : les exposants et les visiteurs. En général, dans un spectacle quelconque, il y a une entente parfaite entre les acteurs et les spectateurs, ces derniers se dérangent pour applaudir les premiers, leurs dispositions sont favorables et la plupart du temps, même s'ils ne sont pas satisfaits, ils ne témoignent guère de leur mauvaise humeur. Dans une Exposition, ce n'est plus du tout la même chose, les intérêts des exposants et ceux des visiteurs se trouvent souvent en opposition absolue; alors que les uns font tous leurs efforts pour montrer leurs produits et les mettre en avant, pour les imposer presque, les autres, au contraire, soit par fatigue, soit par indifférence, ne tiennent pas toujours à les voir... Ce mot est peut-être cruel, mais il est vrai. Il est pourtant indispensable de ménager les exposants sans lesquels une exposition n'aurait guère de raison d'être et, d'autre part, il faut plaire au public sans lequel l'Exposition aurait encore moins de raison d'exister.

C'est pour le public surtout qu'on a soigné l'extérieur des édifices, que, et de tous côtés, on a ménagé des jardins merveilleux; c'est pour lui encore qu'on a préparé des attractions de toute espèce qui le retiennent utilement tout en l'amusant. Il fallait surtout le recevoir dignement; c'est en son honneur qu'on a élevé cette porte

Fig. 46. — Construction de la Porte monumentale.

magistrale, sur la place de la Concorde, et qui n'a pas coûté moins de 750 000 francs.

Trois grandes arches de 20 mètres d'écartement disposées en

triangles offrent une surface couverte de 2500 mètres carrés : ce système sert de support à une couronne circulaire qui est la base d'une calotte aplatie faisant dôme. La ferme principale, celle faisant face au public qui entre, est encadrée d'un fronton très important que surmonte la proue du vaisseau, emblème de la Ville de Paris : une allégorie de femme debout domine l'ensemble. Deux minarets de 35 mètres de hauteur placés à droite et à gauche du monument sont reliés à l'arche principale par deux grandes frises décoratives cintrées de 9^m,50 de développement.

Cet édifice, qui est unique dans son genre, puisque jamais, à aucun moment, on n'a eu à en construire un ayant la même destinée, doit par son allure produire un grand effet sur le public : c'est le premier monument qu'il lui soit donné de voir, il faut donc que l'impression soit bonne; son luxe décoratif et la disposition générale de l'architecture sont une sorte d'invite qui dispose les visiteurs à pénétrer dans l'enceinte de l'Exposition. Les minarets élevés et les emblèmes qui surmontent le fronton sont visibles de tout Paris, puisqu'ils dépassent de 15 mètres la hauteur moyenne des maisons; on aperçoit donc ce porche de fort loin et, par ses banderoles le jour, et ses feux la nuit, il appelle encore le public répandu sur toute la surface de Paris.

Il serait difficile d'attribuer un style particulier à l'architectur de cette porte monumentale ; son auteur, M. Binet, s'est évidemment reporté à l'époque byzantine quand il a conçu son œuvre, mais il y a surtout mis de son goût personnel, et son crayon a été conduit par la fantaisie la plus originale que nous puissions imaginer. Les motifs d'ornementation ne se rapportent à aucun modèle en usage, ils ne dérivent ni de la végétation, ni des formes humaines; pour retrouver un exemple des évolutions bizarres et nouvelles de tous ces détails, il faudrait aller les chercher, par l'intermédiaire d'un microscope, dans les diatomées et les infiniment petits; il y a des portions de plâtre qui rappellent certains foraminifères, dont l'application surprend autant qu'elle plaît.

La couleur joue un rôle considérable dans l'architecture de la porte monumentale; elle est brillante sans excès, les tons bleus et blancs se marient de la façon la plus curieuse; et, lorsque le soir au soleil couchant, les derniers rayons lancent des clartés parallèles au sol par derrière l'édifice, il y a des impressions féeriques. Afin d'augmenter cet effet, sur lequel l'architecte compte largement, on a ménagé des ouvertures en quantité dans les parties pleines de l'ouvrage; ces ouvertures de formes les plus variées représentent une sorte de dentelle, elles sont des trous de lumière en plein jour, alors que l'intérieur paraît en sombre ; et la nuit, quand la lumière électrique fait valoir les couleurs, elles sont au contraire des trous noirs sur lesquels se détachent toutes les teintes de la voûte.

Nous avons parlé de deux frises décoratives reliant les minarets latéraux au corps du monument; celles-ci sont du plus haut intérêt et constituent une des principales œuvres d'art exécutées pour l'Exposition ; elles ont chacune 9^m,50 de développement sur 2^m,16 de hauteur, le sujet en relief montre les travailleurs de tous les métiers venant apporter le tribut de leur ouvrage ; on voit, se suivant, le charpentier, l'électricien, le serrurier, etc. ; ils forment une procession un peu brutale mais merveilleuse comme intensité. L'artiste, M. Guillot, est un homme jeune, dont les œuvres passées ne sont pas assez nombreuses pour lui avoir donné un nom : sa frise de l'Exposition lui assure la célébrité.

Une circonstance qui augmente l'intérêt de cette frise d'art est la matière dans laquelle elle est exécutée, le grès. On sait les progrès considérables que ce genre de

Fig. 47. — Une des frises en grès du soubassement de la Porte monumentale (œuvre de M. Guillot).

céramique a fait depuis dix ans dans la construction ; à la dernière Exposition, on avait fait quelques essais fort hésitants, notamment au pavillon de la Ville de Paris ; mais depuis, son application s'est propagée grandement au bénéfice de la décoration à laquelle il contribue beaucoup. C'est la maison Muller qui a entrepris à ses frais l'exécution en grès de la frise de M. Guillot; c'est un chef-d'œuvre, la teinte grise domine, mais il y a des traînées rougeâtres produites par la flamme qui donnent à la masse un aspect de lave naturelle; l'effet artistique de ce genre de construction est considérable.

La partie couverte du porche est accessible au grand public : on a

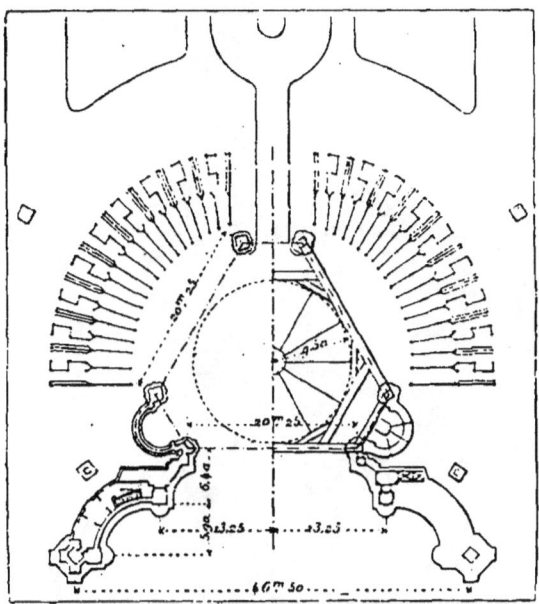

Fig. 48. — Plan de la Porte monumentale.

établi sur une portion de cercle les guichets de contrôle des tickets. Ces derniers sont installés d'une façon fort originale qui permet l'accès d'un public aussi nombreux que possible. Des couloirs sont disposés les uns à côté des autres; les guérites se trouvant juxtaposées ne gênent en rien la vitesse d'écoulement des visiteurs.

Il y a 36 guérites et, en supposant une pression égale du public, on peut admettre sans bousculade 150 000 entrées à l'heure. Ce chiffre ne sera sûrement pas atteint d'une façon constante, mais il est certain qu'il se réalisera à certains moments de la journée. La situation de la porte en pleine place de la Concorde en fait l'entrée principale de l'Exposition : c'est, en effet, le point le plus rapproché des grands boulevards et du quartier de la gare Saint-Lazare ; une dizaine de lignes d'omnibus s'arrêtent sur cette place, notamment les tramways de Boulogne, de Saint-Cloud et de Versailles ; enfin

Fig. 49. — Aspect de la Porte monumentale.

les bateaux-omnibus amènent, pour leur part, un contingent fort important de visiteurs sur la place de la Concorde.

La construction de la porte est faite en fer recouvert de bois sur lesquels on a fixé du staff. Cette méthode, qui est celle de tous les palais de l'Exposition, sauf de ceux des Champs-Élysées, est la seule qui soit applicable à un monument de courte durée comme ceux qui sont construits pour 1900 ; aussitôt la fête terminée, ils seront livrés aux démolisseurs qui auront pour mission de les faire disparaître. Il y a une chose pourtant qu'ils ne pourront enlever, c'est le souvenir de toutes ces merveilles de l'Exposition et le produit de toutes ces imaginations d'architectes ; ils vivront longtemps dans nos mémoires et serviront d'exemples aux artistes de l'avenir. Un des monuments qui auront ainsi le plus de longévité sera cette Porte monumentale à laquelle M. Binet a donné le meilleur de lui-même, une conception éminemment neuve et originale, pleine de mouvements, de couleurs et d'imprévus.

Fig. 50. — La clé du Pont Alexandre (œuvre de M. Récipon).

CHAPITRE IV

LE PONT ALEXANDRE III ET LES TRAVAUX DE LA SEINE

LE PONT ALEXANDRE III

Description du pont.

Il est probable que la construction du pont Alexandre III n'aurait pas pu se faire il y a une vingtaine d'années ; en effet, le rapprochement du pont des Invalides, qui n'est qu'à 200 mètres, a été la principale cause des difficultés que pouvait suggérer le service de la navigation de la Seine et de la nécessité dans laquelle on s'est trouvé de n'employer que le système de l'arche unique. Aucune autre solution ne pouvant être adoptée, il est peu probable que le problème présenté de la sorte, il y a quelques années, eût pu être résolu avantageusement.

Bien que plusieurs ponts à une seule arche aient été construits ces derniers temps, entre autres le pont Mirabeau, qui est un modèle du même genre, nous pouvons dire que le pont Alexandre III, tant à cause de l'importance de son tablier et du luxe décoratif dont il a été l'objet, que par les circonstances qui accompagnent sa mise en œuvre, pourra être considéré comme le prototype des travaux de ce genre ; il marquera une date dans l'histoire des constructions fluviales. Ce n'est pas un des moindres mérites de l'Exposition de 1900 que d'avoir été la cause première de son existence.

Pour un ouvrage aussi important que celui qui nous occupe et qui, à juste titre, peut être considéré comme un monument, il y a deux sortes d'études, de genres absolument différents, mais qui s'accompagnent constamment, de telle sorte que les données de l'une doivent à chaque instant servir de guide aux recherches de

Fig. 51. — Vue d'ensemble du pont Alexandre III.

l'autre. On a créé deux agences distinctes ayant chacune ses attributions et ses chefs, mais qui n'en devaient pas moins être à tous moments en rapport ; l'agence des ingénieurs et l'agence des architectes.

Dans la première, MM. Résal et Alby ont eu à s'occuper de la partie technique ; ce sont eux qui ont dû chercher la forme précise à donner à l'arche du pont et trouver les dimensions exactes qu'il fallait attribuer à chaque pièce de fer, ils ont eu à procéder à la confection des cahiers des charges des différentes adjudications, il leur a fallu veiller jusqu'au dernier jour à la parfaite exécution des travaux.

Le rôle de MM. Cassien-Bernard et Cousin, qui ont dirigé l'agence d'architecture, était tout autre : il consistait à régler la partie décorative et monumentale ; c'est à eux que revenait le soin d'harmoniser les lignes générales du monument par un judicieux emploi de la pierre et du bronze dans le but d'augmenter la majesté de l'ouvrage sans l'alourdir ; ils ont eu à installer l'atelier de moulage où l'on a exécuté en glaise toute les parties d'ornementation avant de les envoyer à la fonte ; ce sont eux enfin qui ont dû soumettre en premier ressort à l'approbation ministérielle les noms des différents artistes qui ont eu à exécuter les motifs de sculpture, allégories, cartouches, etc.

On conçoit facilement que ces deux agences, bien qu'ayant des objectifs différents, puisqu'ici on avait pour but de faire solide et là de faire beau, n'en devaient pas moins agir de concert, afin de ne pas entraver l'une les opérations de l'autre.

Pour arriver à donner une solution qui ne vînt en rien nuire à l'harmonie générale du cadre, il a fallu abaisser, autant que faire se pouvait, la cote du tablier du pont et diminuer dans des proportions très grandes l'importance de la flèche, c'est-à-dire la hauteur comprise entre le sommet du pont et la ligne horizontale qui passerait par les deux rotules d'attache, cette flèche à la clé a été réduite à $6^m,28$ qui, vu la longueur de 109 mètres du pont, peuvent être considérées comme formant une hauteur très faible.

Si, d'une part, on s'est trouvé dans l'obligation d'abaisser le niveau de la chaussée, il ne fallait pas pour cela diminuer la valeur du tirant d'eau sous le pont, ce qui eût gêné la circulation des bateaux sur la Seine ; pour ne pas contrarier ces deux nécessités, force était de réduire jusqu'à l'extrême limite l'épaisseur du pont et de donner à la flèche la plus petite hauteur qui fût possible.

Dans ces conditions l'arc s'est trouvé très surbaissé et, si l'on décompose les pressions aux culées en deux forces, l'une verticale, l'autre horizontale, on verra que celle-ci a une valeur considérable par rapport à l'autre ; pour parler d'une façon plus claire, nous pouvons dire que le pont se comporte sensiblement à la façon d'un madrier horizontal forcé entre deux murs ; il fallait que la base des culées eût une surface considérable pour résister à cette poussée. On lui a donné 1,500 mètres carrés, c'est-à-dire la plus grande fondation de pont qui existe. La pression des fermes sur les sommiers de granit correspond à une charge de 50 kilogrammes par centimètre carré, cette pression se répartissant sur toute la surface de la base de fondation se réduit à 2 kilogrammes par centimètre carré ; toutefois, pour assurer cette transformation de pressions, il fallait donner à l'ensemble de la maçonnerie de la culée une homogénéité absolue ; la matière employée consiste en moellons de roche reliés par du ciment de Portland ; un soin tout spécial dans le choix des matériaux et dans leur mise en place a été apporté, de façon à éviter toute imperfection, car un tassement, si petit qu'il fût dans la maçonnerie, se répercuterait d'une façon très sensible dans la partie métallique qui pourrait subir, à cause de l'abaissement de l'arc, des mouvements quatre ou cinq fois plus considérables que celui qui les a causés.

Après un essai d'adjudication infructueux pour la partie métallique du pont, on a traité directement pour la construction de celle-ci avec deux maisons qui en prirent conjointement la charge. Les sociétés du Creusot et de Fives-Lille sont devenus les constructeurs du pont.

Le pont Alexandre III présente cette particularité que, pour pouvoir faire coïncider son axe avec le prolongement de celui de l'Esplanade des Invalides, il fallait lui donner un angle légèrement aigu avec la direction de la Seine ; il est biais. Ceci ne vient en rien diminuer son cachet artistique ni sa valeur, cette disposition se trouvant très atténuée par la forme courbe de la rivière en ces parages.

Le pont Alexandre III attire l'attention du public par ses dimensions inusitées et par la hardiesse de sa construction ; mais ce qui est surtout de nature à garantir son succès, c'est le caractère décoratif et triomphal qu'il est destiné à présenter.

Nous avons un monument qui doit marquer une date tant par les souvenirs qui s'y rattachent que par le concours qu'il doit apporter à la grande manifestation de 1900.

Il était difficile d'assujétir un monument de ce genre à un style trop classique ; un pont aussi moderne ne peut guère supporter une ornementation appartenant à un ordre ; d'autre part, l'emploi du fer qui, jusqu'ici, a toujours été fait d'une façon très sobre ne permet pas l'application d'une décoration qui n'a été inventée que pour la pierre. Il fallait trouver quelque chose qui fût à la fois sérieux et pas trop sévère.

Une autre considération devait être envisagée ; le pont Alexandre est, par sa situation, une sorte de liaison entre les quartiers neufs des Champs-Élysées et les régions plutôt anciennes de l'Esplanade, entre les nouveaux palais que l'on a construits et l'Hôtel des Invalides ; il est un trait d'union entre le passé et l'avenir ; il importait que le genre d'architecture adopté rappelât autant que possible cette idée. C'est pourquoi on a cherché, tout en laissant aux fers leur forme moderne, à donner à l'ensemble des constructions qui servent d'entrée au pont un genre rappelant le style de Louis XIV, afin de mettre ses lignes en rapport avec l'hôtel de Mansard. Nous ne nous trouvons cependant pas en présence d'une décoration trop servile ; on a cherché, au contraire, par tous les moyens possibles à mettre l'ornementation en harmonie avec le genre employé ; tous les attributs sont empruntés à la flore et à la faune des eaux ; ce ne sont que coquillages, monstres marins et fleurs des mers.

Tel est dans ses grandes lignes le programme qu'il fallait suivre pour l'exécution du pont Alexandre ; reste un renseignement à donner : le montant de la facture. Il est élevé : 7 millions, sur lesquels 1 million a été consacré à la décoration. Il ne faut pas toutefois regretter la somme dépensée ; Paris a gagné un monument incomparable ; et puis l'argent que l'on a jeté par les fenêtres, rentre par les portes de l'Exposition.

Les fondations du pont.

Les fondations du pont Alexandre III ont été faites sur caissons à air comprimé. Ce système est généralement employé aujourd'hui pour tous les travaux dans lesquels il est possible que l'eau vienne gêner les ouvriers. Les deux piliers de la Tour Eiffel situés à proximité de la Seine ont été fondés de cette façon. Jadis, on employait des barrages coûteux et des batardeaux destinés à isoler l'espace de travail ; on pompait ensuite l'eau contenue dans l'intérieur, et l'on travaillait sur un sol toujours imprégné de boue. Sans compter que ce système devenait d'une application impraticable pour les grandes fondations, il était difficile et pénible pour les ouvriers, aléatoire pour les entrepreneurs : les crues de rivières pouvaient en effet, tout enlever et réduire en un instant à rien les sommes déjà dépensées.

Aujourd'hui, on travaille à sec et à de grandes profondeurs sans que les différences du niveau de l'eau à la surface arrêtent en rien les ouvriers. Une crue vient-elle alarmer les riverains que l'ingénieur se tire d'affaire, par quelques centimètres de plus dans la pression de l'air envoyé sous la cloche. Il y a aussi économie et grande rapidité d'exécution. On peut prévoir, à quelques centaines de francs près, le coût d'une fondation à l'air comprimé, alors qu'il eût été impossible de le faire avec l'ancien système.

La première opération dont il fallut s'occuper pour le pont Alexandre fut la démolition du mur du quai de la Seine. Ce mur, haut de 10 mètres datait du commencement du siècle ; il était supporté par un tablier en bois qui reposait lui-même sur une série de pieux enfoncés dans le sol. Cette façon de construire des murs de quais est également celle que l'on emploie aujourd'hui et il était intéressant de savoir comment les bois enfoncés dans le sol depuis près de cent ans s'étaient comportés. On fut heureux de constater qu'ils étaient en parfait état. On sait que le bois se conserve indéfiniment sous l'eau, mais on n'avait aucun renseignement sur la façon dont les choses se passaient dans de la terre humide, ce qui n'est pas le même cas; les bois déterrés étaient dans un tel état, que d'après les praticiens, il aurait été possible de les débiter et de s'en servir. A titre de curiosité, ils ont été envoyés, en échantillons, au musée de l'École des Mines.

Les caissons employés à la fondation des culées du pont Alexandre III sont les plus considérables, comme poids et comme volume, que l'on ait construits jusqu'à présent; le poids de chacun d'eux est de 3 500 tonnes, ce qui représente une somme de 320 000 francs de métal enfoui dans le sol sans utilité autre que celle de la mise en œuvre de l'ouvrage de fondation. Les dimensions de ces gigantesques récipients sont de 47 mètres sur 38, ce qui donne, pour la chambre de travail et pour la base d'appui de la culée une surface de 1 500 mètres carrés.

Jusqu'ici les caissons les plus importants exécutés en rivière avaient été ceux du pont Mirabeau, mais ils n'avaient que 12 mètres sur 25, soit 270 mètres carrés de surface; comme on le voit, on était loin des dimensions nécessaires pour les fondations du pont Alexandre III.

La meilleure façon de construire un caisson est de le monter sur place; cette manière de faire est plus commode et plus facile que le procédé qui consiste à l'exécuter à distance, puis à le faire flotter jusqu'à l'endroit définitif qu'il doit occuper.

Au Cours-la-Reine on a eu quelques difficultés, car la place manquait pour construire le caisson sur la berge même, elle n'était pas assez large; il a fallu, nous l'avons vu plus haut, démolir le mur de quai et déblayer le sol sur une vingtaine de mètres; 13 000 mètres cubes ont été ainsi enlevés. Le mur démoli, il est resté une tranchée profonde qui a été immédiatement envahie par l'eau. On a dû épuiser et remblayer. La plate-forme ainsi constituée n'était pas encore suffisante et il a fallu l'étendre du côté du fleuve en y faisant tomber quelques centaines de mètres cubes de terre. Ces opérations dispendieuses n'ont servi qu'à la mise en place du caisson puisqu'il a fallu ensuite enlever toutes ces terres pour faire les fouilles.

Étant données les dimensions exceptionnelles des caissons, les constructeurs, MM. Daydé et Pillé, furent obligés d'adopter certaines dispositions qui d'ordinaire ne sont pas employées. D'habitude, en effet, on se contente d'établir une seule cheminée avec son sas à air; au plus on en construit deux. Pour le pont Alexandre, il a fallu en employer dix. La chambre de travail était divisée en cinq chambres étanches et indépendantes, chacune se trouvait munie de deux cheminées; cette division en chambres séparées a eu son utilité pendant les périodes de début, alors qu'une partie des travaux était déjà sous l'eau, pendant qu'on pouvait encore travailler à sec sur les autres.

Le toit de la chambre de travail se composait d'une série de plaques de tôles rivées ensemble et réunies aux murs du caisson. Afin d'assurer l'étanchéité complète de la chambre et de ne laisser sortir aucune échappée d'air comprimé, on a garni les joints de pièces de feutres très serrées entre les deux feuilles de tôle ; de cette façon le joint était absolument hermétique.

Ce toit était soutenu par de grandes poutres en acier de $1^m,60$ de hauteur, composés de fers en treillis. Comme elles étaient placées en angle droit avec des cloisons des chambres de travail, elles contribuaient à donner à l'ensemble une rigidité indéformable.

Une fois le caisson construit, on a coulé du béton dans les goussets circulaires et l'on a noyé les poutres du toit dans la maçonnerie; il a fallu faire cette opération avec beaucoup de prudence et de méthode pour que le caisson s'enfonçât régulièrement.

En même temps des ouvriers installés dans les chambres de travail affouillaient le sol et envoyaient leurs déblais par les cheminées d'évacuation. Pour pouvoir enlever facilement les terres provenant du fond, on a construit un plancher de travail à la hauteur des chambres à air des cheminées. A mesure que le caisson s'enfonçait, on rivait des *hausses* en prolongement des murs de la chambre de travail et l'on maçonnait à l'intérieur de l'espace ainsi ménagé en réservant une sorte de fourreau de maçonnerie à l'endroit des cheminées.

On est descendu jusqu'à 10 mètres avant de trouver un sol suffisamment solide pour recevoir les premières assises de la fondation ; il en résulte que la culée représente sous terre un bloc de maçonnerie de 15 000 mètres cubes.

Ce sont MM. Letellier et Boutrinquin qui, après soumissions, ont été nommés adjudicataires des travaux de fondation du pont Alexandre III.

La vieille expérience de M. Boutrinquin, à qui l'on doit la conduite des travaux à air comprimé les plus importants de ces derniers temps, était une garantie de réussite de cet ouvrage délicat qui d'ailleurs a été mené sans un accroc.

Une fois les caissons foncés jusqu'au bon sol et la capacité remplie de maçonnerie, le travail des fondations proprement dites qui avait formé l'objet de la première soumission adjugée à MM. Letellier et Boutrinquin, a pu être considéré comme achevé. On a traité ensuite directement avec ces premiers concessionnaires pour l'exécution de la superstructure de la culée; il y a eu plusieurs raisons qui ont amené cette détermination: la première, il faut le dire, c'est que la bonne marche des travaux pour le fonçage des caissons était une garantie pour que la suite de la construction fût assurée. Il y a eu aussi une raison d'économie; c'est qu'en effet, les entrepreneurs possédaient dans les chantiers un matériel considérable qui leur permettait d'offrir des prix inférieurs à tous ceux des concurrents; il n'y avait donc pas lieu de former une nouvelle adjudication, dont le premier effet eût été d'écarter les soumissionnaires.

Il n'y avait aucune difficulté sérieuse à vaincre dans la construction de la culée proprement dite; elle se résumait à fournir un certain nombre de mètres cubes et l'on n'avait qu'à suivre les indications fournies par le service d'architecture. Tant qu'on était au-dessous du niveau de l'eau, on n'avait qu'à travailler à l'intérieur du caisson qui formait une sorte de grande cuvette dont les bords garantissaient l'intérieur. Dès que l'ouvrage fut tout entier *sorti de l'eau*, il n'y avait plus d'inconvénients à démolir les dernières hausses du caisson, de façon à isoler les premières assises du libage. A cet effet, on a employé des scaphandriers qui travaillaient à 2 mètres sous l'eau. A l'aide d'un ciseau et de marteaux très lourds, ils coupaient les têtes de rivets jusqu'à ce que la plaque de tôle constituant la hausse pût être retirée. C'était une opération très délicate et pour laquelle il fallait des manœuvriers spéciaux.

On a ménagé un mur de soutènement de 10 mètres de hauteur et normal à la direction de l'axe de la culée; à droite et à gauche de la partie commune du pont avec ce mur, ce dernier tend à se rapprocher de la Seine en formant une courbe très accentuée. En face de la partie commune et sur une longueur de 95 mètres, nous avons un autre mur parallèle au premier et distant de lui de 8 mètres. Il est formé d'une série de voûtes en granit hourdé de caillasse. Le passage formé par ces deux ouvrages a été recouvert d'un système de plancher en fer, de façon à former une sorte de tunnel vulgairement appelé *tranchée couverte*. Il sert pendant le temps de l'Exposition à la circulation de tramways qui longent le quai du Cours-la-Reine; de cette façon le service ne subit aucune interruption et ne vient en rien gêner les piétons de l'Exposition. Ce passage, une fois recouvert, est devenu invisible pour les visiteurs du dessus qui peuvent circuler aux abords du pont comme s'il n'y avait aucune ligne de tramways au-dessous.

Le mur des voûtes s'arrête net à ses deux extrémités, et, pour ne

Fig. 52. — Les travaux de superstruction d'une culée du Pont Alexandre III.

pas interrompre le parapet du quai, on a décidé de jeter un pont sur l'espace de séparation. Ce pont est excessivement biais par rapport à la direction des rails du tramway, d'où il résulte que sa portée est relativement très grande, étant donné l'écartement de 8 mètres des deux murs parallèles. Cet ouvrage est provisoire, car, une fois les portes de l'Exposition fermées, on adoptera une autre disposition.

A ce moment, les lignes de tramways seront rétablies à la surface dans leur ancienne position, le Cours-la-Reine reprendra son ancienne physionomie en étant rendu à la circulation; le passage inférieur n'aura plus sa raison d'être, les ponts provisoires seront démolis et remplacés par des murs de quai ordinaires. Une petite voûte de 6m,25 d'ouverture servira d'accès dans cet enclos fermé qui servira de dépôt à la Ville pour le service de la voirie.

Le corps de la culée est composé de voûtes entre-croisées normalement les unes aux autres. Entre les piliers formés par cet appareillage, la circulation est libre pendant le temps de l'Exposition ; on y a même installé des restaurants.

Fig. 53. — Un des supports de la passerelle de construction.

Les bas ports aux alentours du pont Alexandre ont été complètement reconstruits sous la direction de M. Lion, ingénieur des ponts et chaussées ; ils sont établis en ports droits, ainsi que nous le décrivons plus loin.

Quand ces fondations furent terminées il fallut s'occuper de la mise en place de la partie métallique.

Le Montage de la partie métallique.

Le montage d'un pont est toujours une chose très délicate, car la moindre erreur commise dans le cours de cette opération peut compromettre la réussite finale ; elle le devient bien davantage quand il s'agit, comme pour le pont Alexandre, de tendre d'une rive à l'autre d'immenses fermes en acier, sans interrompre un seul instant le mouvement de la circulation sur la Seine, qui est très intense comme tout le monde le sait. Il ne pouvait être question d'établir des échafaudages sur pieux battus : cette méthode, qui est généralement employée et qui donne de bons résultats, présente cependant l'inconvénient d'occuper une place considérable et de n'offrir que

Fig. 54. — Le demi-cintre de rive.

des ouvertures très étroites pour le passage des bateaux ; or, le pont Alexandre se trouve justement sur une portion courbe de la Seine et les trains de chalands qui ont jusqu'à 600 mètres de développe-

Fig. 55. — La passerelle vue de l'extrémité de droite.

ment n'auraient pu s'engager, sans danger, à travers une impasse resserrée. En effet, lorsque des bateaux, retenus les uns aux autres par des cordages, s'engagent sur courbe, ils ne suivent pas tous la même trajectoire; il se produit ce phénomène, très compréhensible somme toute, que chaque unité constituant le train a une tendance à se rapprocher d'autant plus de la rive convexe qu'elle est plus éloignée du remorqueur. Dans ces conditions, une ouverture, tout en étant largement suffisante pour donner le passage à un chaland isolé, peut devenir dangereuse dès qu'il s'agit d'un train d'une certaine longueur. Malgré toute l'habileté des timoniers les accidents sont à craindre.

Il fallait chercher autre chose. On étudia un projet de montage en partant du principe généralement appliqué dans les usines pour la construction des grosses machines. L'objet à monter est placé sous un pont roulant muni d'un chariot mobile dont le crochet peut, à l'aide de trois mouvements perpendiculaires, prendre toutes les positions dans l'espace.

Le pont roulant adopté pour la construction de l'ouvrage à construire sur la Seine avait des proportions considérables puisqu'il présentait 130 mètres de longueur; c'est assurément

Fig. 56. — Les galets de roulement.

l'appareil de manutention le plus important qui ait jamais été employé.

Le mode de montage d'un pont à l'aide d'une passerelle mobile est assez compliqué et assurément coûteux ; mais dans le cas qui nous occupe, il possédait des avantages

Fig. 57. — La passerelle au-dessus de la rive gauche.

très grands ; il permettait un travail très rapide et laissait la possibilité d'établir une passe navigable de 50 mètres de largeur, condition qu'il eût été impossible d'obtenir avec les échafaudages ordinaires.

Cette passerelle embrassait toute la portée du fleuve et dominait les chantiers du pont : elle se composait d'une grande poutre droite de $7^m,50$ de hauteur sur 6 mètres de largeur constituée par un ensemble de fers courants. Elle a été construite sur la rive droite à l'aide d'un échafaudage en bois dont le plancher était à la hauteur que devait avoir le pont roulant après son achèvement ; une première travée fut montée, puis lancée sur un premier tiers de la largeur du fleuve ; l'espace devenu libre par derrière permit aux ouvriers de continuer la construction ; on put ainsi opérer la deuxième phase du lancement ; il en fut de même pour la troisième. La passerelle une fois en place, on songea à la soutenir à ses deux extrémités à l'aide de montants spéciaux munis de galets puissants

Fig. 58. — La passerelle sur le premier pilotis de la rive gauche.

roulant sur des rails. On démolit alors le plancher de lancement et on installa celui de construction.

Celui-ci pouvait se diviser en trois parties dont deux étaient

Fig. 59. — Le plancher suspendu.

montées sur pilotis et formaient deux demi-cintres de rives situés à proximité des culées. Au milieu, le plancher était supendu à la passerelle elle-même à l'aide d'une série de tirants de forme toute spéciale.

Les dispositions étaient prises de façon qu'on pût construire deux arcs simultanément pour une même position de la passerelle. A cet effet, une série de poutrelles transversales rivées sur le pont roulant

Fig. 60. — Le plancher monté sur pilotis; construction d'un pylône métallique.

soutenait les chemins de roulement de deux chariots mécaniques pouvant circuler sur toute la longueur de l'ouvrage. On avait bien pensé dans le commencement à n'établir la passerelle que pour le montage d'une seule ferme. Il y aurait eu économie; mais, sans compter que ce système eût présenté l'inconvénient de doubler le temps de montage, il causait un danger pour la construction du premier arc. En effet, une fois celui-ci monté, il aurait fallu l'abandonner à lui-même pour passer à la construction du second et, malgré tous les cordages et amarres possibles, il eût risqué de se voiler par suite du manque de contreventement. Tandis qu'en construisant deux fermes ensemble il n'y avait aucun danger de les quitter pourvu qu'elles fussent contreventées.

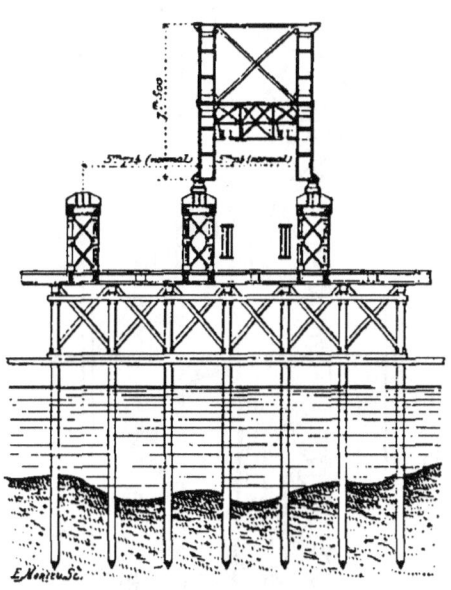

Fig. 61. — Coupe de la passerelle à l'endroit de la partie médiane.

Les voussoires qui composent les arcs du pont ont été apportés de l'usine à pied d'œuvre; ils pèsent jusqu'à 7000 kilogrammes chacun. Le crochet du chariot de la passerelle les ramassait et les déposait sur le plancher de construction sensiblement à place qu'ils devaient occuper. Cette opération se faisait en double pour chaque ferme, c'est-à-dire que l'on attaquait l'arc par ses deux extrémités, de sorte qu'il y avait toujours quatre chantiers d'ouverts en même temps, puisque l'on construisait deux arcs à la fois. Les éléments une fois placés les uns à côté des autres, il fallait s'occuper du réglage et de leur assemblage. Le réglage se faisait en plusieurs fois : on commençait par donner à chaque pièce une position approximative en se servant des freins du chariot mobile, on la déposait sur deux cales en chêne situées aux deux extrémités du voussoire; pour obtenir le réglage définitif, on s'est servi de plaques métalliques suiffées qui reposaient sur les madriers en bois, on soulevait les voussoires à l'aide de longues pinces, on intercalait des petites fourrures en métal et l'on procédait à des déplacements latéraux à l'aide de ripages successifs jusqu'à obtenir la forme du gabarit cherché. Quant à l'assemblage, il se faisait à l'intérieur des voussoires à l'aide de boulons de 36 millimètres.

Ce réglage, que nous pourrons appeler élémentaire, devait être complété par un réglage d'ensemble lors du décintrement. A ce moment il se produit toujours des tassements qui modifient assez sensiblement la forme de l'arc. Pour cette dernière opération, on réserve à la clé un joint spécial appelé *joint de réglage* dont on peut faire varier la longueur en ajoutant ou en retranchant des plaques de tôle mobiles : les mouvements de la ferme dus à ces fourrures de réglage sont observés très minutieusement de la rive à l'aide de lunettes de précision.

Une fois les deux premiers arcs terminés, il a fallu faire avancer le pont roulant, pour se livrer à la construction des deux suivants ; ce déplacement se faisait à la main, c'est-à-dire que des équipes d'ouvriers placés aux deux pieds de la passerelle agissaient à l'aide de ripages sur les galets et faisaient manœuvrer des cabestans préparés à cet effet. Une difficulté s'est présentée à ce moment : les arcs se trouvaient enchevêtrés entre les tiges qui supportaient le plancher de construction, il fallait donc procéder par avancements successifs en déboulonnant pour chacun d'eux le nombre de tirants nécessaires. Le pont Alexandre se compose de 15 fermes juxtaposées : il a donc fallu faire avancer la passerelle huit fois pendant la période du montage.

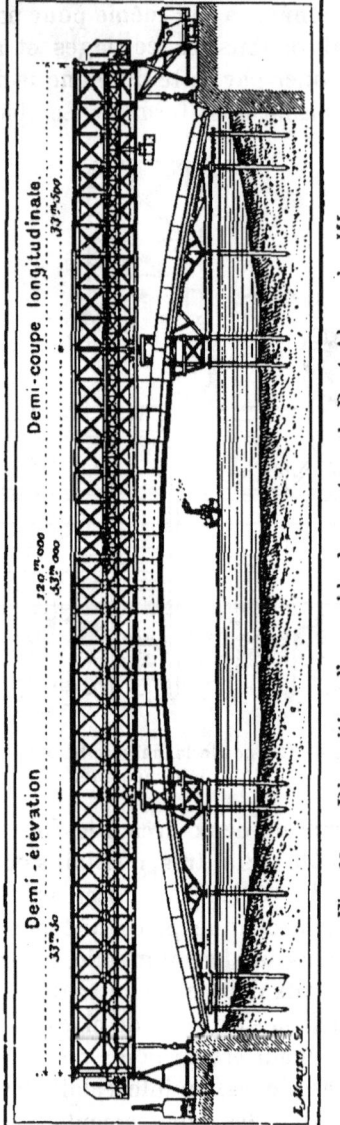

Fig. 62. — Disposition d'ensemble du montage du Pont Alexandre III.

Les deux demi-cintres de rives n'avaient que la largeur correspondant à quatre arcs ; une fois les deux premiers terminés, et pendant le montage des deux suivants, les bois correspondant au travail du premier couple furent démontés pour être utilisés plus loin à la construction du troisième.

La portée considérable de la passerelle, 130 mètres, lui enlevait une grande partie de sa stabilité; d'autre part, l'action possible du vent aurait pu produire des vibrations très gênantes pour le réglage; il importait donc de soutenir le pont roulant par des points intermédiaires pendant les périodes de montage. A cet effet, on a établi trois pylônes à l'extrémité de chaque demi-cintre de rive; de ces trois pylônes, il n'y en avait jamais que deux en service à la fois, mais la disposition adoptée permettait de gagner du temps au moment du déplacement de la passerelle : le pylône de tête, qui était inutile pendant la première opération, servait ensuite, avec son voisin pendant la seconde, à soutenir le pont roulant. Pendant ce temps, on démontait le pylône de queue, devenu inutile à son tour, et on le portait en avant pour servir à la troisième opération et ainsi de suite.

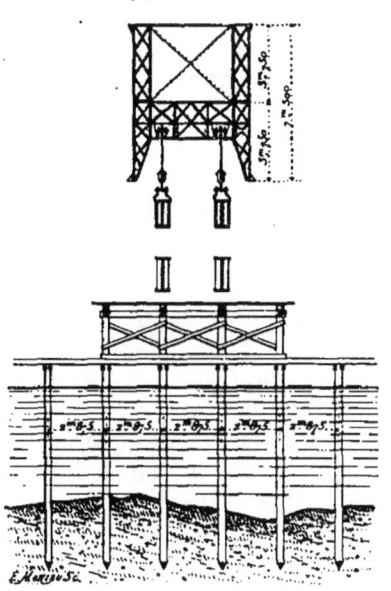

Fig. 63. — Coupe à l'endroit des cintres de rives.

Ces pylônes étaient surmontés de vérins qui soutenaient directement l'âme de la passerelle; au moment du déplacement, on abaissait ces instruments et le pont devenu libre pouvait rouler sur ses roues. Mais, pendant les périodes du travail, il pouvait être considéré comme étant composé de trois travées : une de 53 mètres au milieu, et deux de 33^m,70 sur les rives. Le sommet des pylônes était maintenu à un niveau légèrement plus bas que les appuis des culées, car la surcharge de la partie médiane détermine une flèche, c'est-à-dire une courbure générale allant d'un bout à l'autre de la poutre : si ce mouvement fléchissant avait été arrêté au milieu par des points intermédiaires, le résultat eût été de causer un relèvement aux extrémités, chose qu'il fallait éviter à tout prix. On aurait bien pu donner à la passerelle une flèche naturelle de sens contraire, mais cela aurait gêné le lancement.

Il a fallu protéger les pieux battus, qui soutenaient les demi-cintres de rive, contre les débâcles possibles de glaces pendant l'hiver : on a construit à cet effet des pattes d'oie sur la surface de l'eau pour ramener vers la passe navigable tous les corps flottants.

Une fois les arcs construits, le pont roulant a pu servir à la mise en place des grosses pièces des tympans et de toutes celles dont le poids élevé était d'un maniement difficile. Puis la passerelle a été démontée, et l'on a établi un plancher provisoire sur les fermes afin de transporter les pièces du tablier.

La construction de la partie métallique du pont Alexandre a été adjugée à plusieurs sociétés, mais le montage proprement dit s'est fait par les soins de la maison Schneider du Creusot ; c'est cette Société qui a construit la passerelle mobile ainsi que tout le matériel de manutention. Quant au projet du montage et aux calculs s'y référant, ils ont été établis par M. Rochebois, ingénieur du Creusot.

L'Architecture et la Décoration du pont Alexandre III.

L'Exposition a été entreprise d'après un budget établi sur quatre chapitres : la contribution de l'État, celle de la Ville, celle du public et celle des exposants. Sans chercher les avantages que les uns et les autres peuvent obtenir avec l'argent qu'ils ont dépensé, — il faudrait pour cela aborder des considérations qui nous feraient sortir du cadre de cette étude — nous pouvons dire que des quatre commanditaires de l'Exposition, celui qui fait la meilleure affaire, c'est la Ville de Paris. Pour les vingt millions qu'elle a donnés, elle gagne un monument incomparable qui reste sa propriété absolue, le Petit Palais, et de plus elle voit des édifices de toute beauté surgir en plein cœur de la capitale : le Grand Palais et le pont Alexandre appartiennent à l'État, c'est entendu : mais enfin, ils sont construits dans Paris et ils contribuent à l'embellir, ainsi que le font tous les aménagements de la nouvelle avenue et des quais aux abords du pont lui-même ; à ces bénéfices, il faut encore ajouter l'augmentation de l'octroi aux barrières de la Ville pendant 1900, du fait de l'affluence énorme des visiteurs.

Le pont Alexandre III, qui contribue dans une large mesure à l'ornementation de Paris, n'est pas seulement un pont dans le sens vulgaire du mot, il est encore un monument ; en dehors du travail technique fort difficile à concevoir et à exécuter, on a cherché par tous les moyens possibles à lui donner une valeur architecturale qui le mit au premier rang des ouvrages de ce genre. Sa forme, en un seul arc très surbaissé, est fort gracieuse en elle-même, elle constitue une ligne qui sert de thème à toute l'ornementation; la décoration en effet n'a qu'un but : préparer les yeux à cette courbe, l'orner et l'encadrer.

Sur les sept millions qu'a coûté le pont Alexandre III, un million a été attribué aux architectes, MM. Cassien-Bernard et Cousin : leur mission était d'un genre particulier puisqu'ils avaient à faire un monument avec un ouvrage dont ils n'étaient pas les auteurs :

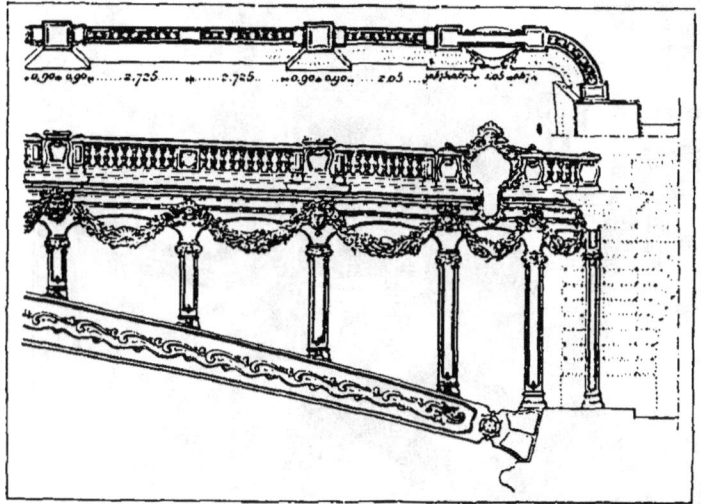

Fig. 64. — Détails de la décoration du tablier et de la ferme de rive.

la partie métallique du pont leur était imposée tant comme formes que comme dimensions, ce chapitre étant du ressort des ingénieurs ; ils n'avaient donc pas à intervenir dans la construction proprement dite; on leur a donné un pont et on leur a demandé de le décorer.

L'architecture du pont peut se diviser en deux parties distinctes, celle qui est relative à la partie métallique et celle qui a rapport aux culées ; la seconde est de beaucoup la plus importante.

C'est sur le tablier qu'on a cherché à faire la décoration principale de la partie métallique ; des grandes guirlandes de fleurs marines et de coquilles réunissent les piliers qui soutiennent la chaussée sur les fermes de rives : ces motifs sont très gais et donnent à l'ensemble un mouvement des plus gracieux.

Cette guirlande a été exécutée en fonte, ainsi que presque toute la décoration métallique du pont. Les sculpteurs ont dû commencer par dresser un modèle original en terre glaise sur lequel on a pris

Fig. 65. — Exécution des guirlandes du pont Alexandre III

un moule en plâtre dont on s'est servi ensuite dans les fonderies spéciales, où le travail a été exécuté d'une façon définitive.

Un point difficile dans le travail d'un pont est la décoration de la clé, cette difficulté est encore plus grande, quand il s'agit d'un ouvrage sur trois rotules, comme le pont Alexandre III, où la dilatation cause toujours des petits mouvements dans le sens vertical ; il est nécessaire de couvrir le tambour du faîtage par un motif qui puisse épouser les mêmes oscillations que les fermes elles-mêmes ; on s'est adressé à M. Récipon, qui est un maître dans l'art de créer des grands groupes décoratifs ; il a imaginé une allégorie marine qui rappelle l'alliance dont les fêtes de l'inauguration du pont marquèrent la date. Afin de diminuer le poids de ces motifs on a dû les exécuter en cuivre martelé.

La balustrade et les candélabres contribuent grandement à la décoration ; ces derniers sortent de la maison Barbedienne, les dessins sont de M. Gauquié ; aux extrémités du tablier nous avons des vases ornés d'enfants du plus charmant effet, par M. Dagonet.

Les culées sont en granit ; ce grain a été choisi non seulement à cause de sa dureté et de sa solidité qui sont indéfinies, mais aussi pour son apparence grisâtre et foncée qui donne bien l'impression d'un monolithe inattaquable aux atteintes du temps ; l'aspect massif de la culée exprime bien qu'elle peut résister à la poussée formidable de ces immenses arcs du pont, poussée qui se trouve augmentée par ce fait que la courbure est très surbaissée. On ne travaille pas le granit comme la pierre tendre, sa résistance aux outils empêche de fouiller cette pierre comme l'Euville ou le grès des Vosges ; d'ailleurs une sculpture très fine ne se trouverait pas en rapport, au point de vue esthétique, avec le grain et la couleur du granit : le granit est composé d'éléments très menus de teintes différentes qui pourraient avoir une influence sur le travail de la sculpture, si on voulait lui donner trop de détails ; aussi la sculpture est-elle large, et les courbes sont-elles relativement peu accentuées. Pour arriver à ce résultat, il faut choisir les sujets : ceux qui ont été donnés pour la culée sont des dauphins de 8 mètres de hauteur ne présentant aucune saillie trop fine, ni aucun détail trop poussé.

Les abords du pont Alexandre III ont été soignés d'une façon toute spéciale. Les quatre grands pylônes qui ornent les deux extrémités constituent une idée fort heureuse de la part des architectes ; ils marquent des masses d'arrêt destinées à peser en apparence sur les culées et à opposer un poids à la poussée de l'arc métallique ; ceci n'est qu'une image, car de fait les fondations à elles seules suffisent largement à jouer ce rôle ; d'autre part, ces pylônes donnent bien la note d'une entrée majestueuse et sont le complément naturel

LE PONT ALEXANDRE III ET LES TRAVAUX DE LA SEINE.   145

du commencement d'une voie importante. D'ailleurs cette idée de placer, à l'extrémité d'une avenue, des piédestaux élevés et sur-

Fig. 65. — Coupe en travers et vue en perspective du pont Alexandre III, montrant les quinze arcs métalliques qui supportent le tablier.

montés de génies, n'est pas nouvelle ; les Romains aimaient beaucoup ce genre de décoration et nul ne s'entendait mieux qu'eux pour donner aux constructions un air de grandeur et de luxe pompeux. Sans remonter aussi loin dans l'histoire de l'architecture,

TRAVAUX DE L'EXPOSITION.   10

nous voyons, à côté de nous, un exemple de ces points hauts, à l'entrée des Champs-Élysées, sur la place de la Concorde, et personne n'a jamais nié que l'aspect des chevaux de Marly sur leurs socles élevés ne fût à la fois grandiose et bien en cadre. Les pylônes du pont étaient tout indiqués par la situation de l'ouvrage entre le Grand Palais et l'Esplanade des Invalides. Il existe une sorte d'harmonie dans tout cet ensemble; les palais des Champs-Élysées avec

Fig. 67. — Mise en place d'un groupe monumental en bronze sur un des pylônes du Pont Alexandre III.

leurs dimensions importantes forment des sujets de premier plan; le dôme de Mansard est le fond du décor; il fallait des points de repère intermédiaires conduisant l'œil d'une extrémité à l'autre : les pylônes remplissent cet office.

Ces motifs d'architecture sont à base carrée, et offraient une certaine difficulté à cause de la disposition biaise du pont sur la Seine. Afin de ne pas créer une dissymétrie pour l'œil, on les a disposés normalement aux quais; il s'ensuit que la base placée dans la direction du pont n'est point parallèle à son axe; mais, comme ce pont est très large, on ne s'aperçoit pas de cette différence.

Chacun de ces pylônes se compose d'un fût de 12 mètres de

hauteur arrêté à ses quatre angles par des colonnes noyées dans la masse. Sur le devant se trouve une femme assise reliée directement

Fig. 68. — Coupe en travers des abords du pont Alexandre III parallèlement au Cours-la-Reine.

au corps même du pylône. Une idée que nous avions trouvée très heureuse avait été proposée à un moment donné et nous regrettons qu'elle n'ait pas été mise à contribution. Les groupes de soubassement devaient représenter sur la rive droite, l'un la France de nos jours, l'autre la Russie de maintenant; tandis que sur la rive gauche,

Fig. 69. — Vue générale du pont Alexandre III.

les statues auraient figuré ces deux puissances au temps de Louis XIV. De cette façon, le pont serait devenu lui-même une allégorie; d'une part, les personnages sculptés auraient parlé des circonstances particulièrement heureuses qui marquèrent les cérémonies de la première pierre et d'autre part, par les époques du

Fig. 70. — Achèvement du groupe de base sur un des pylônes.

xviiie siècle et d'aujourd'hui marquées sur les figures, on aurait retrouvé les deux grands siècles de notre histoire. On a préféré représenter à l'aide de ces femmes assises aux pieds des quatre pylônes la France à quatre époques glorieuses; ces moments choisis sont ceux de Charlemagne, de la Renaissance, de Louis XIV et de nos jours. Les artistes qui ont eu pour mission de faire ces quatre statues sont M. Coutan, l'auteur du groupe décoratif qui surmontait en 1889 les fontaines lumineuses du Champ-de-Mars, MM. Marquestre, Lenoir et Gustave Michel.

On a installé au sommet des pylônes des pégases ailés avec hérauts d'armes ; ces groupes sont en bronze doré, leurs auteurs sont MM. Frémiet et Granet. La partie sculpturale du pont se complète par quatre groupes de lions et d'enfants placés aux parties les plus en dehors de la culée ; deux sont dus au ciseau de M. Dalou et les deux autres à celui de M. Gardet.

L'architecture du pont Alexandre III se trouve rehaussée par son cadre qui est des plus heureux ; la perspective est fort belle, quel que soit le côté vers lequel on tourne les yeux, le pont forme pour chacune d'elles un premier plan du meilleur effet ; des deux côtés de la Seine, il y a des massifs d'arbres dont la verdure soutient la blancheur de la pierre.

La difficulté à vaincre était très considérable, car en dehors des difficultés matérielles, il y a eu certains orages parlementaires qui auraient pu compromettre l'unité du pont, des contradicteurs de profession voulant qu'on fît disparaître les pylônes ; aujourd'hui que l'ouvrage est terminé, ils ont pris droit de cité chez nous et ils sont eux-mêmes la confusion de leurs ennemis ; car ils sont le point de mire de tous les regards. Le pont, par sa merveilleuse unité et par le luxe de sa décoration, sera sûrement le prototype d'une foule d'ouvrages construits dans la suite, comme l'Opéra de Garnier, qui a été recopié partout.

L'architecture du pont, dans son ensemble, représente une idée philosophique, cette œuvre grandiose ; lancée entre le quartier neuf des Champs-Élysées et les parages des Invalides qui datent de Louis XIV, semble être un trait d'union entre le passé et le présent ; toutes les allégories et sculptures reproduisent d'ailleurs cette impression : d'un côté nous voyons des sujets de gloire et de l'autre des emblèmes de paix ; de cette façon, le pont Alexandre III est une image, il représente notre époque comme celle qui profite, sous une ère d'abondance et de tranquillité, des victoires passées : d'ailleurs les cérémonies qui marquèrent la pose de la première pierre et le nom même du pont, ne peuvent qu'accentuer cette pensée, par les souvenirs d'alliance et de concorde qu'ils rappellent.

LES TRAVAUX SUR LES BERGES DE LA SEINE.

Un des plus puissants attraits de l'Exposition est la transformation des quais et abords de la Seine, pour la partie contenue dans l'enceinte de l'Exposition. Entre la place de la Concorde et le Trocadéro, notre fleuve est encadré de palais de toutes sortes et de toutes grandeurs. Chacune des portions de la Seine correspondant aux espaces compris entre deux ponts consécutifs présente un cachet spécial. A un moment donné, il y avait une image fort intéressante à fixer et qui aujourd'hui est disparue. C'était cette forêt de madriers et de clochetons en construction qui bordait la rivière ; l'aspect en était des plus bizarres et, bien qu'il dût céder la place comme intérêt au moment de l'achèvement des travaux, la perspective méritait d'attirer notre attention.

La section de la Seine la plus intéressante est celle comprise entre les ponts des Invalides et de l'Alma ; sur ce passage, les berges sont rectilignes et les ponts sont perpendiculaires à la direction du fleuve, de façon qu'en cet endroit la Seine forme un grand bassin rectangulaire parfaitement régulier ; de part et d'autre, nous avons un boulevard fluvial formant une promenade des plus agréables, la présence de l'eau très rapprochée et le caractère de cette large avenue donnent des impressions neuves aux Parisiens, ils laissent voir notre capitale aux étrangers sous un jour que nous-mêmes ignorions.

Sur la rive droite, le boulevard est interrompu en son milieu par un large escalier qui descend jusqu'à la berge de la Seine ; il forme une sorte de piédestal aux immenses serres que l'architecte, M. Gautier, a construites pour le palais de l'Horticulture. Ce rapprochement des fleurs et du courant du fleuve est une idée géniale, elle est l'occasion de toute une décoration nouvelle et fort heureuse aux abords de cet édifice.

Deux autres palais encadrent les serres dont nous venons de parler ; mais, ils ne sont pas très avenants : le palais des Congrès, contre le pont de l'Alma, et le palais de la Ville près du pont des Invalides. Les crédits qu'on pouvait leur affecter n'ont pas été suffisants pour que les auteurs aient pu donner à leurs monuments le caractère grandiose et le luxe mouvementé nécessaires à des palais d'Exposition. La couleur blanche du palais des Congrès marque avec plus d'intensité la forme lourde et carrée du bâtiment. Quant au palais de la Ville, ses dimensions sont trop importantes pour qu'on ait pu

Fig. 71. — La Seine pendant les travaux de l'Exposition. — Vue prise du Pont des Invalides.

faire, avec aussi peu d'argent, un édifice somptueux. Les toits élevés donnent bien un peu de mouvement à l'ouvrage, mais la masse est trop grande et pas assez légère; les murs sont trop pleins, les fenêtres trop petites ; le pavillon rappelle l'Hôtel de Ville, avec la décoration en moins. Sur la rive gauche, l'aspect est des plus riants :

Fig. 72. — La Seine pendant les travaux de l'Exposition. — Vue prise du Pont de l'Alma.

nous avons là les pavillons des puissances étrangères ; l'architecture spéciale de chaque pays se fait sentir dans ces différents monuments, leur rapprochement a pour effet d'accentuer la bizarrerie et l'originalité de chacun. Il y a des surprises charmantes dans ce passage subit d'un style à un autre.

Pendant la durée de l'Exposition on compte donner sur cette partie de la Seine des fêtes nautiques de jour et de nuit ; l'encadrement de ces édifices exotiques sera des plus féeriques.

LES FONDATIONS EN TERRE COMPRIMÉE.

La majeure partie des palais construits sur les bords de la Seine a été établie sur des fondations d'un nouveau genre et sur lesquelles il nous semble utile de dire deux mots. Le système consiste à fouler la terre par un moyen mécanique et à en augmenter la densité et la résistance en la bourrant avec un mortier de chaux hydraulique ; le mode de compression employé est la chute libre d'un corps très pesant à partir d'une hauteur de 10 mètres.

L'appareil se compose d'une sonnette montée sur un bâtis muni de roues et pouvant circuler sur un système de rails ; la masse pesante est ramassée par un engin de forme spéciale appelé *homard*, qui a pour mission de s'emparer de la tête du poids, il est soutenu par une chaîne très solide et glisse le long d'un guide vertical de 10 mètres de hauteur.

Une machine à vapeur située sur la plate-forme de l'appareil enroule la chaîne en question sur un treuil de façon à remonter le homard et le poids jusqu'en haut du guide vertical ; dans sa course, le homard rencontre un collier en fer qui écarte ses griffes, la masse, n'étant plus soutenue, tombe normalement au sol.

Ces masses sont de trois formes et sont employées successivement suivant le genre de travail que l'on veut produire : la première est un pilon conique à pointe d'acier très pointue; son but est de percer le sol; son poids de 1 500 kilog. tombant de 10 mètres produit un travail de 15 000 kilogrammètres dont l'effet utile se porte tout entier sur une surface très petite, puisque la masse est pointue, le résultat est donc très actif; théoriquement, ce pilon perforateur est capable de s'enfoncer indéfiniment dans le sol à condition que ce dernier soit composé de terres meubles ; il est évident que s'il rencontrait une couche de roches, il la briserait sans pouvoir s'enfoncer. A mesure que le puits se fore, l'effet utile de la masse tombante se trouve augmenté parce que la hauteur de chute devient chaque fois plus considérable; il arrive même quelquefois

Fig. 73. — Le mouton sur le point d'atteindre le collier.

que la masse s'enfonce tellement dans le sol qu'il devient très difficile de l'en retirer ; la vapeur de la machine ne suffit pas: il peut même se faire que les chaînes se rompent, on est alors obligé d'envoyer un homme au fond du puits pour dégager le pilon. Pratiquement il est difficile de forer au delà de dix mètres, ce qui représente déjà une jolie profondeur.

Le deuxième pilon est nommé *pilon* bourreur. Sa mission est différente de celle du précédent. Il a la forme d'un obus, la pointe dirigée vers le sol n'est plus pointue, mais arrondie, la masse est moins effilée ; aussi son rôle est-il tout autre ; on ne lui demande plus de forer un trou, mais de le remplir ; le béton est envoyé dans l'excavation après chaque chute et le pilon le comprime non seulement dans le sens vertical, mais encore latéralement en refoulant la chaux dans les interstices du terrain, de sorte qu'avec le pilon, qui n'a que 70 centimètres de diamètre, on peut arriver à construire un pilier en terre comprimée de 1^m,10 et même plus. Une fondation a été faite par ce procédé dans un terrain argileux pour des constructions aux Forges et Aciéries de Denain, on a déblayé ensuite le terrain environnant le bloc comprimé, et après l'avoir isolé on a pu constater qu'il avait une surface quatre fois supérieure à la section du pilon.

Le dernier pilon employé possède une surface de chute plane ; son poids est de 1 000 kilog. comme le précédent et sa mission est de former un plan horizontal à la surface extérieure de la fondation, il a pour but de terminer l'ouvrage de façon à bien faire rentrer les derniers gravillons dans la masse de terre mélangée au mortier.

Le système de compression du sol pour établir des fondations est encore à son enfance, et bien que les résultats acquis jusqu'à ce jour en consacrent pour ainsi dire l'usage, nous pouvons dire qu'il est appelé à se développer et peut-être même à remplacer tous les autres moyens habituellement utilisés.

L'inventeur des fondations en terre comprimée, M. Dulac, qui est mort avant d'avoir vu les applications importantes de sa découverte, doit l'origine du système un peu au hasard, ou plutôt à un besoin ! Il avait une construction à établir à Montreuil-sous-Bois sur un terrain considéré comme impropre à la construction ; le bâtiment à élever devait couvrir une surface de 3 000 mètres carrés et le terrain était composé d'un remblai des plus mauvais provenant d'une ancienne décharge publique sur une hauteur de 18 mètres ; malgré ces conditions peu favorables, et grâce au procédé employé, on peut voir aujourd'hui se dresser de lourdes constructions, entre autres une cheminée d'usine de 30 mètres et des massifs de machines à vapeur supportant des poids considérables.

Afin de donner au terrain la consistance nécessaire, l'inventeur pensa d'abord à transformer sa nature par une compression méthodique et continue ; ces premières expériences ayant donné de bons résultats, on chercha à lui donner une application générale et à en faire profiter les constructions courantes, mais les architectes ne voulurent pas en entendre parler, car, à leur avis, la réussite du procédé était aléatoire ; tant qu'on n'était pas sûr d'avoir atteint le bon sol, il restait toujours à leur avis des doutes sur la solidité des piliers artificiels ; c'est alors qu'on chercha à forer des puits par le même procédé et à gagner la profondeur suffisante pour n'avoir plus aucune inquiétude : on imagina le pilon perforateur dont nous avons parlé plus haut et qui s'enfonce dans le sol jusqu'à refus. A partir de ce moment, le procédé tendit à se généraliser ; bien qu'il ne soit pas encore très connu, les applications en deviennent chaque jour plus nombreuses, elles se multiplieront sûrement dans l'avenir.

Il y a deux façons d'appliquer cette méthode aux fondations : le battage ordinaire et le battage intensif.

Dans le premier cas, on se propose de donner à un terrain de remblai ou plus généralement à un terrain compressible de consistance insuffisante, la cohésion et la résistance qui lui manquent, en y introduisant mécaniquement des corps durs tels que moellons, briquetons, mâchefers, qui, par leur présence, diminuent les solutions de continuité de la masse de terre et en augmente la densité. Pour cela on laisse tomber le pilon tronc-conique deux, trois, quatre ou cinq fois jusqu'à faire un trou de $1^m,50$ ou 2 mètres ; puis, on remplit la cavité jusqu'au tiers avec des matériaux et on recommence les chutes, le pilon opère sur les déchets en les enfonçant verticalement et latéralement ; on recommence ces opérations jusqu'à ce qu'on soit à la surface et que la chute de la masse ne produise plus d'effet.

Une fois ce pilier de terre exécuté, on s'attache à en établir un second et un troisième, toute une file, dont chaque unité est séparée de sa voisine par une distance variant de 1 à 2 mètres. Il est évident que ce moyen dit superficiel ne permet pas d'atteindre le *bon sol*, mais il crée une surface d'appui très résistante qui peut suffire dans bien des cas.

Le battage intensif se fait à l'aide de deux pilons ; le premier, qui est pointu et dont nous avons parlé plus haut, sert à explorer le sous-sol, il le fouille et le creuse ; cet appareil dont la surface d'action est très réduite dans ce sens vertical, produit au contraire un effet plus considérable sur le pourtour, il fait un puits sans enlèvement de terre, il s'ensuit que celle-ci pénètre dans le pourtour et sert à constituer une sorte de blindage automatique.

Le puits étant complètement foré — on peut atteindre 12 mètres en quatre heures — on le bourre soit avec du mâchefer constamment arrosé d'un lait de chaux hydraulique ou de ciment, soit avec un béton quelconque aussi riche que l'on voudra ; on place ces matériaux par couches de 40 ou 50 centimètres et on bourre avec le pilon spécial ; cette façon de faire permet d'obtenir des piliers en terre comprimée de la plus grande solidité pouvant supporter des pressions supérieures à 30 kilos par centimètre carrés.

Il faut dire que le procédé dont nous parlons ne peut s'appliquer à tous les cas ; ainsi il ne permettra pas de traverser des nappes d'eau ou des couches de glaise, celles-ci en effet sont par nature complètement incompressibles et la base du système repose justement sur la compression des terres foulées.

Les fondations de plusieurs palais élevés sur les berges de la Seine, parmi lesquels celles des palais de la Ville de Paris, de l'Horticulture et de l'Economie Sociale, ont été établis d'après les procédés ; le terrain, situé à proximité de l'eau était complètement détrempé : malgré cela, on a pu descendre les piliers en terre comprimée jusqu'à 4 mètres au-dessous du niveau des eaux de la Seine.

On a bourré, en profondeur, de la terre argileuse et des plâtras de façon à refouler l'eau et former des parois étanches ; toutefois, ce blindage n'était pas d'une grande solidité et on a dû bétonner aussitôt afin que l'eau n'ait pas le temps d'arriver et de diluer les terres ; le blindage retenu par le bloc de maçonnerie devenait alors suffisant pour établir l'étanchéité.

Comme on le voit par cette description un peu sommaire, le procédé de M. Dulac peut offrir en bien des cas des facilités considérables pour exécuter en très peu de temps et sans grande dépense des fondations solides sur de très mauvais terrains. Il vient d'être adopté par le ministère de la Guerre qui va l'appliquer à plusieurs travaux de défense.

L'ÉLARGISSEMENT DU PONT D'IÉNA.

Une des principales préoccupations des organisateurs de l'Exposition a été de répartir également l'intérêt sur la surface des zones mises à leur disposition, de façon à établir, autant que possible, un équilibre moyen de la foule.

Il fallait, avant tout, éviter de réunir trop d'attractions en certains parages, ce qui aurait eu pour conséquence inévitable de créer en ces endroits des agglomérations dangereuses, au détriment d'autres parties de l'Exposition qui seraient restées abandonnées des visiteurs. Le programme était donc de réaliser une densité de la foule sensiblement la même sur toute l'étendue des Champs-Élysées, de l'Esplanade, des rives de la Seine, du Champ-de-Mars et du Trocadéro. C'est dans cette intention qu'on a cherché à donner au Champ-de-Mars un luxe de décoration considérable, car forcément les grands palais des Champs-Élysées et le pont

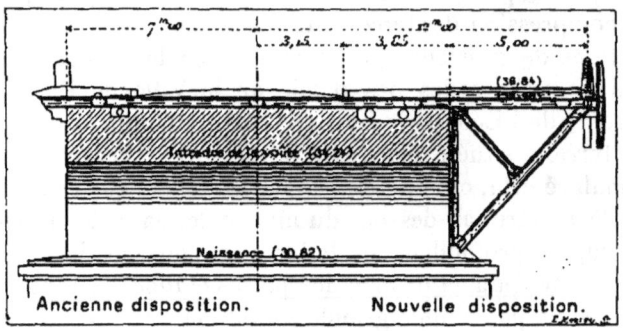

Fig. 74. — Coupe des travaux d'élargissement du pont d'Iéna.

Alexandre retiennent par leur nouveauté la grande masse des visiteurs; le Château-d'Eau et le palais de l'Électricité ont pour but de rétablir l'équilibre ; ces monuments féeriques ainsi que les divers palais qui les entourent assument la responsabilité d'attirer un contingent important de visiteurs. Le Trocadéro n'est pas négligé non plus, comme il l'avait été aux dernières expositions; cette fois, les colonies étrangères et françaises sont assurées, par leur cachet d'exotisme et l'originalité si variée de leurs pavillons, d'obtenir un très vif et très légitime succès.

Ce système d'établir une densité constante du public est très avantageux, car il diminue les encombrements, mais il a un inconvénient; en effet, par ce fait que les attractions sont réparties de tous les côtés, les visiteurs se sentent constamment attirés en dehors de l'endroit qu'ils occupent, il s'ensuit que le mouvement du monde est très actif. C'est pour aider à cette circulation qu'on a installé partout des dégagements très larges et très nombreux. Et dans cet ordre d'idée, le pont d'Iéna qui est la seule jonction entre le Champ-de-Mars et les jardins du Trocadéro, aurait été beaucoup trop étroit si on l'avait laissé dans l'état où il se trouvait antérieurement. En 1889, on ne l'avait pas élargi, il était resté dans son état ordinaire ; et, bien qu'il n'y eût pas à cette époque les mêmes raisons du mouvement de la foule que maintenant, il fut souvent insuffisant. Aussi a-t-on décidé de l'élargir de 10 mètres, en le portant de 14 mètres (cote ancienne) à 24 mètres.

On se souvient qu'à la dernière Exposition, on avait installé à son débouché sur la rive droite, une passerelle en bois construite au-dessus de la voie publique du quai ; c'était une faute grave qui arrêtait l'écoulement de la foule ; aujourd'hui, on a creusé une tranchée profonde qui sert aux tramways et voitures, de sorte que le public du pont peut se répandre de plain-pied dans les jardins du Trocadéro, sans être obligé de monter et de descendre des escaliers.

Bien que le travail de l'élargissement du pont soit provisoire, puisque après l'Exposition les lieux seront remis en état, il a pourtant été exécuté comme s'il était définitif. Il constitue même un ouvrage fort intéressant ; c'est peut-être la première fois qu'on augmente la largeur d'un pont en pierre à l'aide d'une construction métallique.

Les travaux ont été dirigés par M. Lion, ingénieur en chef de la navigation de la Seine pour la traversée de Paris et exécutés par MM. Daydé et Pillé, les constructeurs bien connus.

Il a fallu commencer par débarrasser le pont de ses garde-corps en pierre ; on les a déchaussés après les avoir numérotés, afin de pouvoir retrouver facilement leur place au moment de la restitution de l'état ancien ; on a également enlevé les pierres qui constituaient la corniche supérieure ; cette opération a été faite à l'aide d'un treuil monté sur le chariot d'un pont roulant et armé de deux griffes puissantes qui épousaient la saillie de la pierre.

Une fois qu'on eut préparé l'emplacement et établi une surface horizontale bien unie, on a apporté les pièces de fer destinées à former l'élargissement et, pour cette opération, on s'est encore servi du pont roulant utilisé pour l'enlèvement des pierres.

Une circonstance fort heureuse est venue en aide aux constructeurs : c'est la présence d'une saillie formant plate-forme horizontale située de chaque côté du pont sur les piles en maçonnerie. On pouvait donc se servir de ces bases d'appui pour faire reposer des consoles en fer qui devaient supporter des poutres de 3 mètres de hauteur accompagnant le pont suivant toute sa longueur, sur chacun de ses deux côtés.

Ces deux séries de poutres forment les éléments principaux du travail de l'élargissement, c'est sur elles que viennent s'appuyer les

Fig. 75. — Vue d'ensemble du pont d'Iéna élargi.

entretoises qui supportent le trottoir. Comme le pont en pierre se compose de cinq travées, il a fallu prévoir cinq poutres reposant sur des consoles, et afin de résister aux efforts verticaux, qui, à l'endroit des consoles pouvaient entraîner des poutres, on a eu le soin de relier les deux côtés du travail à l'aide de pièces métalliques de 24 mètres de longueur, placées transversalement au pont et noyées dans la chaussée.

Pour opérer le montage, on a eu recours à un artifice assez ingénieux ; il était en effet assez difficile de placer ces longues poutres en porte-à-faux ; d'autre part, si on avait commencé par installer les consoles il aurait fallu un échafaudage coûteux pour poser les poutres sur elles : aussi a-t-on tout d'abord posé les entretoises sur le tablier du pont en pierre, et c'est sur l'extrémité de ces pièces qu'on a construit les poutres maîtresses à l'aide des pièces verticales. De cette façon, pendant ce travail préparatoire, ce sont ces entretoises qui supportaient les poutres. En même temps, d'autres équipes d'ouvriers ont établi les consoles à l'endroit des piles du pont ; et lorsque les poutres furent assemblées, on a fait avancer tout le système de la distance nécessaire pour l'élargissement de 5 mètres sur chaque côté. Les poutres trouvant des points d'appui naturels sur les consoles qui avaient été préparées, reposèrent sur elles et, à partir de ce moment, ce sont les poutres qui devinrent les supports des entretoises à l'une de leurs extrémités, alors que l'autre reposait sur l'assise en pierre du pont.

Une fois cette opération faite, le travail de l'élargissement était achevé, il n'y avait plus qu'à établir un plancher en bois sur lequel les visiteurs pouvaient marcher.

L'aspect extérieur de ces poutres qui forment désormais le nu du pont n'était pas très heureux ; aussi on a eu soin de les doubler d'un masque sur lequel on a fait une décoration en staff. Pendant toutes ces opérations, les groupes en pierre qui sont situés aux deux extrémités du pont dans le prolongement des garde-corps anciens, n'ont pas été touchés, de sorte qu'une fois l'ouvrage terminé, ces statues montées sur leur support se trouvent au milieu de la chaussée, le public pouvant circuler tout autour d'elles. C'est une manière de décorer un pont, peut-être pas très classique, mais qui a sûrement du charme par sa nouveauté et son imprévu.

LES PASSERELLES DE LA SEINE.

La caractéristique de l'Exposition de 1900, c'est qu'elle emprunte, comme on le sait, de vastes surfaces sur la rive droite, tous les quais depuis le Trocadéro jusqu'à la place de la Concorde appartiennent à l'Exposition ; comme, d'autre part, on n'a rien diminué sur la rive gauche par rapport aux emprises effectuées en 1878 et 1889, il s'ensuit que les moyens de circulation employés antérieurement sont devenus absolument insuffisants, malgré la présence du pont Alexandre qui réunit les Champs-Élysées à l'Esplanade des Invalides. Il fallait trouver une solution qui permît aux visiteurs de traverser la Seine entre les ponts d'Iéna et Alexandre, sans emprunter les ponts existants, ceux-ci devant continuer leur service au public de la rue.

C'est pour cela que l'on a construit trois passerelles, ou mieux trois ponts nouveaux sur la Seine. Ceux-ci, en effet, malgré leur caractère provisoire, ont été établis comme s'ils devaient durer longtemps, ainsi que nous le verrons plus loin en parlant de leur construction.

Deux des passerelles ont été faites contre les ponts des Invalides et de l'Alma et se trouvent tournées l'une vers l'autre : en d'autres termes, la passerelle des Invalides est en aval du pont du même nom, et la passerelle de l'Alma est en amont du pont de l'Alma.

On sait que dans l'espace compris entre ces deux ouvrages, la Seine se présente sous une forme rectiligne et constitue un bassin rectangle fort régulier : c'est en cet espace que l'on compte donner toutes les fêtes nautiques qui animeront l'Exposition d'attractions aussi intéressantes que nouvelles. Tous les soins des architectes ont eu pour objet de donner aux quais de la Seine en cet endroit une apparence aussi gaie que possible. Il était donc nécessaire pour terminer ce cadre, de laisser aux deux passerelles une décoration qui ne déparât point l'ensemble. En dehors de leur utilité, elles jouent un grand rôle dans l'ornementation générale du bassin que forme la Seine entre les deux ponts.

Ces deux passerelles sont réservées aux visiteurs de l'Exposition, tandis que les ponts auxquels elles sont accolées continuent à rendre leurs services au public ordinaire ; de cette façon les circulations des deux catégories de promeneurs seront respectées. Ajoutons, pour l'intelligence du plan général, qu'aux extrémités de chacun des deux ponts on a dressé des passerelles sur terre, de façon à ce que les personnes de l'Exposition pussent traverser la voie courante sans gêner le mouvement de la rue et sans sortir de l'enceinte réservée. En 1889, nous avions déjà, contre le pont des Invalides, une passerelle suspendue à deux fermes élevées; son cachet original et sa décoration, composée d'une quantité de drapeaux de tous les pays, obtint un grand succès, on s'en souvient.

Les passerelles sur la Seine ont 8 mètres de largeur et se trouvent divisées en deux, dans le sens de la longueur, de façon à séparer les deux courants de foule qui traversent la Seine : les personnes allant dans un sens ne se rencontrent pas avec celles qui vont dans l'autre ; toutefois, pour ne pas obliger des visiteurs qui se sont engagés dans une voie, à aller jusqu'au bout de la passerelle pour revenir ensuite sur leurs pas, si tel est leur désir, on a eu soin de ménager sur la barrière de séparation, des ouvertures par où le public peut passer pour prendre la direction opposée.

Au point de vue de la construction métallique, ces deux passerelles ne présentent rien de très remarquable, elles sont faites en acier, d'après les plans de M. Lion, ingénieur de la navigation de la Seine.

Elles ont pour but de servir à la traversée des piétons, à l'exclusion des voitures, par conséquent en limitant la surcharge mobile à 400 kilos par mètre carré, on s'est trouvé dans les limites de la sécurité la plus absolue.

On a battu dans la Seine des pieux à l'endroit des piles et c'est sur l'ensemble de leurs têtes arasées que l'on a posé les retombées des fermes. Pour chacune des passerelles, il y a deux piles, de sorte que l'ensemble se compose, tant pour l'une que pour l'autre, de trois travées. On a cherché naturellement à donner, autant que possible, aux courbes métalliques le cintre du pont en pierre situé à proximité, de façon à ne pas créer des lignes se coupant, ce qui aurait produit le plus déplorable effet.

La seule partie intéressante de ce pont réside dans les procédés employés pour le montage.

Il ne pouvait, en effet, être question d'arrêter le mouvement de la circulation sur la Seine par l'établissement d'un échafaudage plus ou moins compliqué ; il était de toute nécessité de laisser complètement libre le passage du milieu. Aussi a-t-on imaginé de construire un appareil de manutention qui était supporté sur la partie déjà construite et qui pouvait progresser en avant, au fur et à mesure de l'avancement des travaux ; cet appareil était composé d'un chariot pouvant circuler sur les parties maîtresses de la passerelle et supportait, à l'aide de deux grands bras, un plancher volant placé au-dessous de l'ouvrage à faire : de cette façon, les ouvriers avaient un chantier facile et commode : les matériaux arrivaient par la partie du pont déjà construite, étaient manœuvrés par une grue montée sur le chariot de manutention et étaient assemblés par les ouvriers installés sur le plancher volant. On a pu construire ainsi en porte à faux les deux parties de l'arc central, malgré son ouverture de 48 mètres ; chaque portion était soutenue en l'air comme le serait une console, les portions de rives servant à faire le contrepoids ; chacun des deux systèmes formait une sorte de balance dont un des bras était constamment plus lourd que l'autre ; chacune de ces consoles, placées en regard l'une de l'autre, avait 20 mètres de portée ; il restait donc une ouverture

Fig. 76. — Appareil de montage de la passerelle des Invalides.

entre elles de 8 mètres qu'il s'agissait de combler ; à cet effet, on a établi un voussoir de clé pour réunir les deux bouts de façon à former un tablier continu ; ce travail s'est effectué très facilement à l'aide de pièces en fer lancées entre les deux parties terminées et rivées aussitôt. A partir de ce moment le pont était achevé, toutes les pièces métalliques travaillaient librement et d'une façon régulière.

Il va sans dire que de tous les côtés on a ménagé des articulations, aussi bien aux points de support, sur les piles et aux culées, qu'aux joints du voussoir de clé et de l'extrémité des parties construites en encorbellement.

Une fois la construction métallique terminée, il a fallu habiller ces passerelles pour leur donner une apparence de gaieté, qui fût bien dans la note du cadre. Pour cette partie de l'ouvrage, les ingénieurs disparaissent et passent leur crayon aux architectes.

M. Méwès a eu pour mission de décorer la passerelle située à proximité de son palais des Congrès, c'est-à-dire près du pont de l'Alma ; M. Gautier, qui a construit le palais de l'Horticulture et qui a la charge de transformer tous les quais de la Seine, devait orner la passerelle des Invalides.

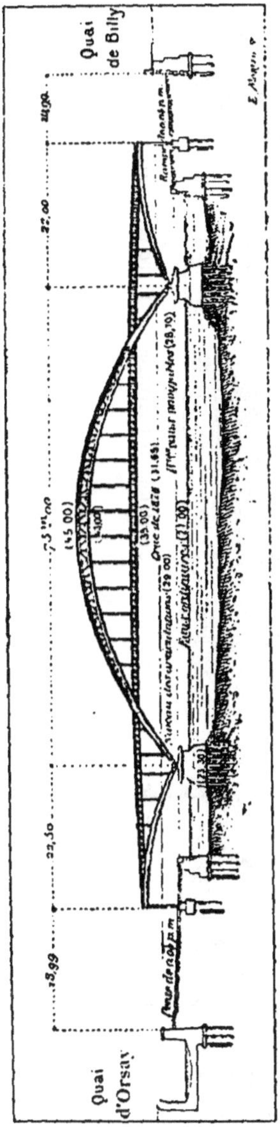

Ce travail des architectes, bien qu'il semble intéressant, à cause de la nouveauté de l'ouvrage, était extrêmement ingrat, parce que les crédits alloués étaient minimes. Il fallait produire beaucoup d'effet avec peu d'argent, or ce problème est assurément le plus difficile qu'aient à envisager en général les architectes ; ceux-ci supportent toute la responsabilité morale de l'exécution sans avoir entre les mains les moyens nécessaires à la mise en œuvre de leur idée.

La troisième passerelle de l'Exposition est placée dans le prolongement de la rue de la Manutention et débouche dans le porche principal du palais des Armées de Terre et de Mer de MM. Umbdenstock et Auburtin, c'est-à-dire qu'elle se trouve placée au delà du *Vieux Paris*, entre les ponts de l'Alma et d'Iéna.

Sa forme est nouvelle et fort intéressante, elle est due à ses ingénieurs, MM. Résal et Alby, les auteurs du pont Alexandre III.

Son aspect est d'une élégance merveilleuse ; elle a ceci de très particulier que cette élégance est rationnelle et provient uniquement de la forme mathématique de l'ouvrage, sans qu'il ait fallu faire intervenir aucune espèce de

Fig. 77. — Élévation schématique de la passerelle.

décoration. Il y a un tel sentiment d'équilibre dans toutes les pièces que les yeux perçoivent, à eux seuls, le travail auquel chacune

Fig. 78. — Vue d'ensemble de la passerelle du Palais des Armées de Terre et de Mer.

est soumise : c'est un des rares ouvrages d'ingénieurs dont le dessin, à lui seul, suffit pour déterminer sa beauté.

Ainsi qu'on peut le voir sur le dessin qui accompagne ces lignes (fig. 77), le pont est un système qui tient en équilibre sur les deux piles en rivière. Il n'y a pas de culées. On peut le considérer comme composé de deux parties bien distinctes : la première est l'ensemble des deux demi-arcs des rives réunis par le tablier, qui forme une sorte de grand tirant horizontal ; la seconde, par le grand arc surélevé et complètement indépendant dont les tiges ont pour mission de supporter le tablier ; toutes les pièces maîtresses du pont, c'est-à-dire les deux demi-arcs de rive et l'arc central, sont doubles et contreventées par un jeu de fers horizontaux, de façon à empêcher tout mouvement dans le sens latéral.

Les retombées sur les piles des arcs se font sur des tambours d'articulation communs ; cette disposition n'a été prise que pour la facilité de l'exécution et afin de permettre un tour de main de montage dont nous parlerons plus loin ; en réalité, les arcs n'ont aucune solidarité, ils ont des missions différentes et pourraient parfaitement reposer sur des supports séparés.

Le tablier, à ses deux extrémités, est simplement soutenu par des arcs de rives situés en porte à faux ; il s'ensuit que sous des influences accidentelles, surcharge de la foule ou dilatations dues à la chaleur, il pourrait y avoir un jeu dans toutes les parties du pont, qui aurait pour résultat d'élever ou d'abaisser les extrémités du tablier et d'empêcher un raccord exact avec la chaussée. Pour obvier à cet inconvénient, on a établi une bielle articulée entre la berge et le bout du tablier ; cette bielle joue très faiblement tantôt à la tension quand le pont a tendance à se soulever, tantôt à la compression quand il a tendance à s'abaisser ; en certains moments même, quand on se trouve dans les conditions de température et d'égale répartition du poids mobile qui ont servi de bases aux calculs, il ne travaille pas du tout.

On a employé pour le montage un procédé spécial qui ressemble beaucoup à celui qui a été adopté pour les deux autres passerelles de l'Exposition. Les deux piles une fois terminées, on a commencé par établir les parties métalliques situées entre elles et les rives, ce qui était très facile, la distance qui sépare ces deux points n'étant que de 22^m,50. La partie centrale a été construite à l'aide d'un chariot roulant sur l'extrados du grand arc, avec plancher volant ; on a commencé par construire l'arc à ses deux bouts à la fois, les portions terminées servant de soutien aux ouvriers et à leurs appareils de manutention ; on conçoit dès lors que l'arc était maintenu en l'air et en porte à faux ; toutefois, étant donnée la portée de ce grand arc, 75 mètres, il eût été imprudent de continuer l'ouvrage jusqu'à la clé sans prendre quelques précautions (fig. 79 à 83) ; c'est pourquoi on a installé un tirant provisoire et une pièce métallique K

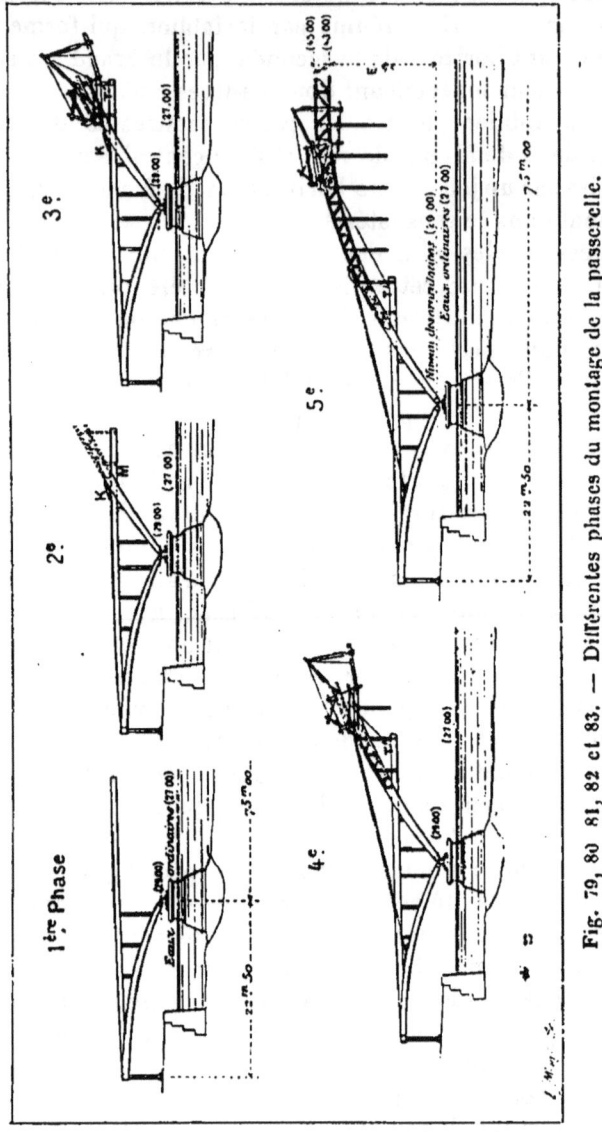

Fig. 79, 80 81, 82 et 83. — Différentes phases du montage de la passerelle.

destinés à consolider les naissances de l'arc et à augmenter sa solidarité avec les parties déjà construites ; malgré ces recours les extrémités libres de l'arc avaient une tendance à fléchir verticalement et il aurait été impossible de les réunir ; aussi a-t-on chargé les bouts de rives du tablier avec du lest, de façon à relever tout le système au-dessus de sa position définitive ; c'est ici qu'intervient l'utilité de la rotule unique sur les piles sans laquelle il eût été impossible de faire basculer les deux demi-ponts. Dans cette position on pouvait placer le voussoir de clé ; une fois cette dernière opération

Fig. 84. — Appareil de montage de la passerelle du Palais des Armées de Terre et de Mer.

achevée, on a abandonné l'ensemble à lui-même. Le pont se trouvait ainsi terminé et toutes les pièces pouvaient travailler régulièrement suivant les calculs primitivement établis.

La forme de ce pont est à elle-même son principal ornement et il eût été maladroit de chercher à faire un habillage quelconque, qui n'aurait eu d'autre résultat que de dissimuler les lignes.

Une circonstance qui contribue à augmenter la valeur esthétique de ce pont est la disposition des abords sur la rive gauche. Il débouche dans le porche central du palais des Armées de Terre et de

Mer ; or, le porche, tout en faisant partie intégrante du monument, est libre ; c'est-à-dire qu'il forme une sorte d'arc-de-triomphe sous lequel le public de l'Exposition peut passer sans avoir besoin de pénétrer à l'intérieur de l'édifice ; aussi, les architectes ont-ils profité de ce cas pour donner à leur porte toute l'ampleur possible, aucune ligne horizontale ne vient en couper l'harmonie ; des statues équestres de Bayard et Duguesclin, situées dans le fond, tendent au contraire à élever les lignes verticales, en servant de points de repère.

Il y avait une difficulté au sujet de l'accès du pont au public : pour celui du quai supérieur, la chose est très facile, car il n'a qu'à passer sous le porche pour accéder au port, mais pour celui du bas-port l'affaire devenait plus compliquée : en effet, si on avait construit des escaliers extérieurs, cela aurait gâté complètement la conception de l'ouvrage : il fallait que le pont eût l'air de s'engouffrer dans le porche ; d'autre part, la présence d'escaliers aurait donné l'impression d'une culée et aurait nui à l'idée d'équilibre du système métallique, qui doit justement paraître pouvoir se passer de culées.

C'est pour cela que les architectes ont tourné la difficulté en faisant des escaliers placés à l'intérieur du monument en amont et en aval du pont ; ceux-ci débouchent en bas sur le quai et en haut sous le porche. De cette façon, les visiteurs peuvent toujours très facilement parvenir à l'orifice de la passerelle. Cette trouvaille des escaliers intérieurs, a même été très fertile, car elle a été le prétexte d'une architecture nouvelle et fort heureuse. Ces escaliers sont construits dans une caisse ouverte sur la rivière, grâce à des baies cintrées construites en étages, de sorte que le mouvement des personnes qui montent et qui descendent est visible de l'extérieur et contribue à la décoration de l'édifice.

La construction de cet ouvrage a été faite très sérieusement ; les piles ont été élevées sur des caissons à air comprimé dans lesquels on avait exécuté la maçonnerie. Il est donc à croire que nous ne le verrons point disparaître au lendemain de l'Exposition ; d'ailleurs la nécessité d'une passerelle est urgente à l'endroit où elle est construite, la distance entre les ponts de l'Alma et d'Iéna étant trop considérable pour suffire au mouvement de la population de ce quartier qui devient chaque jour plus nombreuse.

Sa décoration est des plus simples : quelques drapeaux pour égayer et c'est tout. Le soir, des rampes électriques soulignent les lignes de construction, les architectes ayant trouvé, avec beaucoup de raison, que la meilleure façon d'ornementer ce pont était d'en faire admirer l'ossature pendant la nuit, comme pendant le jour, de façon à ce que son impression se gravât bien dans les yeux.

Les trois passerelles de la Seine ont été construites par MM. Daydé et Pillé dans leurs ateliers de Creil. Le grand mérite de la construction de ces trois ouvrages, de peu d'importance comme tonnage, a été l'ingéniosité des procédés de montage et la rapidité de l'exécution qui, malgré les difficultés d'accès et l'étroitesse des chantiers, ont permis d'achever l'ouvrage, sans gêner en rien les services environnants.

LES PORTS DE PARIS ET LEUR TRANSFORMATION EN VUE DE L'EXPOSITION DE 1900.

Parmi les attractions de l'Exposition, une de celles qui retiennent de la façon la plus séduisante l'attention des visiteurs est sûrement la transformation qu'on a fait subir aux berges de la Seine, entre les ponts des Invalides et d'Iéna. On sait, en effet, que la rivière présente en ces parages un aspect nouveau qui dès les premiers jours a obtenu un succès considérable.

L'installation de constructions sur les berges, telles que ces dernières étaient aménagées il y a quelques années encore, présentait des difficultés telles, que le plan d'ensemble qui avait été étudié pour 1889 dut être abandonné. On se souvient, en effet, qu'à la dernière Exposition les constructions en bordure de la Seine qui étaient élevées sur le quai supérieur n'offraient, du côté de la Seine, que des façades postérieures sans intérêt.

Il est probable que le projet eût subi le même sort, pour notre fête d'aujourd'hui, si la transformation des ports de tirage, tels qu'on en voit encore à Paris, en ports droits, n'avait fait partie d'une étude générale d'amélioration des rives de la Seine que le service des Ponts et Chaussées gardait depuis longtemps dans ses cartons.

Il est, en effet, entendu que tous les ports de tirage de la Seine doivent disparaître sur la traversée de Paris : ces travaux se font petit à petit suivant les ressources dont on dispose et d'après les bénéfices qu'on espère en retirer ; c'est ainsi que plusieurs parties des berges ont été aménagées ces dernières années en ports droits dans les parages de Bercy. Il est peu probable que le tour du quartier des Champs-Élysées au Trocadéro fût venu de sitôt, ces endroits étant peu favorisés par les services de batellerie. L'occasion de

Fig. 85. — Coupe montrant la transformation d'un port de tirage en port droit.

l'Exposition décida la question : en dehors de l'urgence qu'elle réclamait, elle venait hâter la solution du problème en apportant un concours financier. En général, ces travaux sont exécutés aux frais communs de l'État et de la Ville ; si le fleuve est propriété nationale ainsi que toutes les constructions qui sont exécutées pour son service, il n'en est pas moins vrai que l'amélioration des ports vient toujours augmenter le trafic fluvial et par suite l'octroi, tout en développant pour sa part l'industrie locale. Le peu de mouvement qui se fait aux abords des quais qui nous occupent n'aurait assurément pas engagé la Ville à faire dès maintenant ces travaux dispendieux dont l'exécution aurait été reportée à une date très éloignée ; mais, au dernier moment, toutes les difficultés ont été aplanies par ce fait qu'il a été convenu que la transformation en ports droits des ports de tirage, compris dans l'enceinte de l'Exposition, serait exécutée avec le concours combiné des budgets de l'État, de la Ville et de l'Exposition elle-même.

Au point de vue de son mouvement et de la quantité des marchandises qui y sont chargées et déchargées, le port de Paris est plus important que n'importe quel port maritime de France. En effet, par la Seine, ses affluents et les canaux, Paris est en relation avec toutes les voies de navigation ; son port, qui s'étend sur une longueur de plus de 25 kilomètres, est, sur sa plus grande partie, garnie de quais accostables ou de rampes de tirage qui permettent aux bateaux de différents genres d'aborder et d'opérer leur transbordement. De plus, les magasins installés sur les berges, les appareils de manutention les plus perfectionnés qu'on y rencontre, treuils, grues, crics, etc., rendent les opérations des plus faciles et contribuent à attirer les armateurs. Nous avons même un port — le port Saint-Nicolas — situé sur la rive droite, qui est spécialement réservé aux arrivages des bateaux de mer ; tous les jours, on y voit des déchargements importants de cargaisons venant en droite ligne d'Angleterre.

Ces avantages réunis font que le trafic annuel du port de Paris est d'environ 7 millions de tonnes, chiffre que n'atteint aucune ville de France, le Havre lui-même n'a qu'un mouvement correspondant à la moitié. Les trois quarts des marchandises se rapportent aux arrivages, tandis que le dernier quart se répartit assez inégalement sur les expéditions et le service local. La cause de cette différence est facile à saisir : les marchandises d'importation sont pour la plupart des combustibles, bois et charbons, ou bien des matériaux de construction, pierres et sables, qui, sous un tonnage assez grand, ne représentent qu'une valeur très faible, tandis que les produits d'exportation sortent généralement des usines et manufactures et offrent au contraire une grande valeur sous un poids relativement faible. Au mouvement des marchandises il faut ajouter celui des

Fig. 86. — Le nouveau port droit du Gros-Caillou sur lequel est élevé le Palais des Armées de Terre et de Mer.

voyageurs qui est beaucoup plus considérable qu'on ne pourrait le supposer. En une seule année, les 106 bateaux des diverses compagnies ont transporté 25 000 000 de voyageurs.

Il n'y a rien d'étonnant à ce que dans ces conditions l'Etat et la Ville se préoccupent d'améliorer les moyens d'accostage, c'est-à-dire les ports de Paris. Les millions que l'on engloutit dans les ports de mer ne sont assurément pas de l'argent mal placé — on n'en dépensera même jamais assez pour ces travaux — mais il est permis de faire une remarque : c'est qu'en mettant ces sommes en regard de celles qui sont demandées pour les ports fluviaux, on est frappé de la plus grande efficacité de ces dernières. Un million pour un port maritime est une somme presque insignifiante et dont les résultats sont à peine visibles, tandis que sur une rivière, il représente près d'un kilomètre de quais accostables.

La Seine comporte, dans la traversée de Paris, deux sortes de ports, les *ports de tirage* destinés à disparaître les uns après les autres, et les *ports droits* qui constitueront à un moment donné le seul type de quais pour la capitale. Les ports de tirage sont ceux dont le profil transversal présente une pente assez accentuée qui se perd dans le lit du fleuve ; ils ont cette qualité d'être très économiques à construire, mais en revanche ils offrent de nombreux inconvénients. L'accotement se fait mal, les bateaux ne sont pas bien soutenus et il existe toujours un jeu de roulis qui rend les opérations plus difficiles. Le déchargement ne peut se faire que par brouettes ou à dos d'homme, c'est-à-dire qu'on est obligé d'installer des planches de passage entre les chalands et la berge, les accidents sont possibles, l'enlèvement des marchandises est long et coûteux. S'il s'agit du débarquement des voyageurs, l'inconvénient est encore plus grand, car on est forcé d'établir des pontons de contrôle munis de passerelles mobiles, ce qui est un embarras pour la navigation. Un autre désagrément des ports de tirage

Fig. 87. — Pompe à vapeur montée sur un chaland.

est celui qui provient des crues de rivière : afin de pouvoir procéder rapidement au débarquement, les marchandises déchargées et placées sur le sol y restent plusieurs jours ; si le niveau de l'eau vient à monter, les produits sont immédiatement atteints et peuvent se perdre. Avec les ports droits cet inconvénient est très diminué et n'existe que pour les très grandes crues ; en effet pour que les marchandises soient touchées par l'eau, il faut que celle-ci ait dépassé l'arête du port, ce qui est très rare. L'avantage principal des ports droits est que les bateaux peuvent être amarrés solidement contre les quais sans risques de dégâts ; l'enlèvement des produits peut alors se faire à l'aide de grues fixes ou montées sur chalands.

Fig. 88. — Le batardeau terminé avant l'épuisement.

Le développement des ports à Paris s'étend sur une longueur de 12 kilomètres environ ; grâce aux travaux exécutés en Seine en vue de l'Exposition, il ne reste guère plus de 2000 mètres de ports de tirage à transformer.

L'exécution d'un mur de quai est un

Fig. 89. — Le batardeau terminé après l'épuisement.

Fig. 90. — Construction du mur de quai.

travail très intéressant, même pour les personnes qui ne sont pas au courant des choses techniques : il suffit de regarder les chantiers pour comprendre ce qui s'y passe.

La première chose dont s'occupe l'entrepreneur est la construction d'un batardeau étanche situé à 4 mètres environ du mur à construire et derrière lequel les ouvriers pourront travailler sur un sol plus ou moins détrempé jusqu'à ce que l'ouvrage soit assez élevé pour être construit complètement à sec.

Le batardeau se compose de deux lignes parallèles de pieux armés de sabots en fer que l'on enfonce aux endroits voulus; une fois bien fixés au sol du lit de la rivière, on les réunit par des entretoises que l'on garnit de palplanches aussi rapprochées que possible; dans l'intervalle de ces deux espèces de murs, on fait tomber de la vase, des bouts de bois et, en général, toutes sortes de déchets sans valeur pouvant faciliter l'étanchéité.

Cet ouvrage est construit sur une longueur de 150 mètres, on le réunit ensuite au quai à l'aide de deux contre-batardeaux perpendiculaires au premier, de façon à former un grand bassin rectangulaire bien enclos de tous les côtés. Il faut alors épuiser l'eau à l'aide de pompes à vapeur montées sur des chalands; ces pompes agissent constamment; car, malgré toutes les précautions qui sont prises, les infiltrations sont nombreuses et l'eau aurait vite fait de gagner les travaux si l'on ne prenait cette précaution.

C'est le moment de commencer la seconde partie du travail, c'est-à-dire la construction du mur lui-même. Pour cela on enfonce dans le sol en guise de fondations des pieux en pitchpin, qui sont ensuite arasés au même niveau; des solives horizontales sont moisées côte à côte et c'est sur ce système en bois que l'on vient exécuter la maçonnerie ; le parement extérieur est exécuté en pierres de taille, tandis que l'intérieur est hourdé en déchets de meulières ou de caillasse. Au premier abord on pourrait avoir des doutes sur la solidité d'un mur élevé sur des fondations d'apparence aussi frêles, il n'en est rien. Le bois sous l'eau ne pourrit jamais et conserve pour ainsi dire indéfiniment ses qualités de résistance ; on a retrouvé dans le fond des lacs suisses des poutres ayant dû servir à construire des maisons à une époque où l'eau ne couvrait pas encore ces surfaces et qui sont encore intactes malgré les milliers d'années de leur existence. Les navires en bois ont eu des durées que n'auront sûrement pas les bâtiments en acier que l'on construit aujourd'hui. Ce qui est préjudiciable à la conservation du bois, c'est surtout le passage souvent répété de l'état mouillé à l'état sec et réciproquement. Nous n'avons donc rien à craindre sur la résistance des ports construits dernièrement, les pieux sur lesquels ils sont montés ne subiront aucune modification pouvant amener des accidents dans la suite.

Les travaux sont divisés en sections de 150 mètres de longueur environ : c'est le chiffre qui a été reconnu comme le plus avantageux pour l'épuisement de l'eau. Les murs des différents chantiers sont construits en même temps et dans le prolongement les uns des autres, mais indépendamment ; la réunion ne se fait qu'en cours d'exécution et dès qu'on a dépassé la hauteur du batardeau ; on établit alors une voûte de raccordement en maçonnerie au-dessus de laquelle on continue à construire jusqu'à ce qu'on ait atteint l'arête générale de l'ouvrage.

Le prix des travaux de transformation d'un port de tirage en port droit est assez élevé : on est obligé de compter sur une somme de 1200 francs par mètre courant. Les nouveaux quais, construits pour l'Exposition, ont un développement d'environ 3 kilomètres ; la dépense faite de ce chef a donc été de près de 4 millions, supportée, ainsi que nous le disions plus haut, par l'État, la Ville et l'Exposition. Les travaux ont été mis en adjudication, mais ils ont été faits sous la surveillance et le contrôle des ingénieurs des Ponts et Chaussées ayant à leur tête M. Lion, qui a étudié le projet d'une façon toute particulière et qui d'ailleurs était chargé jusqu'à ces derniers temps de la direction des travaux relatifs à la navigation de la Seine dans sa traversée de Paris.

CHAPITRE V

LES PAYS ÉTRANGERS ET LES POSSESSIONS FRANÇAISES.

LES OUVRIERS ÉTRANGERS DE L'EXPOSITION DE 1900.

Une des parties les plus intéressantes de notre grande manifestation a été sa préparation ; les chantiers étaient remplis de surprises et, à chaque pas, le visiteur était frappé des impressions qu'il recevait; le Grand et le Petit Palais, avec leurs douze cents ouvriers, nous ont donné une notion de ce que peut être l'intensité productive du travail manuel ; du jour au lendemain, on constatait des progrès et, devant un échafaudage qui tombait, devant une bâche qui dévoilait une sculpture, le spectateur s'habituait petit à petit à l'impressionnant spectacle auquel sont conviés aujourd'hui tous les peuples de la terre. Le Champ-de-Mars, les Invalides, avec les nuées de charpentiers de fer qui, par de simples mouvements de cordes, maniaient des pièces de poids énorme, n'ont cessé d'exciter notre admiration. Le pont Alexandre III, enfin, avec sa courbure fine et sans tare, son architecture parfaite, est le plus bel exemple de ce que peut donner la collaboration des chiffres et des dessins ou, en d'autres termes, des ingénieurs et des architectes.

Tout cela est grand, superbe, immense !

D'autres coins des chantiers nous laissaient d'autres impressions, et ces spectacles, pour être moins techniques, n'en étaient pas moins captivants; moins grandioses, ils n'en étaient que plus à la portée de nos sens. Nous voulons parler de ces mille constructions érigées par des nations étrangères; elles nous apportent, dans le cœur de notre Paris, si hospitalier et si cosmopolite, quelques morceaux des autres pays, avec les habitudes de toutes les zones, des architectures spéciales, les habitants eux-mêmes et leurs produits, leur façon de voir et de comprendre, leurs mœurs et leurs pensées; en passant d'un pavillon à l'autre, le visiteur a le sentiment d'avoir fait un grand voyage, de s'être porté réellement dans les confins les plus écartés les uns des autres, sans s'être donné pour cela aucune peine, et, par une sorte de hasard qui semble avoir été dirigé, les nations les plus extrêmes se trouvent rapprochées : la Turquie et les États-Unis ne sont séparés que par une ligne; la Sibérie et le Transvaal sont englobés sous les mêmes ombrages.

Certaines nations ont voulu être complètement chez elles pendant la période de préparation, dans des clôtures mises à leur disposition par le commissaire général; elles ont élevé de hautes barrières, afin de se cacher aux regards des profanes et de pouvoir travailler dans le mystère : elles n'ont montré l'ouvrage que complètement achevé et l'impression produite a été d'autant plus grande qu'elle n'avait pas été préparée.

On sait que les pays qui figurent à l'Exposition de 1900 ont nommé des commissions spéciales chargées de s'occuper de la construction des pavillons et d'être en quelque sorte des ambassades temporaires destinées à représenter à Paris les diverses nations.

Quelques commissaires généraux ont eu l'heureuse pensée de s'adresser, pour la construction de leurs édifices, directement aux ouvriers de leur pays, qui ont apporté ici leur façon de travailler.

De tous ces chantiers exotiques, le plus intéressant était assurément celui de la Russie au Trocadéro ; là, nous étions en pleine Russie, le français y était inconnu et, si on s'adressait à quelqu'un, c'est en paroles hésitantes qu'on vous répondait, avec ce baragouinage spécial des peuples qui ne connaissent que leur langue, mais veulent quand même profiter des quelques mots appris à tort et à travers pour se faire comprendre. C'est au mois de mai de l'année précédant l'Exposition que ces chantiers ont été ouverts et c'est par une cérémonie religieuse orthodoxe qu'on a fêté le commencement du travail ; soixante ouvriers russes dans leur costume national, les uns en bleu, les autres en rouge, assistaient impassibles à ces chants liturgiques si empreints de simplicité. Le champagne a coulé à flots ce jour-là ; le prince Denicheff, en présence du ministre du Commerce et de tous les directeurs de l'Exposition, a levé son verre à notre succès, puis se tournant vers les Russes, il leur a dit, en sa langue, ce qu'on attendait d'eux.

En Russie, tout acte important commence par une prière et un signe de croix : c'est pour marquer ce pieux devoir qu'on a élevé aux bords des chantiers une immense croix avec son icone.

Depuis ce jour, les travaux n'ont pas arrêté.

Ces ouvriers ont été embauchés en Russie par un entrepreneur qui devait les ramener là où il les a pris. Ils vivaient tous ensemble comme une communauté; un règlement des plus sévères traçait, à chaque instant de la journée, la suite des occupations. De vastes tentes, fraîches et aérées, leur servaient de dortoir; à cinq heures, un coup de cloche donnait le signal du lever; en cinq minutes, tous ces hommes étaient debout et à leur toilette; la prière leur prenait dix minutes; ils avalaient une tasse de thé et, à six heures, ils étaient au travail qu'ils ne quittaient qu'à onze heures. C'était le moment du dîner, qui se composait invariablement de *chti*, mets national dans lequel entrent des choux et de la viande. Ce plat est la pièce de résistance et ne saurait faire défaut; on y ajoute du gruau cuit avec du beurre : tantôt on prend du gruau blanc et tantôt du noir pour varier.

Après le dîner, les ouvriers allaient se coucher pour dormir jusqu'à deux heures et demie; à trois heures, reprise du travail jusqu'à sept heures; alors, thé à discrétion et liberté, mais peu en profitaient; ils préféraient rester dans leur *petite Russie* du Trocadéro. C'était l'heure des conversations, des ressouvenirs du pays : ils revoyaient la cabane en bois peint des rives du Volga ou des coteaux de l'Oural; ils causaient des parents et des durs travaux de l'hiver, puis s'étendaient sur leurs couches et, le sommeil aidant, le rêve venait continuer les conversations ébauchées.

Les Russes du Trocadéro étaient au nombre de cent vingt : pour la plupart charpentiers, quelques autres terrassiers; chez eux, la scie est à peu près inconnue et c'est à coups de hache qu'ils débitent leurs pièces. L'ossature de la charpente des constructions avançait rapidement et fut complètement terminée dès les derniers jours de l'année.

En bas du Trocadéro, près de la Seine, un autre chantier nous a arrêtés, celui des Indes anglaises; c'est un entrepreneur anglais qui a fait les travaux : ici, rien ne ressemblait plus aux chantiers que nous venons de quitter, on y voyait aussi des charpentiers, mais quelle différence! Alors que les Russes nous semblaient de vigoureux paysans, solides et durs au travail, les Anglais, eux, nous font l'effet d'amateurs découpant des planches de bois pour leur amusement. Ils sont parfaits, ces Anglais, d'une correction irréprochable des pieds à la tête; les bottines sont impeccables, les pantalons ont une coupe merveilleuse et un tablier, d'une blancheur immaculée, leur sert de bouclier contre toute atteinte à leur propreté; les figures sont soignées et distinguées, les mains sont très dignes et, toujours, une bague orne le petit doigt. Nous ne sommes pas habitués à voir des travailleurs habillés de la sorte, et notre étonnement se trouvait accentué par la présence de quelques bons charpentiers français pris en surnuméraires. Ils font le même métier, ce sont, par conséquent, des gens de la même classe ; mais la mise est tout autre : un large pantalon en velours serré aux chevilles, une grande poche sur le côté, d'où émergent un mètre, un marteau.

Plus loin on voyait des menuisiers finlandais qui dressaient les huisseries du pavillon de leur pays sur le quai Debilly. Leur face est ronde et pleine comme celles de tous les gens du Nord ; la démarche est lente et mesurée, mais rien ne dénote extérieurement leur exotisme et leur origine.

La Hollande nous a envoyé également quelques ouvriers qui se sont occupés des constructions de Java et de Sumatra ; ils ont exécuté une reconstitution parfaite du temple de Bodobœdœr, qui est un des monuments les plus intéressants de l'Exposition au point de vue anecdotique.

Le pavillon de l'Italie, qui a des proportions très importantes, est un des plus considérables de ceux que nous pouvons admirer cette année. Ici tous les travailleurs étaient Italiens, on les reconnaissait bien à leur teint basané et à leurs traits réguliers ; mais l'ouvrier italien n'a rien de très spécial : il est, d'ailleurs, très Parisien, et, moins que tout autre peut-être, il se distingue des nôtres par sa mise ou ses façons.

Les Italiens ont une spécialité : ils sont artistes. On dirait que le soleil de leur pays, qui donne aux choses des teintes et des profondeurs si particulières, est un des facteurs principaux du penchant de ce peuple pour tout ce qui touche à l'art; la vie est facile et bon marché au delà des Alpes, il n'est guère nécessaire de travailler pour vivre. Est-ce le spectacle de la belle nature dont les Italiens sont constamment entourés, ou bien encore est-ce la griserie spéciale que donnent le soleil et la lumière ; toujours est-il que l'Italien est né artiste et que sous ses doigts, presque sans pratique, un pinceau, une spatule ou une guitare donneront toujours de belles œuvres.

A Paris, l'ouvrier italien est souvent sculpteur ornemaniste, c'est un métier qui lui convient : il faut savoir manier la pierre, il faut comprendre vite le modèle, il faut enfin pouvoir, sans sourciller, s'exposer aux ardeurs du soleil sur les échafaudages de nos constructions. Au Grand Palais, on a pris aussi des Italiens, on les a placés auprès du bloc de pierre à transformer en statue, on leur a donné la maquette à copier et on les a laissés au travail ; on n'a plus eu à s'occuper d'eux; on pouvait être sûr de la perfection de l'exécution.

Sur les bords de la Seine, entre les ponts de l'Alma et des Invalides, nous avons le boulevard des Nations; chaque pays avait déjà commencé ses travaux, alors qu'on voyait encore inoccupés les chantiers de la Suède et de la Norvège, qui construisirent chez eux leurs pavillons. Les pièces de bois sont arrivées par bateau, elles étaient numérotées et pouvaient être facilement remontées sur les quais.

LA RUE DES NATIONS.

Lorsqu'une ville comme Paris fait appel aux peuples de la terre pour venir exhiber chez elle leurs produits dans un concours de bon aloi, elle leur demande encore, et surtout, d'apporter à notre fête un morceau de la terre exotique et lointaine avec sa couleur locale, ses habitudes, ses constructions; j'ajouterai presque avec sa flore, sa faune et ses nationaux. Une exposition universelle, telle que celle de cette année, est le plus parfait des cours de géographie appliquée. Aujourd'hui, dans les écoles et les lycées, on tend à modifier complètement le genre de l'enseignement de ces branches arides de nos programmes, l'histoire et la géographie : ce n'est plus avec des chronologies et des suites de faits qu'on veut graver dans l'esprit de nos enfants les pages heureuses ou malheureuses des temps passés; ce n'est pas non plus avec des listes de noms sans fin qu'on cherche à inculquer dans les mémoires la description de la terre : c'est par des images qu'on cherche à donner des impressions sur les époques les plus saillantes du passé et sur les différentes zones de notre globe.

Une exposition universelle est un complément merveilleux au nouvel enseignement, car elle nous transporte en quelque sorte matériellement dans tous les pays. C'est le plus facile et le plus complet voyage qu'on puisse faire dans les pays lointains. Il n'y a qu'une inversion, ce n'est plus nous qui nous rendons dans les contrées éloignées, ce sont ces dernières qui viennent se rencontrer chez nous...

La première chose qui nous frappe dans ces exhibitions exotiques, c'est le pavillon que chaque nation construit pour couvrir ses produits. Cet édifice devient alors une exposition à part et indépendante; il doit nous rappeler, par la décoration extérieure et l'architecture générale, la note dominante de son pays d'origine.

Les berges de la Seine, réservées aux nations étrangères, présentent un aspect des plus chatoyants : tous ces palais, ayant chacun un genre particulier, donnent, par leur ensemble, une idée synthétique de la production universelle. Il y a plus... dans ce rapprochement fortuit des nations sur un terrain momentanément neutre, n'y a-t-il pas lieu de voir la promesse d'une alliance féconde pour le développement industriel et l'extension commerciale pendant le siècle qui va s'ouvrir ?

La meilleure manifestation du concours des étrangers a toujours été la construction de palais et pavillons indépendants où les différents représentants accrédités chez nous se sentent plus à l'aise pour faire leurs installations comme ils l'entendent : ils trouvent moyen de ressusciter leur pays avec tous ses charmes et toutes ses caractéristiques, l'édifice présente une architecture qui rappelle la nation dont elle porte le nom, on installe des décors artistiques et bien originaux, on fait venir des plantes indigènes et même des personnes qui, par leur costume ou leur physionomie spéciale, donnent l'illusion complète aux visiteurs de se retrouver dans une parcelle de pays étranger.

Cette idée d'élever ainsi un édifice spécial pour chaque contrée est toujours très encouragée par les organisateurs de toutes les expositions, car elle constitue un stimulant pour chacun, qui cherche, par une émulation honnête, à surpasser ses voisins; or, cette excitation est une bonne cause qui n'a d'autre résultat que de produire des palais pompeux ou des pavillons luxuriants dont tout le bénéfice retourne à l'Exposition elle-même, au succès de laquelle ils contribuent.

En 1878 nous avions eu une rue des Nations au Champ-de-Mars dont se souviennent encore tous ceux qui assistèrent à cette Exposition; elle fut très goûtée, la foule s'y rendait chaque jour fort nombreuse pour admirer et comparer toutes ces façades accolées les unes aux autres, mais possédant chacune un caractère indépendant et un style se rapportant aux différents pays.

En 1889, les palais des nations étaient éparpillés un peu de tous les côtés, il n'y avait pas d'enfilades comme en 1878; toutefois l'agglomération la plus compacte se trouvait à proximité de la Tour de 300 mètres : chaque pays avait son édifice bien indépendant; quelques-uns même possédaient un enclos où ils avaient ajouté des édicules et des aménagements de jardins du meilleur aspect.

L'ensemble de ces palais était évidemment charmant, mais comme dans tout homme il y a un grand enfant, on s'amusa moins de cette réunion qu'on ne l'avait fait en 1878 de l'alignement dans lequel on pouvait comparer facilement les édifices entre eux et pour lesquels l'œil, passant instantanément d'un genre à un autre, recevait des impressions pleines d'imprévus et de surprises.

Pour l'Exposition d'aujourd'hui, la disposition adoptée en vue de l'installation des palais des puissances étrangères est la plus réussie qu'on puisse imaginer, elle constitue le succès principal de la grande fête. La rue des Nations est installée sur les bords mêmes de la Seine, sur la rive gauche, entre les ponts des Invalides et de l'Alma ; le fleuve en ces parages présente un alignement droit ; d'autre part, les façades principales des édifices étrangers sont tournées du côté de la Seine, de sorte que l'ensemble constitue un tableau merveilleux. Le mot de « rue des Nations » est assurément impropre, mais nous sommes obligés de l'adopter, faute d'une locution plus exacte : ce boulevard d'un nouveau genre est bordé d'un côté de tous ces monuments différents et de l'autre se trouve arrêté par les bords du fleuve.

On sait que le Commissaire général compte beaucoup sur l'aspect de la Seine, dans sa traversée de l'Exposition, et que la partie sur laquelle sont élevés les palais étrangers est de beaucoup la plus soignée; chacune des rives a été bordée d'un boulevard fluvial sur la berge elle-même, dont on a doublé la surface en établissant une estrade en bois qui vient la surplomber de façon à permettre l'accès à une foule considérable. Le public qui peut assister aux fêtes nautiques de la Seine dépasse sûrement le nombre de deux cent mille personnes ; jamais, en aucun pays, ni à aucune époque, salle de spectacle aussi grandiose n'a été prévue. M. Gautier, l'habile architecte du palais de l'Horticulture, a été chargé de relier, par une décoration nouvelle, les styles des différents pays, sur les berges de notre fleuve; il a fallu dessiner et édifier des mâts, des balustrades, des portiques, des sujets divers. C'était une tâche fort ingrate et très difficile à réaliser; mais le talent de l'artiste est au-dessus des difficultés et c'est à cette circonstance que nous devons d'avoir un exemple des plus réussis de ce que peut donner l'art décoratif.

La construction des différents palais des puissances étrangères sur la Seine était assez délicate, car la disposition du terrain présentait une bizarrerie très notable. Le chemin de fer de l'Ouest qui longe la Seine est installé dans une tranchée profonde, et pour pouvoir établir des édifices sur elle, il a fallu la recouvrir avec un plancher en ciment armé. On sait quels grands services rend aujourd'hui aux architectes ce nouveau procédé de construction; mais, malgré toutes ses qualités, sa résistance n'est pas indéfinie, elle a des bornes, c'est pourquoi on n'a pas pu se servir de cette base d'appui pour asseoir des grands palais, dont quelques-uns ont des flèches qui montent jusqu'à 45 mètres de hauteur et qui pèsent des poids considérables. Il a fallu aller chercher les fondations en dehors de la tranchée en établissant des sortes de pont en fer ou en bois par dessus elles, et ce n'est que sur cette charpente qu'on a pu édifier sans danger les murs du palais.

Tous les monuments sont établis en partie sur cette couverture du chemin de fer et en partie sur le quai qui lui fait suite. Quelques-uns même ont des emprises sur l'estacade élevée au-dessus du boulevard fluvial et viennent se terminer en affleurement sur la Seine; toutefois, pour ne pas gêner la circulation sur ce trottoir supérieur, on a dû établir de larges portes formant motifs de décoration et sous lesquelles le public peut passer; c'est le cas de la Hongrie qui a construit un arc en ogive formant portique; cette disposition est fort heureuse, car elle coupe le boulevard en tranches et permet même des échappées de perspective, sous les baies, des plus heureuses.

Ainsi que nous le disions dans un chapitre précédent, l'enfilade des palais sur la Seine est divisée en deux parties séparées au milieu par un vide de 40 mètres de largeur et transformé en une grande terrasse. On a cru devoir faire ce partage non point pour rompre la monotonie — des palais aussi variés, ne pouvant en aucun cas être monotones — mais de façon à ce que l'œil pût mieux embrasser les ensembles : la distance entre les deux ponts est trop grande pour pouvoir être saisie d'un seul regard, tandis qu'en la coupant en deux portions, on peut les regarder alternativement sans qu'aucune partie puisse faire du tort à l'autre.

Les pays qui ont leur palais sur le bord de l'eau entre le pont des Invalides et le terre-plein du milieu, sont l'Italie, la Turquie, les États-Unis, l'Autriche, la Bosnie, la Hongrie et la Grande-Bretagne.

Le plus considérable de ces édifices est assurément celui de l'Italie qui, par sa merveilleuse situation, bien en vue, et par son architecture grandiose, produit un effet considérable. Chacune des façades est un fourmillement de dentelure et de sculpture fouillée; on a rapporté de Venise des modèles pris sur l'église Saint-Marc et sur le palais des Doges ; certains motifs ont même été recopiés intégralement, si bien qu'au premier regard, on a immédiatement l'impression d'une construction d'Italie ; le voyageur y retrouve les mêmes émotions que sur les bords de l'Adriatique. Ce monument fait le plus grand honneur au comte Ceppi, son architecte.

De tous les palais celui qui a eu le plus de retard est celui de la Turquie faisant suite au précédent. Alors que tous les édifices dessinaient déjà leur silhouette dans le ciel, l'emplacement de la Turquie était encore intact et l'on se demandait avec inquiétude si l'on aurait en cet endroit un pavillon quelconque ; tout à coup, un jour de novembre, l'on vit arriver une nuée de charpentiers, et avec une rapidité extraordinaire, ils mirent en place les gros madriers constituant l'ossature de la construction.

Son architecture est forcément celle des grandes mosquées de Constantinople et le style byzantin revient à chaque instant ; ce n'est pourtant pas la copie de quelque édifice ottoman, mais une fantaisie sortie tout entière du cerveau de son architecte, M. Dubuisson. Un grand balcon couvert, dominant la Seine, donne beaucoup d'air et de gaieté au palais ; tous les dessins sont larges, les baies sont de grande dimension, les escaliers extérieurs sont très étendus, les coupoles sont pleines et bien massives.

Le palais des États-Unis, qui se trouve placé à côté du pavillon ottoman, fait une emprise sur le boulevard à l'aide d'un grand portique ouvert sous lequel le public peut passer, sans arrêter sa promenade du bord de la Seine.

Les Américains n'ont pas en général le culte très développé pour les choses d'art, à moins qu'elles ne coûtent très cher ; et chez eux l'architecture n'est qu'un prétexte au développement d'ascenseurs très rapides, d'éclairage électrique de grande intensité et d'une foule de choses extraordinaires. Aussi leur palais de la Seine n'est guère une œuvre esthétique ; il présente quand même une grande allure par ses dimensions et par la présence d'une coupole volumineuse qui surplombe l'édifice. Le portique d'avant est dominé par un grand quadrige doré représentant *la Liberté conduisant le char du Progrès* ; au-dessous de lui est élevée sur un socle la statue équestre de George Washington, le fondateur des États-Unis d'Amérique. Primitivement, cette statue devait être en or massif et aurait représenté une valeur de 15 à 20 millions de francs ; dans la suite, on a changé d'idée, c'était trop cher... à moins qu'on ait eu peur des voleurs. Washington à Paris a été sculpté dans du plâtre ; après tout, cela produit sensiblement le même effet.

Le palais de l'Autriche, dû à l'architecte viennois M. Baumann, ne couvre pas moins de 700 mètres carrés ; son style, un peu prétentieux, rappelle la fin de l'époque Louis XIV. Quant à l'édifice en lui-même, il est composé d'un rez-de-chaussée et d'un étage, munis de grandes baies cintrées aux parties supérieures: l'architecture est très riche et très fouillée de sculpture. Le palais de l'Autriche est le sanctuaire des deux grands produits du pays: la musique et la bière — à Vienne, ils ne vont même jamais l'un sans l'autre. — Nous pouvons entendre la célèbre association chorale « La *Schuber bund* », dont les délégués sont MM. Felgmann et Phlip.

Un des plus charmants pavillons des bords de la Seine est celui de la Bosnie-Herzégovine ; ses dimensions ne sont pas considérables, mais il y a un tel cachet de bon goût et de couleur locale dans cette construction, qu'elle ne peut manquer d'intéresser au plus haut point les visiteurs de l'Exposition. L'édifice se compose d'une foule de détails amusants, de galeries, de toits placés les uns sur les autres, de fenêtres, de tours, etc...; il y aurait sûrement dans ce palais une quantité de motifs qui pourraient servir de modèles à nos artistes de « *Modern style* ». Son architecte est M. Panek.

Le palais de la Hongrie (MM. Pr. Baliut et Jambon. arch.) est une masse importante rappelant divers édifices dans lesquels l'époque du moyen âge revient le plus souvent. Nous avons une reconstitution d'abside de cathédrale fort intéressante à laquelle une tour élevée sert de premier plan: cette dernière est construite sur la promenade du bord de la Seine et se trouve percée, à sa base, d'un portique de façon que la circulation ne soit pas interrompue.

La première partie des palais se termine par celui de la Grande-Bretagne qui est fort bien situé, puisqu'il est complètement isolé sur deux façades. Ce monument, qui reçoit le nom de Pavillon du Prince de Galles, est exclusivement réservé à des salons d'honneur et à l'histoire rétrospective de l'Art en Angleterre. Ce palais n'a pas l'apparence grandiose qui correspond à ce mot ; c'est plutôt une élégante habitation sur laquelle on sent planer l'idée de *confortable*; c'est une maison qui a l'air bien chauffée, bien calfeutrée et bien éclairée, mais sans luxe et sans prétention. L'architecte est M. Luytens.

Si nous traversons le terre-plein des jardins, nous arrivons à la seconde portion de la rue des Nations, qui se compose de la Belgique, la Norvège, l'Allemagne, l'Espagne, Monaco, la Suède, la Grèce et la Serbie.

La Belgique est particulièrement bien située, puisqu'elle fait pendant au pavillon de l'Angleterre et se trouve comme lui isolé et bien en vue. Ce palais est la reproduction de l'Hôtel de Ville d'Audenarde ; la copie est fidèle, on y retrouve les galeries du rez-de-chaussée, et les deux étages surmontés d'un toit élevé avec son campanile à carillon ; cette tour monte à 40 mètres de hauteur.

Le pavillon de la Norwège (M. Sinding-Larsen, arch.) est une construction en bois rappelant les chalets du pays dont il doit nous donner des impressions ; au premier étage, un grand balcon, faisant saillie sur la façade, permet à une foule nombreuse de venir admirer les fêtes qui se déroulent sur la Seine.

Le palais de l'Allemagne est un des plus importants de la série ; on sait que ce pays a fait de grands efforts pour paraître dignement à notre Exposition, et qu'il a pleinement réussi ; cet édifice est très brillant et très mouvementé, il est un exemple de l'architecture allemande au XIIIe siècle. Il attire l'attention par sa forme et sa couleur ; un donjon garni d'une grosse horloge monte à 45 mètres de hauteur ; c'est le point le plus élevé des palais bordant la Seine ; les toits sont peints avec un ton de cuivre vert d'un aspect nouveau et très curieux.

Comme presque tous les grands palais de la rue des Nations, le pavillon de l'Espagne est accompagné d'une tour carrée qui donne plus d'importance au monument et en arrête la monotonie ; comme pour la Hongrie, cette tour fait saillie sur l'estacade et se trouve percée d'une arcade à sa partie inférieure. L'édifice est du style renaissance, c'est encore un point de ressemblance avec les autres palais. Il rappelle des motifs de construction de l'Espagne ; ainsi, la façade principale est celle de l'Université d'Alcala, une autre est celle de l'Alcazar de Tolède, etc.

La principauté de Monaco se présente à l'Exposition avec les mêmes prérogatives qu'un grand pays ; la surface de son palais équivaut à celle des contrées que nous venons de parcourir : il est un souvenir du palais des Grimaldi, et produit un effet très intéressant dans ce concours des nations. Ses architectes sont MM. Medouin et Marquet.

Comme pour le pavillon de la Norwège, celui de la Suède a été exécuté dans son pays, les matériaux, apportés par eau jusqu'aux chantiers, ont été remontés et assemblés. L'édifice est surtout destiné à produire de l'effet : de tous les côtés ce sont des banderoles, des ponts lancés entre un campanile et une tour, des terrasses qui avancent, etc., etc. ; l'ensemble est très coloré et très brillant.

Les deux derniers palais, ceux de la Grèce et de la Serbie, sont les plus petits de l'enfilade ; celui de la Grèce se compose de divers éléments faisant saillie les uns sur les autres et recouverts de coupoles aplaties ; tous les parements sont garnis de céramique fort brillante. Quant au palais de la Serbie, c'est lui qui a été terminé le premier de tous les pavillons étrangers ; il est un souvenir d'une église turque, les motifs byzantins sont souvent repris sur lui ; sa situation, très en vedette, puisque le palais est situé près du pont de l'Alma, le fait remarquer par le public.

Les palais que nous venons d'énumérer ne sont pas les seuls construits sur le quai d'Orsay, entre les deux ponts ; derrière eux, sur le quai lui-même, nous en avons d'autres de moindre importance et qui n'ont pas de façade sur la Seine ; ce sont : le Danemark, le Portugal, le Pérou, la Perse, le Luxembourg, la Finlande, la Bulgarie et la Roumanie. De tous ces pavillons et chalets, celui qui se distingue le plus par son originalité et par la bizarrerie de son architecture est celui de la Finlande qui retient, avec beaucoup de succès, les amateurs de constructions originales.

Le palais de la Perse est des plus intéressants. La situation de ce monument est merveilleuse et bien en vue, sur la Grande Place située au milieu de la rue des Nations ; elle est à proximité de l'Angleterre dont les lignes basses et la teinte terne ont pour résultat de mettre en relief le brillant coloris et les formes hardies du palais persan. Une des circonstances qui relève le mérite de cet édifice est son architecture qui est bien locale et l'exécution des divers éléments qui ont été faits en Asie. Il y a des céramiques superbes. On sait que la Perse excelle dans la fabrication de ces faïences ; il existe des carreaux à émail incrusté datant de plus de mille ans et qui possèdent des couleurs superbes absolument impossible à reproduire aujourd'hui.

Le commissaire général de la Perse à l'Exposition est le général Kitabji Khan qui, malgré sa nationalité asiatique, est un véritable Parisien ; c'est en grande partie à son influence et à son goût personnel que nous devons ce merveilleux petit palais du quai d'Orsay.

LES PAYS EXOTIQUES.

La situation des jardins du Trocadéro rendait cet emplacement merveilleusement prédestiné à l'installation des pavillons des pays exotiques; la pente très accentuée du sol permet d'abord aux édifices d'être vus de loin et de ne pas se gêner les uns les autres; ensuite, la plupart des nations qui sont représentées en cet endroit, se trouvant situées sous des zones tropicales, le soleil joue un rôle considérable dans la décoration de leurs architectures, les galeries d'avant-plan ont toujours des retombées ajourées et des colonnes formant des ombres vives sur les murs de fond contribuent à l'ornementation mouvementée de tous ces pays chauds. Or, il se trouve que, grâce à l'exposition en plein nord du Trocadéro, le soleil donne directement sur les façades, du matin au soir: il a donc son utilité et devient le meilleur des collaborateurs des architectes, en même temps que le plus économique.

La partie de gauche des jardins est réservée aux colonies françaises; le côté droit, au contraire, a été consacré en principe aux colonies des pays étrangers; en réalité, on y a ajouté des nations qui n'ont pas de colonies spéciales, mais qui, par leur caractère exotique et leur cachet original, ne déparent pas l'ensemble tel qu'il avait été primitivement conçu.

Nous voyons au Trocadéro une enceinte réservée aux Indes Anglaises et aux colonies de la Grande-Bretagne; un groupe de constructions attribuées aux possessions de la Hollande, Java, Sumatra et les Indes Néerlandaises; des palais qui rappellent la Sibérie, représentée comme colonie de la Russie; nous pouvons enfin ajouter l'Égypte et le Transvaal qui sont en voie de devenir Anglais. Deux pays indépendants tiennent également leurs assises au Trocadéro : la Chine et le Japon.

Une circonstance qui contribue à donner une animation très gaie aux constructions de ces parages est le manque de monotonie: les palais sont très variés et ils ne sont pas entassés les uns sur les autres; tous les arbres ont été respectés et l'on sait qu'ils sont fort nombreux en cet endroit. Nous avons aussi l'ancien aquarium, construit pour l'Exposition de 1878; il n'a jamais été démoli et se trouve en place pour 1900 ; or, il occupe une surface assez considérable, et toute une végétation tourmentée a pris racine dans son entourage; elle donne à ces rochers une apparence de forêt vierge... en miniature.

Les colonies anglaises.

Les premiers palais que nous voyons, en arrivant aux jardins du Trocadéro par le pont d'Iéna, sont ceux des colonies anglaises ; la blancheur immaculée des murs nous surprend peut-être au premier abord, mais nous charme sûrement dès que nous y avons arrêté nos regards : elle est de mise absolue dans ces pays brûlants de l'Inde ; les maisons, qui ont des murs épais pour arrêter la chaleur, sont peintes en blanc afin de refléter les rayons du soleil en absorbant le moins de calorique possible. Il y a deux édifices : un pour les Indes proprement dites, l'autre pour le reste des colonies anglicanes ; nous voyons aussi un pavillon de forme spéciale attribuée à l'île de Ceylan, dans lequel on peut boire du thé dont la culture est la principale industrie du pays ; on sait que ce thé est d'une espèce particulière et ne ressemble en rien à celui qui vient de Chine et que nous avons l'habitude de boire ; toutefois, son arome n'est pas très apprécié en France, les quelques essais qui ont été faits en diverses occasions, pour l'introduire chez nous, ont toujours échoué piteusement.

Les salles du palais des Indes sont consacrées, les unes aux produits du gouvernement local, on y voit toutes les essences des bois du pays, des ivoires, etc. ; les autres sont attribuées aux exposants particuliers.

Toutes ces salles sont très élevées et entourées de balcons intérieurs. Cette disposition est fort heureuse pour l'installation des *trophées*, très en usage dans toutes les expositions anglaises ; ce sont des amas de produits formant pylônes dans lesquels on entasse les objets les plus disparates dans le seul but de faire un *tout* avec des étalages et des groupements heureux ou bizarres !...

Le palais des autres colonies anglaises se compose de trois corps de bâtiments réunis par des passerelles de façon à faire des ponts décoratifs rappelant, autant que possible, ceux qui sont en usage dans le pays ; cet édifice est consacré à l'Australie occidentale, au Canada et aux *Crown colonies*, c'est-à-dire aux colonies qui n'ont pas de gouvernement indépendant, mais qui dépendent immédiatement de la direction coloniale de Londres, comme l'Ile Mauritius, les Seychelles, etc.

Ces palais ont été construits au Trocadéro par des ouvriers anglais spécialement engagés dans ce but et venant en ligne droite de leur pays ; ils ont apporté avec eux leurs habitudes, c'est un bagage dont ne se départissent jamais les dignes fils d'Albion ; aussi était-il assez curieux de voir ces ouvriers tailler du bois et enfoncer des clous avec cette correction immuable que nous leur connaissons.

L'ossature des palais est en bois recouvert de staff ; les motifs d'ornementation ont été exécutés à Paris par nos spécialistes, mais les dessins ont été faits à Londres dans les bureaux de M. Charles Clowes, le jeune architecte de talent qui avait mission de construire ces palais anglais.

La République Sud-Africaine.

La présence de l'exposition tranvaalienne, située à proximité de la précédente, faisait dire dernièrement à un diplomate anglais, que l'issue de la guerre actuelle aura pour effet de réunir dans une même enceinte les constructions des deux nations; et il ajoutait, avec une certaine raillerie, que la seule question encore incertaine était de savoir de quel drapeau elles se trouveraient surmontées.

Cette étude sur les prédictions de l'avenir n'est guère de notre ressort, notre rôle est plus modeste : il se limite à constater les efforts faits jusqu'à ce jour et à montrer, aujourd'hui, ce que sont les palais de l'Exposition de 1900. Un des premiers terminés a été le palais Sud-Africain ; les charpentes ont été dressées, dès le premier jour, sur des plans qui étaient arrêtés d'avance, de sorte que le temps gagné a été maintenu jusqu'au bout.

L'ensemble des constructions du Transvaal au Trocadéro se compose d'un palais officiel, de deux pavillons pour le traitement de l'or, d'une ferme boër et d'un chariot tel que les anciens Hollandais nomades en employaient lors de leur arrivée en Afrique.

L'édifice principal contient un salon dit du Président — il est peu probable qu'il vienne à l'Exposition ! — et de galeries où sont montrés tous les produits du pays; ceux-ci sont forcément agricoles, le but de la participation du Transvaal ayant été principalement de faire voir la richesse du sol de la République. Ce pavillon est élevé à l'intersection de l'avenue d'Iéna et d'une allée qui conduit aux parties supérieures du Trocadéro; il a pour objet de parler des résultats obtenus par les populations boërs; il est une sorte de conséquence des deux petites constructions dans lesquelles on nous montre la source de la richesse du pays, la production de l'or. On voit dans ces dernières une reconstitution parfaite de l'exploitation minière au Transvaal ; à cet effet on a fait venir du minerai brut en quantité suffisante pour garnir les parois d'une mine souterraine, où l'on assiste à un simulacre de l'extraction suivant les procédés employés dans ce pays; le public se rend compte du travail, il voit ensuite toutes les transformations que subit le métal précieux depuis son état natif, en minerai, jusqu'à son état final, la fabrication des bijoux et la frappe de la monnaie.

La ferme boër est la reproduction textuelle d'une installation des paysans du Sud de l'Afrique : trois chambres, une salle à manger et une cuisine constituent toute la distribution du local ; ces pièces sont meublées avec des objets venant en ligne droite de l'Afrique et, afin de rendre l'illusion plus complète, une famille boër est venue faire l'installation elle-même ; elle vit dans cet édicule pendant le temps de l'Exposition et contribue à lui donner une couleur locale des plus vivantes.

Les premiers colons du Sud de l'Afrique étaient les Hollandais qui s'étaient expatriés pour chercher fortune sous un ciel plus propice. De nature, ils étaient très nomades ; aussi se passa-t-il de longues années avant que les villes fussent régulièrement construites ; les Boërs édifiaient peu de maisons, ils vivaient dans des voitures qui, sortes de roulottes, les emportaient dans toutes les directions, suivant les besoins variés qui se présentaient, c'est un de ces chariots qu'on a voulu nous faire voir au Trocadéro, il rappelle l'histoire de l'origine du Transvaal riche et civilisé que nous connaissons aujourd'hui.

La Sibérie.

Un des attraits des travaux de l'Exposition de 1900 a été l'installation des chantiers de la Sibérie, avec ses ouvriers de l'Oural dont les costumes nationaux donnaient au Trocadéro un air d'exotisme très spécial.

L'architecture nationale de la Russie est conservée dans toute sa poésie, des motifs du Kremlin reviennent à chaque instant sur cette surface mouvementée du palais ; la multiplicité des tours et des clochetons élevés donnent à l'ensemble de la construction une notion assez précise de la Ville Sainte. Et si, certains jours, on avait soin d'entourer les bâtiments d'oriflammes et de sonner les cloches, on éprouverait les mêmes émotions que celles du voyageur à Moscou.

Dans l'enceinte de la section russe, la Compagnie des wagons-lits a installé un panorama très intéressant dans lequel nous assistons à un voyage de Moscou à la Chine ; le spectateur est commodément installé dans les voitures de la Compagnie, pendant qu'un mécanisme fait dérouler la perspective du paysage du chemin de fer asiatique, avec arrêts aux principales stations ; l'illusion est complète, nous avons même la trépidation du train qui nous laisse croire que nous sommes vraiment en wagon, pendant que nous nous imaginons être vraiment en Sibérie.

Les Colonies Néerlandaises.

L'ensemble de l'Exposition des Indes néerlandaises, située en bordure de l'allée principale qui longe le château du Trocadéro, se compose de trois constructions distinctes ; à droite et à gauche, deux palais symétriques sont des reproductions d'habitations luxueuses des indigènes du haut plateau de Padouy, à l'île de Sumatra. Entre ces deux édifices, et un peu en arrière, nous avons une copie parfaite du temple de Tjandi-Sari, à Java ; toutes les sculptures, qui sont remarquables, ont été faites à l'aide de surmoulages pris sur place ; nous voyons là un exemple des plus intéressants de l'art rétrospectif ; les amateurs d'architecture ancienne seront servis au delà de leurs désirs.

Les pavillons contiennent des modèles de fortifications dans les colonies néerlandaises, du matériel de campement, d'hôpitaux militaires, d'établissements de marine, etc. ; nous y voyons aussi des expositions ethnographiques, minéralogiques et agricoles des différentes possessions de la Hollande, ainsi qu'un panthéon des dieux hindous adorés par des populations actuelles de Bali et de Lombok, composé de soixante-dix grandes statues richement décorées.

La Chine et le Japon.

La Chine et le Japon sont représentés au Trocadéro par une série de bâtiments construits les uns à côté des autres ; ils donnent par leur ensemble une notion exacte des pays dont ils doivent parler.

Le Céleste Empire, qui n'avait pas exposé en 1878 ni en 1889, s'est décidé à répondre à notre appel pour 1900. Nous avons des copies du pavillon du Dragon-Noir et des emprunts faits aux palais impériaux ; un pavillon à deux toits est la reproduction exacte d'un des six pavillons placés l'un devant l'autre, à Pékin et dont l'ensemble constitue la demeure du souverain chinois ; autour de cet édifice principal, nous avons une série d'édicules décorés dans le style du pays, où des artisans travaillent les principaux produits de l'Empire.

Le Japon est rappelé au Trocadéro par des constructions spéciales, par des lacs en miniature, par des fleurs, par des arbres aux contours tortueux et bizarres; c'est *tout* le Japon à Paris.

L'Égypte.

L'Égypte tient également ses assises au Trocadéro ; seulement, ce n'est pas une exposition officielle, nous n'avons là qu'une entreprise particulière placée sous le patronage du Khédive, mais sans commissaire général ni délégué du Gouvernement. Il est probable que c'est ainsi que l'ont décidé messieurs les Anglais.

Le Siam, le Maroc, Saint-Marin et l'Équateur.

Au Champ-de-Mars, près de la Tour Eiffel nous avons aussi quelques pavillons de pays exotiques et spéciaux : le Siam, le Maroc, la République de Saint-Marin et l'Équateur.

L'exposition siamoise est des plus colorées et des plus mouvementées; elle rappelle l'architecture de Bangkok dans toute sa pureté et ce fait à lui seul prédispose en sa faveur ; l'édifice se compose de deux corps de bâtiment séparés par un pont avec escaliers.

La plus grande des deux parties est la reproduction d'un temple religieux siamois; il contient une intéressante exposition rétrospective et contemporaine de l'art en ce grand pays d'Asie. Le deuxième édifice est réservé à un restaurant et à un théâtre pour lequel M. Ohya Suriga Nuvats, le commissaire général du Siam à l'Exposition, a fait venir la troupe des comédiens ordinaires du roi (fig. 91).

Le Palais de l'Équateur retient l'attention des visiteurs de l'Exposition, moins assurément par ses dimensions que par le charme de sa conception ; le merveilleux petit édifice que la République de l'Equateur a élevé, au Champ-de-Mars, au pied de la Tour Eiffel, à proximité du palais de MM. Tronchet et Rey, est réservé aux produits et procédés des Chasses, des Forêts, Pêches et Cueillettes.

L'Équateur est merveilleusement encadré par les arbres du Champ-de-Mars; son architecte M. Dilla, un Chilien français, c'est-à-dire qui a toujours habité la France, a merveilleusement utilisé l'emplacement qui lui a été concédé ; son palais se compose de deux corps, l'un est à surface rectangle allongé dont le toit est une terrasse à laquelle on accède, et d'où le public peut jouir d'un panorama superbe sur les constructions et jardins environnants;

l'autre, qui lui est accolé, est une tour carrée élevée et dominant l'ensemble, une coupole vient en terminer le faîte et sert de point d'appui au drapeau national de la République américaine.

Le style général de l'édifice est des plus gais, il rappelle l'époque de Louis XV par sa décoration; toutefois, chose qui n'a aucun rapport avec ce genre, de larges baies ont été ménagées sur toutes les surfaces, elles envoient de la lumière à flot dans l'intérieur, ainsi que l'a si particulièrement recommandé M. Picard à tous ses architectes et à ceux des puissances étrangères : la lumière est un des principaux éléments de succès d'une exposition.

Un vaste porche élevé sur trois marches sert d'entrée au pavillon, il est dominé par une immense verrière artistique dont le sujet principal représente les armes de l'Équateur, un condor monté sur un Soleil. De chaque côté de ce motif principal, on a placé les bustes en bronze des deux plus grandes gloires littéraires de la République : l'immortel poète Olmedo et le grand prosateur Montalvo : ces sculptures ont été exécutées par un jeune artiste de grand avenir, M. Firmin Michelet, dont on a fort admiré les envois aux derniers Salons.

L'intérieur est coupé par un étage, mais les dispositions sont prises pour que cette division soit peu visible de l'extérieur et ne brise pas l'harmonie des grandes baies qui prennent toute la hauteur de l'édifice.

Les produits exposés sont surtout ceux de la culture nationale : le cacao, le café, le tabac, etc. ; l'industrie est représentée par la fabrication des chapeaux de paille qui, sous le nom de *panamas*, ont acquis une réputation universelle.

Le pavillon est exécuté en fer, recouvert d'ornements en staff; toutefois, ces derniers sont aussi peu nombreux que possible afin de laisser à l'édifice toute sa valeur intrinsèque; il ne doit pas, en effet, disparaître après l'exposition, comme la plupart de ses congénères ; il sera démonté et expédié à Guayaquil, où il doit être reconstruit pour servir de bibliothèque municipale.

On se souvient qu'en 1889 les Argentins avaient employé le même procédé pour leur palais du Champ-de-Mars ; malgré ses dimensions importantes, il fut transporté par morceaux jusqu'à Buenos-Ayres, où il sert actuellement de Palais d'exposition.

Le commissaire général est M. Rendon, docteur en médecine de la Faculté de Paris et ancien consul général de l'Équateur en France ; le secrétaire de la délégation est M. Dorn y de Alsua qui occupait déjà le même poste à l'Exposition de 1889, alors qu'il était consul à Paris; actuellement il est premier secrétaire de la légation : depuis les nombreuses années qu'il habite notre capitale, il a su s'attirer la sympathie non seulement de ses compatriotes, mais encore de tous les Français qui l'ont approché.

L'exposition marocaine est installée au Champ-de-Mars, contre le pied sud-ouest de la tour Eiffel et à proximité du palais de la société l'Optique; elle se compose, comme presque toutes les participations exotiques, de deux parties, l'une officielle, l'autre formée d'annexes dans lesquelles on fait figurer un restaurant, un café, des boutiques, etc. La seule intéressante est l'exposition officielle; elle a un caractère d'authenticité réelle, tandis que la partie des attractions est toujours sujette à caution tant au point de vue de l'exactitude des reconstitutions, que de l'authenticité des indigènes qui cherchent à vendre leurs produits.

L'intérieur du pavillon marocain est la reproduction d'un des kiosques impériaux qui se trouvent dans les anciens palais de Fez et qui servent de résidence à l'Empereur du Maroc.

Les plafonds sont peints et dorés, les stucs découpés à jour reproduisent les types les plus délicats de l'architecture arabe du Maroc; on y retrouve toute cette décoration brillante et colorée que seuls savent inventer les artistes de l'Orient.

Sur un des angles du palais on a élevé un minaret qui n'est autre que la reproduction d'un minaret de Tétouan; quant à la porte d'entrée, elle est la copie de la porte de Mansour el Huldj, à Méquinez; nous voyons également une autre porte, qui est celle de la mosquée des Andalous, à Fez; l'architecte de la section marocaine, M. Saladin, aurait eu beaucoup de difficultés pour faire exécuter ces reconstitutions s'il n'avait eu dans notre consul général à Tanger, M. H. de la Martinière, un collaborateur dévoué; c'est à lui qu'il doit d'avoir pu puiser tous les renseignements possibles dans une collection unique de photographies, dont on peut d'ailleurs prendre connaissance à la section marocaine et que notre consul général avait prises pendant ses nombreux voyages dans l'intérieur de l'empire chérifien.

Ce petit palais marocain est extrêmement intéressant au point de vue de l'architecture. On sait que les artistes marocains d'aujourd'hui ont conservé dans toute leur pureté les traditions du style arabe d'Espagne.

Le délégué français à la section marocaine est M. Muzet, député de Paris, dont la compétence en matière d'expositions assure le succès de celle à laquelle il a donné ses soins.

Quant aux commissaires marocains, ce sont : Sid el Arbi el Abarodi, maire de Tanger, et Sid Mohammed Djelloul, gouverneur des Douanes chérifiennes à Tétouan.

L'exposition marocaine n'est assurément pas une des plus considérables de l'Exposition ; mais, grâce à la générosité du sultan et aux soins apportés par les commissaires et par l'architecte, elle est certaine de retenir la curiosité et l'intérêt du public.

Quant aux objets exposés, nous voyons des peaux, des tapis, des cuivres travaillés, des armes, des faïences, des broderies, des étoffes, des antiquités et surtout des cuirs, entre autres des échantillons du fameux maroquin.

LES POSSESSIONS FRANÇAISES.

De toutes les expositions, les plus productives, tant au point de vue de l'intérêt qu'à celui des résultats, ce sont sûrement celles qui ont pour mission d'établir un contact immédiat et tangible entre la France et ses possessions. C'est un morceau de la colonie elle-même qui vient s'implanter chez nous : ces exhibitions nous font voir la vie des Français d'outre-mer, nous renseignent sur le sol de ces terres exotiques et, par ce lien visible, elles rendent plus intimes et plus palpables les attaches de sympathies qui nous lient aux coloniaux.

Le but d'une exposition coloniale est de renseigner les habitants de la France continentale sur les produits et les avantages qu'ils pourront trouver en quittant leur terre native sans pour cela s'expatrier. On ne saurait trop chercher les moyens d'étendre l'émigration vers les nouvelles possessions : d'une part, le travail devient pénible chez nous et peu rémunérateur, tandis que sur ces terres neuves c'est le contraire, toute industrie menée intelligemment et soutenue par des bras actifs doit forcément profiter au travail et aux capitaux engagés. Mais, me direz-vous, si la production est illimitée (car il est toujours loisible d'inventer des procédés et machines capables d'augmenter les produits de la terre et des usines), il n'en est pas de même de la consommation, qui se trouve forcément arrêtée aux besoins des acheteurs ; nous sommes d'accord, mais la France a tout intérêt à se suffire d'abord à elle-même et d'importer ensuite le moins possible, de façon à ne pas laisser aux pays étrangers les bénéfices de l'industrie et de la culture. Qu'elle produise à bon compte et l'importation diminuera, surtout si l'origine des produits se trouve dans les colonies, où la vie et la main-d'œuvre sont à bas prix et pour lesquelles les droits d'entrée en France continentale subissent un dégrèvement ruineux pour la production étrangère.

Le moment d'une manifestation coloniale est bien choisi, car nous sommes au lendemain d'une transformation complète de la carte des possessions françaises ; depuis vingt-cinq ans, la surface et l'importance des colonies ont augmenté dans des proportions considérables, et l'heure est arrivée de chercher à profiter du bien acquis ; nous sommes dans une période intermédiaire, celle du propriétaire qui vient d'acquérir une propriété, mais qui ne s'y est pas encore installé.

Les concours apportés de tous les côtés pour la réussite de l'exposition des colonies au Trocadéro en assurent le succès ; un de ceux qui lui sont le plus profitable, c'est la présence de son chef d'état-major, M. Charles-Roux, l'ancien député de Marseille, la ville la plus en rapport avec nos colonies et où ces questions d'expansion sont constamment à l'ordre du jour : n'a-t-on pas dit que Marseille était la capitale de la France coloniale comme Paris est la capitale de la France continentale ?

Deux facteurs ont manqué pourtant, à savoir le temps et l'espace. On a commencé les travaux un peu tard et il a fallu tout le zèle des organisateurs et des nombreux architectes, pour être prêt à l'heure voulue. D'autre part, la surface de la moitié du Trocadéro accordée pour les exhibitions exotiques françaises est vraiment trop réduite pour qu'il n'y eut pas une difficulté sérieuse à surmonter. M. Charles-Roux, dans son désir de donner à la manifestation le plus d'éclat possible, voulait qu'on lui attribuât les jardins de la Muette, le cadre eût été charmant pour y installer des habitations et palais tous différents par leur forme, leur couleur et leur origine ; il y aurait eu des effets de plein air des plus heureux et le public, l'esprit plus tranquille et moins distrait, aurait pu profiter avec plus d'avantages des enseignements qui doivent être la conséquence intelligente de ces expositions. Un chemin de fer spécial aurait conduit le long de l'avenue Henri Martin les visiteurs jusqu'à l'enclos colonial de la Muette sans les faire pour cela quitter le périmètre de l'Exposition elle-même. Ce rêve n'a pu se réaliser, car s'il donnait satisfaction aux colonies, il contrarierait les plans d'ensemble de

M. Picard ; il importait, en effet, au point de vue général, de grouper toutes les sections en un seul tenant, de façon à ce que l'intérêt ne pût se ralentir un seul instant. Le détachement, impossible à éviter, des moyens de transport et des sports à Vincennes était déjà un dérivatif important qu'on ne voulait pas voir se reproduire; il a fallu s'incliner devant les considérations d'ordre supérieur, et si l'exposition coloniale du Trocadéro est réduite comme surface, elle est considérable comme intérêt et les soins qu'y ont mis ses auteurs leur a fait oublier le désir qu'ils avaient de faire plus grand.

Notre exposition coloniale est donc exclusivement installée au Trocadéro et elle embrasse toute la partie de gauche en y adjoignant la place du Trocadéro située derrière le palais; la partie de droite est, comme on le sait, attribuée aux colonies et possessions des puissances étrangères.

La plupart des colonies payent elles-mêmes les frais de leur exposition ; toutefois, pour subvenir aux frais généraux et pour pouvoir donner une représentation suffisante aux possessions trop pauvres pour pouvoir faire les choses elles-mêmes, la Chambre a voté un crédit de 1.800.000 francs qui, joints aux contributions locales, forment un budget global de 5 millions, somme qui a été dépensée pour l'exposition des colonies au Trocadéro.

Un pavilllon est construit pour le ministère des Colonies ; il se trouve placé à la partie supérieure de l'avenue qui longe le bassin central ; on y voit le fonctionnement des différents services du ministère, les missions, les colonies pénitentiaires, ainsi qu'une collection complète des timbres-poste coloniaux ; c'est en cet endroit que se réunissent les membres d'une commission scientifique des colonies, à la tête de laquelle est placé M. Charles-Roux ; les autres membres sont MM. Dubois, Terrier, Peschau, etc. ; le but de cette commission est de publier des ouvrages économiques et statistiques sur nos colonies, avec renseignements sur la main-d'œuvre, les produits, les prix de revient, l'industrie, etc.; c'est une sorte d'encyclopédie de nos possessions. M. Dubois a, pour sa part, à faire l'histoire des colonies françaises depuis 1800 jusqu'en 1830 en y comprenant la conquête de l'Algérie.

M. Terrier est chargé de l'historique pendant ces vingt-cinq dernières années et M. Pellet a le soin de dresser un atlas général et complet de nos possessions actuelles. Les travaux sur l'organisation intérieure et les statistiques sont confiés à MM. Arnault, Camille Guy, chef de service géographique des colonies, Peschau, Dorvault, ancien chef de cabinet au ministère des Colonies et Froidevaux, agrégé de l'Université.

A côté du pavillon du ministère, on a construit celui de l'Alliance française, une société qui a pour objet de développer l'usage de notre langue dans nos colonies et à l'étranger.

Signalons enfin une serre coloniale qui renferme la flore de toutes les colonies nécessitant les soins spéciaux d'abris couverts et le pavillon de la presse coloniale où se trouvent exposés tous les organes ayant pour but de donner à ces pays neufs de la France la divulgation de leurs forces naturelles, de les faire connaître, de les faire aimer.

L'exposition des Colonies est sous la dépendance directe du ministre; toutefois les pouvoirs du gouvernement ont été délégués à M. Charles-Roux; le directeur du service est M. Saint-Germain, ancien député assisté d'un sous-directeur, M. Broussais, et d'un secrétaire général, M. Morel. Chaque colonie a un commissaire spécial placé sous le contrôle immédiat du gouverneur de la possession ou du résident du protectorat.

Ce sont:

MM. le Dr Loir (Tunisie); Demartial (Martinique); Clayssen (Guadeloupe); G. Beust (Saint-Pierre et Miquelon); Gachet (Guyane); Ernest Chabrier (Réunion); Vienne (Mayotte et Comores); L. Simon (Nouvelle-Calédonie); Chailley-Bert (Océanie); Boucart (Côte des Somalis); Schmitt (Sénégal); Félix Dubois (Soudan français); Guaboriaud (Guinée française); Pierre Mille (Côte d'Ivoire); Beraud (Dahomey); Ponel (Congo); Grosclaude (Madagascar); Pierre Nicolas (Indo-Chine).

Chaque colonie a son architecte spécial, mais les plans généraux ont été dressés par M. Sellier de Gisors, l'architecte du Sénat, qui devait également sanctionner chacun des projets particuliers.

L'Algérie.

En 1889, l'Algérie était mal logée à l'Exposition; on se souvient encore de ce pavillon de second ordre construit sur l'esplanade des Invalides dans lequel on avait réuni les produits de cette province extra-européenne de la France. Il fallait que 1900 rachetât cette erreur par une exhibition brillante, afin de montrer la note exacte de ce pays d'Afrique avec toute sa couleur et son mouvement.

La représentation d'une contrée exotique à une Exposition universelle doit prendre son intérêt moins dans l'entassement des objets recueillis sur ces terres souvent lointaines que dans la représentation exacte des coutumes, des mœurs et des habitudes du pays. En général, nous sommes assez bien renseignés sur la valeur des produits fournis par les différentes contrées, nous trouvons donc peu d'attrait à retrouver, comme en un catalogue, toute la série des substances provenant des différentes zones : lorsqu'on nous aura montré des ballots de thé, de riz ou de café, lorsqu'on nous aura exhibé des échantillons de bois d'essences si rares qu'elles soient, lorsqu'on aura déroulé devant nos yeux des collections de tapis, de peaux ou de céramiques divers, nous serons peu renseignés sur ce que peuvent être la Chine, le Congo ou la Perse ; mais si l'on trouve le moyen de nous faire revivre ces pays soit par des constructions bien exactes et bien choisies dans l'architecture locale, soit par l'exhibition ethnographique des naturels du pays dans leurs différentes occupations, soit enfin par des implantations de fleurs et d'arbres qu'on aura su faire voyager sans dommage, nous remporterons alors de notre visite des impressions réelles, nous nous serons en quelque sorte identifiés avec les habitudes exotiques de ces différentes contrées et nous pourrons ainsi conserver un souvenir utile d'un enseignement agréable et intelligent.

Tel est le programme qui semble avoir été suivi par les organisateurs des différentes expositions coloniales au Trocadéro pour 1900 et plus spécialement pour celle de l'Algérie, qui, par sa situation et son importance, retient la première notre attention.

On a choisi pour l'installer les deux terre-pleins des jardins situés près de la Seine, à droite et à gauche de l'avenue qui monte jusqu'au bassin du palais du Trocadéro. Cet emplacement est merveilleux, car sa disposition en pente a permis d'élever sur lui des constructions bien en vue pour le public arrivant par le pont d'Iéna. D'autre part, ces palais sont placés en plein nord, c'est-à-dire qu'ils reçoivent toute la journée les rayons de soleil, et de ce fait l'architecture se trouve accentuée, les grandes ombres portées doublent, en la faisant valoir, l'importance des motifs d'ornementation ; le soleil est un facteur important de décoration, il permet ainsi de retrouver ces édifices sous leur véritable lumière et sous les mêmes aspects que dans l'Algérie elle-même, où le grand astre règne en maître, illuminant toute l'année les façades des palais et des masures.

La division en deux sections distinctes de l'Exposition algérienne nous montre la contrée africaine sous deux aspects différents: d'une part, c'est l'exposition officielle, avec toute sa gravité et, disons-le aussi, sous son côté ennuyeux, de l'autre, au contraire, c'est une reconstitution d'une rue d'Alger avec tout son brouhaha, son mouvement d'indigènes, et ses belles couleurs bariolées; c'est un morceau de l'Algérie elle-même apporté en plein Trocadéro.

La partie officielle se compose d'un seul palais recouvrant tout l'emplacement disponible. Grâce à la disposition en pente du terrain, on a pu créer un joli mouvement dans l'architecture; il s'ensuit une certaine difformité à l'intérieur, ainsi tel plancher est à la fois premier étage à une extrémité et rez-de-chaussée à l'autre; mais pour l'extérieur cette condition est des plus heureuses, puisqu'elle a conduit l'architecte, M. Ballu, à dessiner différents corps de bâtiments qui semblent former des constructions diverses à cause des plans d'assises successifs sur lesquels chaque portion est construite.

La façade principale est très mouvementée et donne une note vivante de l'architecture algérienne ; un escalier très large conduit à une sorte de galerie basse sans toit, mais simplement surmontée d'un bandeau décoratif; à droite de ce motif, nous avons un vaste pavillon prenant naissance au niveau du sol et flanqué d'un minaret de 28 mètres de hauteur : ce dernier rappelle celui de Tlemcen où l'on retrouve des éléments de constructions absolument semblables.

L'aspect extérieur du palais en indique la division intérieure; la salle principale est dominée par une coupole dont les lignes rappellent des souvenirs de la mosquée de Pechéri, et le soir, lorsqu'on illuminera le pavillon pour les fêtes de nuit, les voyageurs, pardon les visiteurs... retrouveront la décoration nocturne employée sur ce monument original.

Afin de donner plus de couleur locale à cet édifice exotique, on a eu soin de préparer toute une décoration de plantes indigènes et de palmiers rapportés à grands soins du sol algérien.

Que verrons-nous dans ce palais? mais tous les produits d'Algérie, des vins, du maïs, des laines, des cuirs, des peaux, des bouchons; on sait que le liège est une des grandes richesses de cette contrée et lorsque, dans un certain nombre d'années, on aura terminé les opérations du *démacelage* qui consistent à enlever l'écorce de l'arbre pour laisser venir le liège femelle, le seul utilisable, cette industrie à elle seule rapportera plus de 20 millions par an à l'Algérie.

On a consacré des salles aux reproductions des antiquités africaines, dans lesquelles nous pouvons admirer force surmoulages et photographies retraçant l'histoire de l'Algérie depuis les temps les plus reculés.

Les expositions forestière, agricole et minière sont très importantes : nous voyons les minerais de fer et de zinc avec des procédés de traitement, ainsi qu'une reconstitution des installations d'eau minérale de Hammam Meskoutine (bains des damnés) qui sortent de terre à une température de 95°.

Ajoutons qu'on a dressé pour notre enseignement une vaste carte en relief de 24 mètres carrés, nous montrant toute la topographie du sol algérien ; enfin une grande maquette de 9 mètres carrés est une reconstitution exacte à 0,005 par mètre des ruines du temple de Timgad ; ce petit travail est l'œuvre de M. Ballu, dont les nombreuses études sur l'Algérie lui ont donné une compétence spéciale et faisaient de lui l'architecte désigné d'avance pour la construction du palais qui devait parler de cette province de la France.

Si nous quittons le palais officiel pour nous rendre au milieu des constructions dites attractions de l'Algérie, nous serons peut-être moins savamment édifiés, mais nous serons sûrement beaucoup plus agréablement charmés. Nous nous trouvons au milieu d'une ville des Barbaresques vers 1830, avec ses portes cintrées, ses rues sinueuses et montantes que surplombent des *moucharabies*, des *yaouleps*, des *muchers* discrètement voilées, des petites boutiques étroites bourrées des produits de l'industrie locale, fabrication de bijoux, de dentelles, des meubles peints, d'incrustation, de tout cet art aux formes si typiques, aux couleurs criardes et d'une solidité très... passagère.

Les rues intérieures de cette cité algérienne débouchent extérieurement par des portes de *Bab-el-Oued* (porte de la Rivière), *Bab-el-Baïlik* (porte de Gouvernement), etc. Ce sont des passages avec arceaux brisés, caractéristique de l'art arabe qui a tant de rapport avec notre architecture du moyen âge.

Les maisons sont les plus diverses ; l'une représente la demeure de quelque riche bourgeois indigène d'autrefois ; or, à cette époque la fortune et l'honnêteté n'allaient guère ensemble et l'on n'était riche qu'à la condition d'être pirate, aussi fallait-il prendre soin de ses biens iniquement acquis ; la demeure était une sorte de citadelle qui devait résister à une attaque et à un siège. Au premier étage il y avait des encorbellements ajourés par lesquels on pouvait jeter des objets et de l'eau bouillante sur les assiégeants ; le toit est une terrasse commode pour surveiller au loin les mouvements de l'ennemi et sur laquelle venaient s'étendre, en un tableau charmant, des femmes enrubannées de dentelles et de sequins pour rêver à... rien, comme toutes les orientales, au clair de lune d'une blanche nuit d'été.

Plus loin nous voyons une reconstitution d'une gracieuse villa, Dar-el-Ain (palais de la fontaine) avec ses arcades et tout son soubassement de palais et de plantes exotiques.

Les différents édifices de cette cité, servent de boutiques et de magasins variés, quelques-uns sont transformés en salles de spectacles pour des exhibitions diverses, comme les danses des Almées avec types spéciaux des *Ouled-Naïls*, des Aïssaouas, sortes de derviches dont les sorcelleries nous ont déjà plongés dans la stupéfaction en 1889.

Derrière la ville algérienne, nous avons un diorama dû aux peintres coloniaux, MM. Noiri et Galand, offrant des vues d'Alger, du Sahara, etc.

Enfin le stéréorama de MM. Francowich et Gadan est l'occasion d'un voyage nouveau pour les Parisiens; ils voient défiler la côte algérienne avec arrêts aux principales villes; ils quitteront Oran le matin dans la lumière brumeuse des premières heures, pour arriver à Alger sous les feux rouges et or du soleil couchant.

La Tunisie.

L'Exposition tunisienne est des plus intéressantes, tant au point de vue de la reconstitution locale et des bâtiments qui la composent, qu'au point de vue des produits et objets exposés.

Elle est faite par le gouvernement tunisien; on sait que ce dernier est autonome pour toutes les questions intérieures et qu'il est composé de directions, ou ministères, se rapportant chacune à des services spéciaux. Son commissaire est le Dr Adrien Loir, qui a rendu des services considérables en fondant à Tunis l'Institut Pasteur, sur le modèle de celui de la rue Dutot; c'est à son zèle infatigable et à son influence personnelle que nous devons d'avoir une participation aussi intéressante de la Tunisie à l'Exposition universelle; il était en Afrique, recueillant les éléments nécessaires et cherchant à réunir le plus grand nombre d'exposants possible, pendant que le commissaire adjoint, M. Roger Martin, surveillait les installations à Paris; grâce à son activité de tous les instants, l'exposition tunisienne a été prête à l'heure et contribue par sa merveilleuse organisation au succès de l'Exposition coloniale du Trocadéro. A ces noms, il faut joindre celui d'un collaborateur des plus précieux, celui de M. Saladin, architecte de la section, qui a su donner à cette reconstitution toute la vérité des constructions tunisiennes, sans tomber dans une copie servile et fatigante. C'est grâce à lui que l'exposition tunisienne est non seulement intéressante, mais encore amusante, vivante et fidèle.

M. Saladin a étudié l'architecture arabe depuis plus de vingt ans et, de ses nombreux voyages, il a rapporté des documents qui ont servi à la conception de cette petite merveille du Trocadéro.

Suivant le désir des organisateurs, la participation de la Tunisie est très officielle; chaque direction beylicale est représentée par un palais à part, il n'y a pas d'exhibition de danseuses ou de magiciens plus ou moins authentiques; aucune attraction payante n'est installée sur le domaine tunisien du Trocadéro. Toutefois, comme nous le disions, l'Exposition n'est pas ennuyeuse : ainsi, on a installé, sur une partie importante de la surface occupée, un *souk* ou marché arabe. A Tunis, on voit des foires permanentes où l'on vend et où l'on fabrique des objets d'usage courant; ce sont des *souks*; il y a un *souk* de brodeurs, un *souk* pour des denrées, etc. Au Trocadéro, on a installé un *souk*, qui est en quelque sorte la synthèse de tous ces marchés élémentaires tunisiens. On voit des ruelles tourmentées, dans lesquelles on a aménagé des séries de réduits juxtaposés, dans lesquels se tiennent les Arabes; ces cases sont fort exiguës, et l'on se demande comment des êtres humains peuvent rester accroupis des heures entières dans des espaces aussi petits et s'y livrer à leurs industries.

Celles-ci sont des plus variées et des plus intéressantes; on y voit des potiers de Nabeul, des tapissiers et chaudronniers de Kairouan, des émailleurs de Moknine, des cordonniers de Béja. Ils sont tous installés un peu au hasard de la distribution des places, et ce désordre apparent ne fait qu'augmenter l'intensité de la vie africaine du Trocadéro, ainsi que la couleur locale de cette reconstitution. Ce mouvement des Arabes est des plus typiques; nous les entendons crier, s'interpeller, nous offrir des produits de leur industrie ou de leur commerce; c'est très animé et très gai. Il y a des marchands de nattes et d'étoffes de soie; plus loin, nous assistons au travail lent et pondéré, insouciant presque, de l'enlumineur qui nous charme avec ses manuscrits arabes si merveilleusement calligraphiés et encadrés. Une échoppe sert d'atelier à un ciseleur et à un damasquineur, qui transforment en objets d'art, souvent d'un prix fort élevé, des selles et des harnachements de chevaux; mais, afin de rendre les produits de leur travail plus à la portée du public, ils exercent leur métier sur des portefeuilles, porte-monnaie et autres objets faciles à emporter.

Nous voyons aussi des sculpteurs sur bois et sur nacre, des brodeurs sur étoffes et sur cuirs, des marchands de chaussures du pays, babras, chebrellas, bechmas ou kab-kab en bois. Les vendeurs de comestibles ne restent pas inactifs ; il y a des cuisiniers, des confiseurs, des pâtissiers, des marchands d'épices et des Arabes confectionnant des *Zlabias*, sorte de gâteaux soufflés ressemblant à nos beignets. Nous avons encore des tailleurs de burnous, des parfumeurs, des décorateurs de gargoulettes, des bijoutiers, des orfèvres, des ébénistes, des éventaillistes, des marchands de produits oléagineux, des marchands d'essences parfumées, des barbiers, et que sais-je encore ? Tous ces industriels sont des indigènes qui sont arrivés à Paris en droite ligne de la côte africaine ; aussitôt ils ont décoré les cases du *Souk* pour leur donner cette ornementation si spéciale qui est la caractéristique de ce peuple ; nous avons ainsi en plein Paris, au milieu de notre existence si moderne et si typique, elle aussi, un échantillon fort exact et fidèle de la vie musulmane ; celle-ci représente une civilisation d'une autre latitude et surtout d'une autre époque, mais qui s'est conservée intacte, au travers des siècles, jusqu'à nos jours, par cette insouciance et cet attachement aux traditions qui sont le propre de tous les fils de Mahomet.

En dehors du *Souk*, dont nous venons de parler, l'exposition tunisienne comprend plusieurs grands pavillons construits autour d'un vaste jardin intérieur ; extérieurement ces divers édifices ne s'aperçoivent guère que par leurs crêtes et les flèches des minarets ; les façades intéressantes sont, pour la plupart, tournées du côté de la cour, de sorte que, pour avoir la meilleure impression de cette exposition, il faut absolument pénétrer à l'intérieur des murs ; du dehors, on ne peut avoir qu'une idée secondaire et imparfaite des merveilles architecturales dont se compose l'exhibition.

Ces pavillons sont au nombre de cinq :
Le pavillon du Commerce et de l'Industrie ;
Le pavillon des Travaux publics ;
Le pavillon de l'Enseignement public ;
Le pavillon des Mines et Carrières ;
Le pavillon des Antiquités de la Régence.

Le plus important est celui qui tient le fond de la cour et qui est consacré à la Direction beylicale du Commerce et de l'Industrie ; c'est une grande construction carrée élevée sur une estrade de marches et recouverte d'une série de coupoles en forme de demi-sphères ; ce monument est la reproduction fidèle, aux dimensions près, de la mosquée Sidi-Mahrès, à Tunis ; elle fut construite au XVIIe siècle. On sait que toute mosquée qui n'a pas été profanée est interdite aux chrétiens, qui ne peuvent dès lors y pénétrer sous aucun prétexte ; aussi l'architecte se trouva-t-il fort embarrassé pour en faire la reproduction exacte ; la forme extérieure lui donnait bien quelques indications pour les dispositions intérieures, mais cela ne suffisait pas. Heureusement des photographies furent prises par un Arabe et M. Gauckler put les communiquer à M. Saladin : elles devinrent pour lui d'un secours puissant.

Cet Arabe était un nommé Abd-el-Hadj, qui fut un des compagnons du marquis de Morès et qui trouva la mort à ses côtés. Il avait été pendant quelque temps attaché au service des antiquités et des arts de la Régence, et c'est à lui que sont dues les photographies des mosquées de Tunis que le service des antiquités publie en ce moment.

Le palais, représenté par cette mosquée, contient des produits de toute espèce de la côte tunisienne, des huiles, des laines, etc., mais les vins représentent à eux seuls le lot le plus important. On sait de quelle façon la vigne s'est développée en Tunisie, depuis quelques années, et il était fort juste de profiter de l'Exposition de 1900 pour lui faire une réclame profitable. Une salle a d'ailleurs été réservée aux renseignements : un service permanent se tient à la disposition du public pour lui donner toutes les indications relatives au commerce et à l'industrie de cette nouvelle possession française.

Si nous jetons un regard circulaire sur cette cour tunisienne, nous voyons, à côté de la mosquée Sidi-Marhès, le bâtiment de l'Archéologie, dans lequel sont renfermés les objets rappelant les époques punique, romaine et arabe ; il y a des choses extrêmement curieuses de ce côté, notamment des photographies, et dessins reconstitués par M. Sadoux, qui se rapportent aux travaux hydrauliques exécutés en Afrique par les Romains et qui sont des merveilles de patience et d'exactitude. C'est également dans ce pavillon qu'on a réservé une salle au Gouvernement beylical. La façade est la reconstitution de la zaouïa de Sidi-Ali-ben-Hassen à Sfax. Zaouïa est un terme arabe qui veut dire école religieuse.

Nous voyons ensuite un café turc, d'une architecture fouillée et dont les détails sont d'une rigoureuse exactitude ; les moulages ont été pris sous la Manouba et apportés à grands frais jusqu'à Paris et exécutés par les ateliers du Bardo.

Le palais de l'Enseignement est une maison de Tunis reproduite en vraie grandeur, avec ses murs épais et ses fenêtres minuscules. Au rez-de-chaussée, se trouve une porte cintrée dans le genre des baies arabes ; à droite et à gauche, nous voyons deux alcôves dans lesquelles sont installés des marchands de produits tunisiens.

Cet édifice est placé contre un passage où l'on a établi une reproduction d'une porte de Sfax; il mène au *souk* dont nous parlions plus haut; au milieu du *souk* nous voyons la mosquée de Sidi-Maklouf-au-Kef avec son grand minaret. Cette mosquée sert de salle d'exposition et sera exclusivement réservée à l'Exposition des Habous.

Cette mosquée se trouve élevée sur l'avenue Delessert: elle fait partie d'une série d'édifices qui se suivent, parmi lesquels il faut citer le café de Sidi-Bousaïd, le restaurant flanqué du porche de Sidi bou-Saïd et le pavillon des Travaux publics, qui est la reproduction d'une Zaouïa de la place de la Kasba, à Tunis.

Ce dernier édifice est accolé à la porte de la mosquée du Barbier à Kairouan; c'est la porte principale de l'exposition tunisienne, celle vers laquelle se porte immédiatement le visiteur qui débouche par le pont d'Iéna; elle a fort grand air, et le minaret élevé dont elle est flanquée lui donne un cachet d'orientalisme très vivant.

Il paraît qu'un certain barbier avait recueilli des poils provenant du crâne du grand Prophète, alors que ce dernier était en train de se faire raser la tête; ce barbier, qui se nommait Abou-Zama, tenait infiniment à cette précieuse relique et voulut qu'on l'enterrât avec les cheveux de Mahomet. Toutefois, cet individu n'avait rien de sacré; il n'avait jamais touché le crâne du grand Prophète et ne méritait pas la faveur que lui accorda dans la suite la légende, en le confondant avec le véritable barbier de Mahomet; d'où il résulte que la mosquée, qui recouvre ses restes, n'a de célèbre que le nom, sans qu'il faille faire intervenir le souvenir de ce collectionneur de cheveux, enterré à proximité.

Cette porte du Barbier fait le coin du boulevard Delessert et de la grande allée qui mène aux parties supérieures du Trocadéro; sur cette dernière avenue on a dressé une reconstitution d'une maison de Kairouan qui sert de refuge au Commissariat de l'Exposition tunisienne; nous voyons aussi une maison de Djerid consacrée à l'exhibition des produits des mines, carrières et pêcheries de la Régence; c'est sur cette dernière que nous pouvons admirer des modèles de briques que les Arabes obtiennent en faisant sécher de la terre au soleil; les maçons arabes sont d'une très grande habileté et arrivent à former avec ces briques des dessins fort heureux dans les constructions. Au Trocadéro, la maison du Djerid n'est pas exécutée en briques véritables, mais en staff imitant les dessins arabes des maisons décorées en briques. Tous ces palais, d'ailleurs, sont construits d'après ce même procédé et sont destinés à disparaître après l'Exposition.

La situation particulièrement favorable de l'Exposition tunisienne, placée près de la Seine, contribue à lui donner un succès que, d'ailleurs, elle mérite par ses propres qualités.

L'Indo-Chine.

De toutes les expositions des colonies, une des plus intéressantes est sans contredit celle de l'Indo-Chine qui ne couvre pas moins d'un hectare et demi de terrain, elle se rapporte à la Cochinchine, au Tonkin, à l'Annam, au Cambodge, au Laos et au territoire de Quan-Tché-wan, récemment annexé à notre empire d'Extrême-Orient. M. Doumer, le gouverneur général de l'Indo-Chine, dont le nom seul personnifie l'Asie française, a voulu que ce pays fît une belle figure au Trocadéro, et il a su réunir une somme de deux millions qui a été appliquée aux constructions et à leur entretien pendant toute la durée de l'Exposition sans qu'il en coûtât rien au budget de la métropole.

L'édifice qui nous surprend le plus est la reproduction cambodgienne dite : projet Marcel-Dumoulin. MM. Marcel, architecte, et Dumoulin, peintre du ministère des Colonies, ont eu l'idée de reconstituer la colline de Pnom-Penh, avec la pagode du roi du Cambodge au faîte et, sur les coteaux de son monticule, ils ont dressé des huttes laotiennes et à côté une végétation exotique qui étonnera par sa puissance et sa virtuosité ; mais, hélas ! elle est factice ; ces grands arbres de 18 mètres de hauteur ne sont que des monolithes de ciment armé à l'extrémité desquels on a fixé de vraies feuilles de lataniers et de palmiers !

On accède à la pagode par un escalier très rapide dont les paliers successifs masquent le soubassement de l'édifice supérieur. L'architecte a eu l'idée fort heureuse de supposer que sa colline était une carrière de pierre, dans laquelle les marches étaient taillées ; il y a des effets fort nouveaux et très décoratifs. Tous les éléments de décoration ont été expédiés d'Indo-Chine par M. Doumer, quelques-uns surprennent ; ainsi nous voyons un grand bouddha de 6 mètres de hauteur en métal doré qui domine le flanc droit de la colline artificielle. A l'intérieur de cette montagne sacrée, on a disposé une vaste salle pour laquelle M. Dumoulin, le peintre colonial bien connu, a peint une série de dioramas faisant voir les progrès obtenus en Indo-Chine ces dernières années.

Au-dessous du Pnom, on a dressé le palais des produits de l'Indo-Chine qui est la copie textuelle de la pagode de Cholon

Fig. 92, 93 et 94. — Les ouvriers annamites au Trocadéro.

(Cochinchine). L'exécution de cet édifice a constitué à elle seule une attraction de l'Exposition, alors que celle-ci n'était pas encore ouverte. En effet, les ouvriers, au nombre d'une centaine, étaient des Annamites, Tonkinois, Cambodgiens et Laotiens spécialement amenés à Paris pour faire ce travail. Rien n'était intéressant comme de voir ces hommes d'une autre race se livrer à un ouvrage de leur pays au milieu de notre Paris moderne. Ils ont tous la figure intelligente, et savent fort bien ce qu'ils ont à faire, toutefois ils n'ont guère l'air actif; tel menuisier aux prises avec une bille de bois passera des heures avant de l'avoir coupée avec sa petite scie à main, travail que deux de nos bons charpentiers auraient enlevé

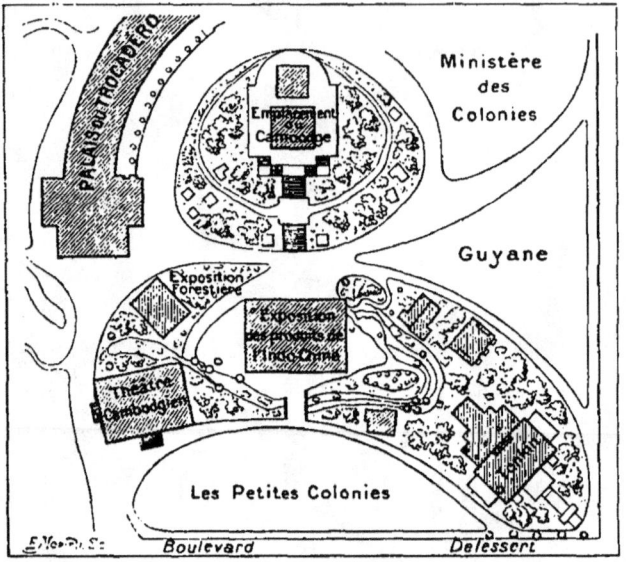

Fig. 95. — Plan de l'Exposition Indo-Chinoise au Trocadéro.

en quelques minutes. Cette colonie indigène est campée à Passy, rue du Docteur-Blanche, dans un long chalet en bois fort bien installé; ils vivent là comme chez eux et ne semblent guère s'inquiéter de nos usages qui ne ressemblent pas aux leurs. Ils prennent leurs repas en commun, la plupart du temps; et, c'est armés de deux petits bâtons noirs, qu'ils font passer, d'un bol à leurs lèvres, les morceaux de poissons, de pommes de terre et de riz qui constituent leur nourriture. Une visite rue du Docteur-Blanche remplace un voyage en Indo-Chine.

Le palais des arts industriels de l'Indo-Chine est la reproduction d'un palais du Tonkin, il a été construit également par des Indo-Chinois. Nous y voyons des indigènes livrés à leurs occupations ordinaires : le tissage, les incrustations et les procédés du travail des bois et des métaux. Nous avons même une école tonkinoise, avec de vrais enfants et de vrais professeurs. Cette reconstitution est peut-être un peu exagérée au point de vue de la documentation

Fig. 96. — Vue générale de Pnom-Penh.

à fournir au public; elle a eu au moins l'avantage de procurer à ces jeunes gens un voyage à Paris qui constitue pour eux la partie la plus effective de leur enseignement.

Ajoutons qu'à ces différents édifices viennent s'en joindre deux autres, un théâtre indo-chinois et un pavillon réservé à l'exposition forestière de la colonie ; ce dernier est une reproduction d'habitation d'indigène riche : il a été exécuté de toutes pièces à Thudaumot, sur les rives de la rivière de Saïgon, et a été apporté à Paris, où l'on a procédé à son montage.

Le théâtre est une des curiosités de l'Exposition et fait oublier les exhibitions similaires qui avaient été faites en 1889. Nous voyons deux troupes célèbres en Indo-Chine, celle de Pnom-Penh et celle de la Cour de Hué ; elles se composent d'une vingtaine de danseuses merveilleusement gracieuses et jolies.

Ainsi qu'on le voit par cette incursion rapide sur le domaine de M. Doumer au Trocadéro dont la reconstitution est confiée à M. Pierre Nicolas, commissaire de la colonie, la participation de l'Indo-Chine est assurée du plus brillant succès.

Les autres colonies.

Le Sénégal et le Soudan sont réunis dans une seule construction ; cet édifice est élevé aux frais du service colonial de l'Exposition avec contribution par ces deux colonies d'un tiers dans les dépenses.

Le Dahomey a un emplacement spécial ; dans un pavillon de forme élégante et payé par la colonie, nous voyons les produits de cette nouvelle possession : l'huile de palme, le coton, le café, le caoutchouc. Cet édifice est entouré de cases montrant la façon de vivre des habitants de la côte d'Afrique, ce qui ajoute de la couleur locale à cette exhibition ; enfin nous avons une reproduction fidèle de la Tour des Sacrifices d'où l'on projetait les condamnés.

A côté du Dahomey, nous avons la Guinée française et la Côte d'Ivoire qui ont fait elles-mêmes les frais de leurs intallations.

De l'autre côté de la route qui coupe le Trocadéro en deux, nous voyons un pavillon allongé destiné à rappeler les souvenirs des quatre petites colonies, Saint-Pierre et Miquelon, la côte des Somalis (Djibouti), Mayotte et l'île des Comores, et enfin les îles de l'Océanie (Taïti et dépendances). Le bâtiment de ces quatre expositions est séparé en deux, la partie antérieure des sections servant à montrer les produits de ces quatre colonies et la partie postérieure servant de local pour quatre dioramas, représentant :

La rade de Saint-Pierre ;

Le chemin de fer de Djibouti avec une caravane dans le fond montrant les moyens de transports anciens et actuels ;

Une vue de l'île de Mayotte et d'une sucrerie avec champ de cannes ;

Une pêcherie de perles à Tuamotou.

Ces quatre dioramas ont été exécutés suivant le procédé moderne de ces genres de décors, c'est-à-dire avec des praticables et personnages plastiques au premier plan.

Le long de l'avenue qui monte la rampe de la place nous avons également un pavillon commun à plusieurs colonies; il est affecté aux anciennes possessions : la Martinique située dans une aile indépendante et, réunies sous le même toit, la Guyane française, la Réunion et la Guadeloupe. Ces pavillons se trouvent entourés de petits bars offrant en dégustation des rhums et les produits locaux.

Tout près de la partie cintrée du palais du Trocadéro, nous avons le pavillon de la Nouvelle-Calédonie, où se trouve un très curieux plan en relief de la colonie.

Deux autres colonies de première importance — le Congo français et Madagascar — sont logées derrière le palais, la première dans les jardins situés dans ces parages, et la seconde sur le bassin circulaire de la place du Trocadéro.

L'exposition du Congo est divisée en deux parties, disposition requise par des nécessités topographiques du local qui lui est consacré; d'une part, nous avons les produits coloniaux et d'un autre côté un panorama hémisphérique dû au pinceau de Castellani, qui, comme on le sait, avait accompagné le commandant Marchand dans son expédition à travers l'Afrique; cette œuvre représente une sorte de synthèse des étapes de la mission Marchand et de ses compagnons.

Le succès de l'exposition du Congo revient en grande partie au zèle de son commissaire M. Ponel, administrateur colonial, qui a séjourné au Congo pendant de longues années.

Arrivons à Madagascar. Cette colonie se trouve abritée dans une sorte de palais circulaire, auquel on accède à l'aide d'une passerelle de 15 mètres de largeur réunissant ces édifices à l'enclos du Trocadéro ; cette disposition a été adoptée afin de laisser le passage libre de la voie carrossable et de permettre au public de visiter la colonie sans sortir de l'enceinte de l'Exposition.

Le bassin n'a été en rien démoli; il soutient, à l'aide de pieux à claire-voie, le plancher du premier étage; sur celui-ci, on a installé le grand panorama circulaire représentant l'entrée des Français à Tananarive, cette toile est l'œuvre de M. Tinayve, le peintre exotique qui nous a déjà habitués par différentes exhibitions publiques à son talent de dessinateur colonial.

Ce panorama est entouré de deux étages de galeries renfermant des produits de l'île ; un cinématographe du plus haut intérêt nous fait revivre les principales scènes relatives à la pacification de Madagascar, notamment l'entrée du général Duchesne à Tananarive au milieu d'un enthousiasme et d'une agitation indescriptibles.

CHAPITRE VI

LES SERVICES MÉCANIQUES A L'EXPOSITION

PRODUCTION ET UTILISATION DE LA FORCE MOTRICE.

La classification générale des produits et leur répartition dans les différentes galeries adoptées pour l'Exposition ont entraîné l'étude d'un programme nouveau de la distribution de la force motrice nécessaire à la mise en marche des nombreuses machines apportées par les divers industriels.

Jusqu'ici dans les différentes manifestations qui se sont produites, les exhibitions de machines se faisaient toutes en un même local dit *Galerie des Machines*, dans lequel on concentrait toute la partie mécanique; chaque exposant devait y faire ses installations d'après des données fixées d'avance, il prenait la force dont il avait besoin sur des arbres de couche mis en mouvement par des groupes de machines motrices, celles-ci étaient fournies par des constructeurs exposants ou louées par l'administration : l'inconvénient de ce système est de réunir en un même endroit des machines se rapportant à des objets différents; c'est ainsi qu'en 1889 nous avons vu des machines à fabriquer du papier placées à côté de phonographes : ce sont pourtant deux industries distinctes n'ayant aucun rapport. Mais comme l'une et l'autre exigeaient de la force motrice, on les avait installées à proximité suivant le hasard des places disponibles.

Pour 1900, il a été décidé que chaque classe aurait *toute* son exposition en un même local ; on y voit les produits à l'état natif, puis à l'état de fabrication, ensuite à l'état d'objets fabriqués ; enfin une dernière section se rapporte à la partie rétrospective, qui est l'*histoire* du produit dans les temps passés. Cette classification implique forcément l'existence des différentes machines de fabrication sur tous les points de l'Exposition.

Il n'y a donc plus de galerie des machines proprement dite, mais des groupes de machines situées un peu partout suivant les nécessités des différentes classes de produits ; quelquefois ces nécessités sont très réduites et se limitent à une ou deux machines.

On conçoit que dans ces conditions, il était impossible d'adopter les dispositions anciennes pour la nouvelle Exposition. Il aurait fallu installer de tous côtés des générateurs de vapeur produisant la force motrice nécessaire à chacun des groupes de machines, il y aurait eu partout des ennuis les plus divers, bruit et trépidations, installations des cheminées pour l'évacuation des fumées, etc...

La disposition adoptée cette année, était irréalisable il y a dix ans : en effet, à cette époque, les seuls moyens pratiques connus pour le transport de la force étaient les transmissions rigides et les transmissions télédynamiques ; ces dernières étaient impraticables à cause de l'embarras qu'elles provoquent, il ne restait que les premières et c'est à elles qu'on a eu recours. On connaissait déjà les expériences de M. Marcel Deprez sur le transport de la force par l'électricité, mais on n'était encore

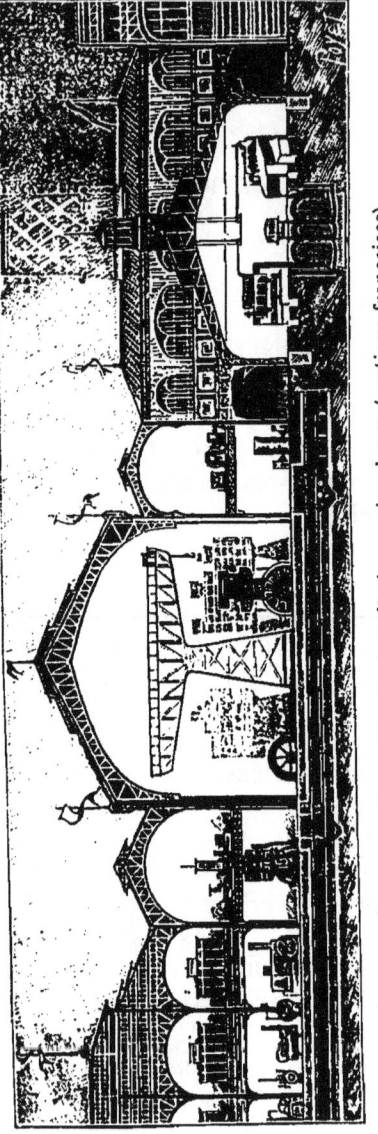

Fig. 97. — Ensemble des installations mécaniques (sections françaises).

qu'à l'enfance de cette science nouvelle. Aujourd'hui, nos ingénieurs savent tous les secrets de ces moyens nouveaux de distribuer la force motrice ; la fée électricité qui a déjà rendu tant de services à notre civilisation, vient encore montrer sa puissance et ses ressources dans la répartition de la force nécessaire à la fabrication de mille objets qui nous entourent. L'installation de l'Exposition n'est assurément pas la première qui se fait dans ce genre, mais elle est assurément la plus importante qui ait jamais été tentée, puisqu'on ne dispose pas moins de 40 000 chevaux de force motrice.

Tout le secret de la nouvelle classification si parfaite et si rationnelle réside dans l'emploi de ce moyen de distribution d'énergie et fait le plus grand honneur à M. Delaunay-Belleville, le directeur de l'exploitation de l'Exposition.

C'est M. Bourdon, l'éminent ingénieur dont la compétence est absolue pour toutes les questions de mécanique moderne, qui a été chargé de l'installation de ce service; les difficultés matérielles qu'il a eu à vaincre sont innombrables et c'est à son expérience que nous devons de pouvoir admirer une installation de force motrice unique au monde.

Le palais de l'Électricité qui, comme on le sait, se trouve placé au fond du Champ-de-Mars, entre les avenues de la Bourdonnais et Suffren, devrait plutôt se nommer le palais de la force électromotrice. C'est, en effet, dans ce monument que se trouvent centralisées toutes les machines indispensables à la production de l'énergie nécessaire à la mise en marche des machines-outils et autres répandues sur toute la surface de l'Exposition et à l'éclairage électrique du soir.

Il existe deux grandes usines de force motrice à l'Exposition, la première, située du côté de l'avenue de La Bourdonnais est réservée aux constructeurs français, la seconde, l'usine Suffren, est appliquée aux étrangers.

Chaque exposant a fourni ses types de foyers, de chaudières, de machines à vapeur, de dynamos; ces appareils mis en fonctionnement sont considérés comme objets exposés et participent dès lors au concours des récompenses, mais ils sont tous réunis; c'est-à-dire que tous les générateurs envoient la vapeur dans des tuyaux appartenant à l'administration qui la distribue ensuite comme elle l'entend aux différentes machines à vapeur, lesquelles à leur tour doivent faire fonctionner les dynamos suivant les conditions exigées par le service mécanique à la tête duquel se trouve M. Bourdon.

Ces exposants ont à faire usage des conduites d'eau chaude et d'eau froide mises à leur disposition, ils doivent envoyer leurs eaux de condensation dans des tuyaux spécialement affectés, enfin ils sont tenus d'expédier leurs fumées dans des carnaux communs. Comme on le voit, le service mécanique est unifié ; et bien qu'on

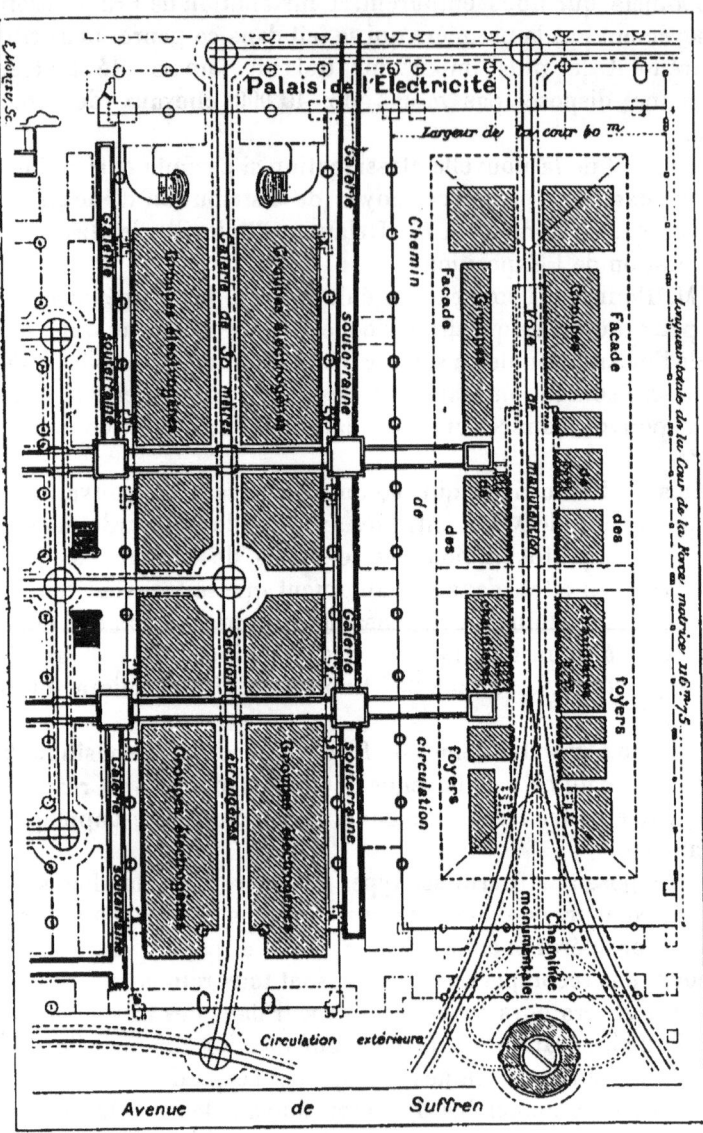

Fig. 98. — Plan des installations mécaniques (sections étrangères).

ait recours à un grand nombre d'exposants pour la production de la vapeur, de la force motrice et de la force électro-motrice, on peut considérer les groupes de machines comme formant deux usines indépendantes et complètes.

Les générateurs sont placés entre le palais de l'Électricité et la galerie de 120 mètres, dans un bâtiment spécialement affecté aux chaudières ; ce dernier, qui est composé de fermes de 28 mètres de portée, s'étend à droite et à gauche du Champ-de-Mars.

Il existe deux groupes de chaudières, l'un pour l'usine française (côté La Bourdonnais), l'autre pour l'usine des étrangers (côté Suffren). Dans chacune de ces usines, on a aménagé souterraine-

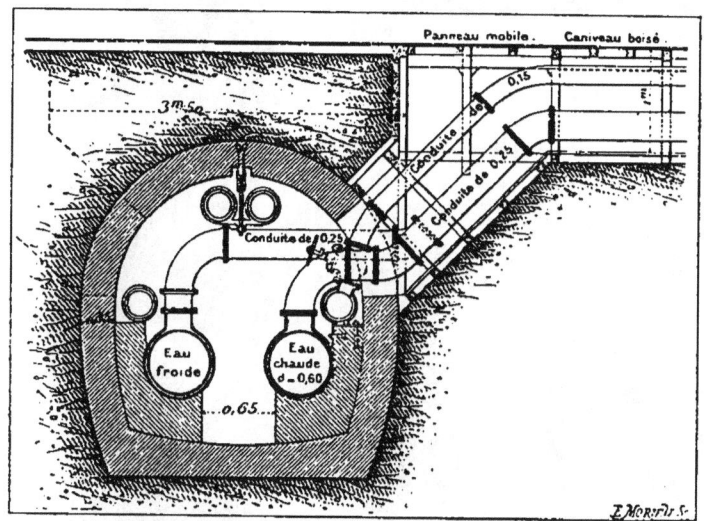

Fig. 99. — Coupe d'une conduite aux groupes électrogènes.

ment des conduites en maçonnerie qui reçoivent les fumées et les expédient ensuite à la base d'une cheminée de 80 mètres de hauteur.

Pour l'alimentation des chaudières, voici comment on procède : au bord de la Seine, une compagnie anglaise a installé une usine qui prend l'eau du fleuve et la refoule au moyen de pompes dans des tuyaux de façon qu'elle puisse atteindre le bassin de déversement de la cascade monumentale placée sur le devant du palais de l'Électricité ; cette usine peut débiter 72 000 litres par minute. Comme on le sait, l'eau de la cascade se répand dans un bassin inférieur ; c'est de là qu'elle est distribuée pour l'alimentation et la condensation.

Cette eau est amenée dans des tuyaux de 500 millimètres de diamètre placés dans une galerie de $2^m,60$ de hauteur construite à cet effet. Cette galerie sert également à contenir les conduites de vapeur qui vont porter la force aux groupes électrogènes. Ces dernières sont en acier ; elles ont 250 millimètres de diamètre.

Sur le dessin qui accompagne ces lignes (fig. 99), les conduites de vapeur sont au nombre de quatre ; elles sont alimentées en bloc par les générateurs appartenant à différents exposants ; ce nombre de quatre tuyaux n'est pas constant, car les deux conduites du haut n'existent point sur toute la longueur des galeries, elles ne servent

Fig. 100. — Les travaux de montage d'une machine allemande.

qu'à donner de la vapeur aux conduites inférieures sur lesquelles seulement on exerce des prises, et ne sont installées qu'aux endroits où leur présence est nécessaire.

La vapeur est envoyée sous une pression de $10^k,5$ par centimètre carré dans les machines ; celles-ci ont pour mission de mettre en mouvement les dynamos. Ces dernières donnent des courants continus d'une tension de 125, 250 et 500 volts et des courants alternatifs et triphasés de 2200 volts.

Les fils qui transportent ainsi l'électricité en tous les endroits de l'Exposition sont accrochés aux fermes métalliques des palais à l'aide de supports en porcelaine et sont nus, de façon qu'on puisse recueillir le courant par une simple dérivation lancée sur les fils. Ce courant fait mouvoir les dynamos réceptrices placées un peu de tous les côtés; elles actionnent directement les machines-outils auxquelles elles sont accolées.

Nous avons dit au commencement que l'ensemble de la force disponible était de 40 000 chevaux : il est certain que jamais toute cette puissance ne sera nécessaire en même temps ; on fait marcher ces groupes électrogènes utilement les uns après les autres : je dis *utilement*, car de fait, pendant le jour ils marchent tous *à blanc*, afin de montrer au public le mécanisme en mouvement.

La force mécanique pour les diverses machines de l'Exposition est calculée à 5 000 chevaux et celle pour la lumière à 15 000, de sorte que dans les conditions les plus désavantageuses, c'est-à-dire lorsque les machines marchent et que les lampes sont allumées, ce n'est que 20 000 chevaux qui sont exigés, c'est-à-dire la moitié de la disponibilité.

Afin de faciliter le montage des différentes machines dans les galeries du palais de l'Électricité, on a installé dans chaque usine un grand appareil de manutention de 25 T. Du côté des Français, nous voyons un titan fort intéressant construit par M. Leblanc, qui roule sur des rails placés au milieu de la galerie; du côté des étrangers, l'appareil est une sorte de grand pont roulant, embrassant toute la section du palais, il est exécuté par un constructeur allemand, M. Flohr.

L'administration a pris à sa charge la construction de conduits en maçonnerie, sortes de petits tunnels dans lesquels circulent des tuyaux envoyant à la Seine les eaux de condensation des machines à vapeur après emploi.

L'installation de ces différentes constructions, carneaux, cheminées, conduits, etc., ont coûté à l'Exposition près de 500 000 francs qui sont entièrement dépensés, car il est peu probable qu'après la fermeture des portes, le 5 novembre, on puisse en retirer quelque somme comme vieux matériaux. Cette somme est un chapitre des frais d'exploitation de l'Exposition et n'est pas considérée comme faisant partie de celles attribuées aux constructions diverses.

Le service technique de l'Exposition est une des sections du service Central de l'Exploitation à la tête duquel se trouve M. Delaunay-Belleville, vice-président du comité des directeurs (1).

---

(1) Ce comité se compose des directeurs généraux, des directeurs, du secrétaire général et des chefs de service. Il se réunit sous la présidence du commissaire général pour étudier les questions qui intéressent plusieurs services à la fois.

Il comprend quatre sections ayant des attributions distinctes :
1° Les installations mécaniques dirigées par M. Bourdon ;
2° Les installations électriques, M. Picou ;
3° La manutention et appareils de levage, M. Guyenet ;
4° Les installations hydrauliques, M. Meunier.

A côté de ces services, fonctionnent deux comités consultatifs.

Le comité de la mécanique a comme président M. Linder et comprend soixante et un membres, qui se divisent en trois sous-comités chargés d'étudier respectivement des questions relatives aux chaudières, aux machines et aux appareils divers.

Le comité de l'électricité comprend quarante-quatre membres, qui se réunissent sous la présidence de M. Mascart.

Comme le précédent, il se décompose en trois sous-comités, qui ont à étudier les questions relatives à la production de l'énergie électrique, aux canalisations et aux applications diverses.

Ces deux comités n'ont eu qu'une voix consultative ; ils ont délibéré sur les questions de leur attribution pour donner des avis, mais ils ne pouvaient en aucun cas rédiger des cahiers des charges, faire des soumissions ou approuver des ouvrages. C'était l'affaire du Directeur général de l'exploitation et des ingénieurs des services spéciaux, sous le couvert de la signature du commissaire général de l'Exposition.

LES CHEMINÉES MONUMENTALES.

Malgré les réglementations récentes qui obligent tous les usiniers de Paris à transformer leur système de chauffe pour éviter l'évacuation des fumées dans l'atmosphère, on n'a rien trouvé de mieux à l'Exposition que d'en revenir au système archaïque des hautes cheminées en laissant de côté tous les procédés de fumivorités connus ; ceci prouve bien que les ordonnances de police, tout en procédant de principes fort justes et rédigées dans les meilleures intentions ne sont pas toujours absolument réalisables ; il faut ajouter, pour être sincère, que la direction technique de l'Exposition ne viole en rien le règlement, car il est entendu qu'on peut toujours se servir de cheminées, à condition que celles-ci soient assez hautes pour envoyer les gaz dans des zones atmosphériques suffisamment élevées où elles n'incommodent en rien le voisinage. Il eût pourtant été intéressant de voir cette grande fabrique de force de l'Exposition se passer de conduits extérieurs pour enlever les fumées, mais il faut croire qu'aucun moyen n'a été considéré assez pratique, puisque les ingénieurs n'ont pas voulu assumer cette responsabilité.

On sait que toute l'énergie dynamique est produite dans un local spécialement affecté derrière le palais de l'Électricité au Champ-de-Mars ; il y a deux usines composées de séries de chaudières : la première (l'usine La Bourdonnais), pour les constructeurs français et l'autre (l'usine Suffren) pour les générateurs des étrangers. Ces appareils fonctionnent sous la direction des constructeurs eux-mêmes, mais aux frais de l'Exposition, ce qui est fort juste, puisque la force produite sert à faire marcher les mille machines répandues sur toute la surface des palais.

Fig. 101. — Élévation de la cheminée La Bourdonnais.

Ainsi qu'on le sait, chacun des deux groupes doit fournir de la vapeur en quantité suffisante pour actionner des moteurs devant donner utilement 20 000 chevaux de force ; on conçoit que pour une production pareille, le poids du combustible brûlé est considérable et produit de la fumée en forte quantité ; aussi s'est-on décidé à construire deux cheminées de 80 mètres de hauteur ; cette élévation est pleinement suffisante pour ne pas être gênante.

Une chose pourtant est gênante, c'est la cheminée elle-même : malgré toutes les ressources de l'architecture moderne on n'a point trouvé le moyen de faire des cheminées qui plaisent à l'œil ; elles seront toujours de longs fûts cylindriques, toute l'ornementation se trouvant localisée à la base et au sommet.

On a fait appel à tous les constructeurs, un concours a été ouvert pour que chacun apportât son idée d'une cheminée monumentale et décorative ; un prix de 10 000 francs était même offert au meilleur projet : les fantaisies les plus irraisonnées furent soumises ; ne vit-on pas, en effet, une statue colossale ayant la forme de *la Liberté* de Bartholdi dans la rade de New-York, et transformée en cheminée, la fumée s'échappant par la torche du sommet. Le premier et unique prix fut attribué à MM. Nicou et Demarigny qui montrèrent le meilleur dessin et qui furent chargés du travail. Ce projet n'est qu'une cheminée dans toute l'acception du mot, mais fort bien traitée ; il n'y a aucune recherche exagérée, les éléments se tiennent merveilleusement ; au point de vue du métier, c'est une fort belle cheminée... mais, comme c'est une cheminée, elle est encore fort laide. C'est celle qui est construite, du côté de l'avenue de la Bourdonnais.

Quant à la cheminée Suffren, elle a été dessinée, dans les bureaux techniques de l'Exposition, à la tête desquels se trouve M. Bourdon ; son exécution a été ensuite confiée à MM. Toizoul et Fradet.

Fig. 102. — Élévation de la cheminée Suffren.

L'une et l'autre se composent d'un piédestal, à faces planes, de 19 mètres de hauteur servant de soubassement à un long fût terminé par un chapiteau très mouluré. Le fût cylindrique est décoré sur le tiers inférieur de sa hauteur à l'aide de briques de différentes couleurs et grâce à un système d'ornementation, inconnu auparavant, dit céramique nouvelle ; c'est un dérivé des procédés du métal déployé usité aujourd'hui dans la maçonnerie : il se compose d'une maille métallique qu'on entoure de céramique et qu'on porte à la cuisson ; puis le tout est recouvert d'émail en couleur : ce procédé est d'une fabrication très rapide et économique ; il se prête à tous les besoins, son montage est facile et le poids est très faible, ce qui rend son emploi absolument pratique pour les revêtements.

Les fondations devaient être faites d'une façon toute particulière ; la pression d'une cheminée sur le sol est considérable, puisque le monument est tout entier en hauteur : tout le poids porte sur une surface restreinte, de sorte que la poussée par unité est très élevée.

Pour trouver le bon sol il était nécessaire d'aller le chercher très bas ; au Champ-de-Mars, il y a une couche de terrain de 8 mètres de hauteur reposant sur de la glaise ; il a donc fallu découvrir celle-ci par une excavation et enfoncer ensuite des pilotis jusqu'à refus : ce n'est qu'à 16 mètres en contre-bas du sol que les pieux, rencontrant une couche de gravier, refusèrent d'aller plus loin : on enfonça ainsi, pour chaque cheminée, 140 poutres en chêne de $0^m,30$ de section et de 7 mètres de longueur ; une couche de béton de $2^m,50$ de hauteur vient entretoiser les têtes des pilotis et forme avec elles une assiette suffisamment solide pour recevoir les premières assises de la cheminée.

Cette plate-forme de ciment présente la surface d'un cercle de 15 mètres de diamètre, elle forme un large empâtement qui répartit le poids de la cheminée sur un espace très grand, et diminue la pression ; il en est résulté que l'édifice, qui pèse 5 750 000 kilogrammes ne produit à sa base qu'un poids de $2^{kg},253$ par centimètre carré, ce qui est un chiffre offrant la sécurité la plus absolue.

Aux premières assises, la cheminée présente en coupe une ouverture de $6^m,20$ de diamètre et une épaisseur de maçonnerie de $2^m,90$; à mesure qu'on s'élève, ces chiffres diminuent pour n'être plus, au sommet, que de $4^m,50$ de diamètre pour l'orifice et de $0^m,35$ pour l'épaisseur de la maçonnerie. La colonne est bridée par quinze cercles en fer plat réunis par de longs boulons disposés en quinconces. Ajoutons qu'on a disposé à l'intérieur du fût deux séries d'échelons, l'une composée de barres de fer recourbées fixées tous les 28 centimètres, elle permet la montée verticale par les mains et par les pieds ; l'autre est beaucoup plus large, elle enveloppe la première et forme un dispositif très ingénieux qui permet d'éviter les chutes et facilite les repos au cours de montée.

Disons enfin qu'un paratonnerre protège la cheminée contre les dangers de la foudre.

Ces deux cheminées qui ne coûtent pas moins de 250 000 francs chacune sont entièrement en briques ; elles en absorbent l'une et l'autre trois millions.

Comme procédé de montage, les deux constructeurs ont employé le système des échafaudages extérieurs jusqu'à 18 mètres de hauteur ; mais, à partir de là, ils ont adopté chacun un procédé différent. Pour la cheminée La Bourdonnais, MM. Nicou et Demarigny ont employé la méthode ordinaire qui consiste à dresser deux monticules de briques aux deux extrémités d'un diamètre de l'orifice

Fig. 103 et 104. — Coupes des grandes cheminées de l'Exposition montrant les procédés employés pour la construction. — A, Cheminée de la Bourdonnais ; B, Cheminée Suffren.

de construction ; ces deux monticules soutiennent une poutre en bois très solidement attachée, à laquelle est fixée une poulie. Les matériaux arrivent ainsi directement du bas par l'intermédiaire d'une locomobile de 5 chevaux, qui est suffisante pour élever les charges des matériaux : ce système est très simple, comme on le voit, les ouvriers du sommet construisent leur mur à droite et à gauche des monticules et le prolongent même au-dessus d'eux d'une hauteur égale, mais aux deux extrémités du diamètre perpendiculaire ; on enlève alors la poutre, on la reporte sur ces deux nouveaux monticules et on maçonne dans le vide produit par cette opération.

Pour la cheminée Suffren, les constructeurs ont adopté un procédé plus savant peut-être, mais assurément plus coûteux et plus compliqué ; c'est celui du treuil Bernier. Ils établissent à l'intérieur de la cheminée des guides en bois, que l'on prolonge dans le sens de la hauteur au fur et à mesure que les travaux avancent ; la benne n'est autre qu'une plate-forme qui reçoit un wagonnet tout chargé et qui monte jusqu'au sommet à l'aide de câbles actionnés par une petite machine à vapeur ; un système automatique déclanche l'embrayage quand la benne arrive à la fin de sa course et arrête l'ascension. Ce mécanisme est très utile et constitue une supériorité sur le système ancien, car forcément on ne peut être qu'approximativement renseigné en bas sur l'endroit exact où il faut arrêter la charge dans sa course ascensionnelle, on fait bien des marques sur les câbles, mais celles-ci peuvent tomber et alors on est sans ressources pour opérer : il est vrai qu'un téléphone relie le haut et le bas et permet de communiquer les indications ; le chef d'équipe qui dirige la construction de la cheminée donne ainsi des ordres aux hommes qui préparent en bas les matériaux et au mécanicien qui manœuvre le treuil à vapeur.

Le treuil Bernier exige tout un échafaudage à l'intérieur de la cheminée, son enlèvement après la fin des travaux prend toujours un certain temps, tandis qu'avec la méthode de la cheminée La Bourdonnais, l'ouvrage est complètement terminé avec la pose de la dernière brique.

L'un et l'autre de ces systèmes sont bons, malgré leurs défauts et ils peuvent être utilisés avec profit ; mais il semble que le procédé ancien est préférable pour les très hautes cheminées, alors que le treuil est d'une application plus profitable pour les cheminées moyennes

CHAPITRE VII

A TRAVERS L'EXPOSITION

LA PLATE-FORME MOBILE.

Nous nous souvenons encore du succès de curiosité et d'utilité que remporta en 1889 le petit chemin de fer Decauville à l'Exposition. Son trajet bien que très court, puisqu'il ne s'étendait que de la rue de Constantine à l'extrémité de l'avenue de Suffren, fut sillonné pendant six mois de la fête par des milliers de trains qui transportèrent des millions de voyageurs. Malgré la multiplicité des voitures, il arriva qu'à certains moments le service fut insuffisant : la foule stationnait en longues queues aux abords des guichets. D'après les prévisions des organisateurs, on enregistrera en 1900 trois fois plus d'entrées qu'il y a dix ans et si l'on n'avait maintenant à offrir au public qu'un chemin de fer comme moyen de transport, il est à présumer qu'on se trouverait en face des plus grosses difficultés.

On songea à trouver quelque chose de nouveau ; et puisque des voyages, si répétés qu'ils soient, sont insuffisants, on a eu l'idée de construire un chemin de fer continu animé d'un mouvement ininterrompu et dont les trains auraient comme longueur la longueur même du parcours. L'invention n'est pas nouvelle puisque l'on a déjà établi des systèmes similaires aux expositions de Chicago et de Berlin ; mais, comme il s'agit maintenant d'une application plus importante, le commissaire général de l'Exposition de 1900 a demandé aux soumissionnaires d'exécuter un essai à la réussite duquel se trouvait subordonnée la concession définitive. Cet essai a été fait à quelques pas de Paris, dans des terrains vagues de Saint-Ouen, on y a construit une plate-forme mobile du même type que celle de 1900, mais sur un développement moins important. L'expérience a fort bien réussi et a déterminé la concession. Les planchers étaient montés sur un bâti à $2^m,30$ au-dessus du sol. Nous avons dit les *planchers*, car ils sont au nombre de trois : un fixe et deux mobiles. Le premier de ceux-ci se trouve animé d'un mouvement continu de

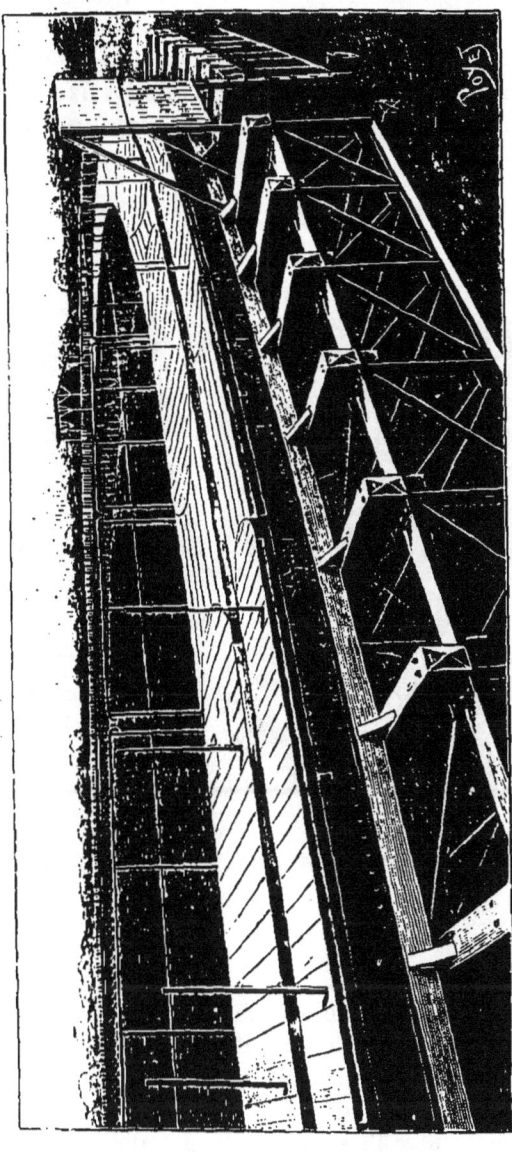

Fig. 103. — Détails du bâti supportant la plate-forme.

4 kilomètres à l'heure, soit la vitesse d'un marcheur ordinaire. La personne qui veut se faire transporter n'a qu'à enjamber du plancher fixe au plancher automobile en faisant un pas dans le sens du mou-

vement du système, elle peut même s'aider de piquets fixes plantés tous les 6 mètres. Le deuxième plancher se meut avec une vitesse double, il est plus large que le précédent et constitue à lui seul l'ouvrage proprement dit, la première partie ne servant que d'intermédiaire. On passe du plancher à la vitesse réduite au plancher à vitesse rapide avec la même facilité que de la partie fixe à la partie mouvante. Les centaines de visiteurs et de visiteuses qui ont assisté

Fig. 106. — Vue d'ensemble des trois planchers.

aux essais ont pu se convaincre de l'aisance avec laquelle s'opérait cette petite gymnastique : les personnes les moins ingambes réussissaient aussi facilement que les plus expertes.

Cette petite expérience ayant donné de bons résultats on se mit aussi en mesure de construire la plate-forme de l'Exposition. Celle-ci forme un cycle continu qui suit les quais, derrière les palais des puissances étrangères entre l'Esplanade des Invalides et le Champ-de-Mars ; la ligne longe ensuite l'avenue de La Bourdonnais. Elle quitte alors le domaine de l'Exposition en suivant l'avenue de la Motte-Piquet, elle gagne ainsi la partie supérieure de l'Esplanade, descend la rue Fabert, pour recommencer son parcours sur les quais.

La seule variante apportée au système sur les expériences de

Fig. 107. — Commande de la plate-forme. — A, Moteur électrique à courants triphasés. — B, Galet moteur roulant sous le rail D, et monté sur un bâti à ressort que l'on voit en avant. — C, Galet roulant sous le rail E de la deuxième plate-forme.

Saint-Ouen est qu'on a adopté pour l'Exposition des supports en bois pour le tablier de la plate-forme. On avait, en effet, remarqué qu'avec des pylônes en fer il se produisait, en marche, un bruit assourdissant qui aurait considérablement gêné les exposants et les visiteurs ; on a employé alors des supports en bois, qui arrêtent plus efficacement les oscillations produites par le passage de la plate-forme et constituent une sorte de matelas qui assourdit le bruit.

Le plancher est formé d'éléments se succédant et s'adaptant les uns aux autres à l'aide de parties circulaires ; cette disposition permet au système de passer dans toutes les courbes jusqu'à un rayon de 10 mètres ; ces éléments soutiennent un rail fixé sous le plancher et qui fait corps avec lui ; chaque rail est relié à celui qui fait suite par une articulation à axe vertical de façon à pouvoir prendre les mêmes sinuosités que le plancher lui-même. Ces rails roulent sur des galets moteurs placés tous les 25 mètres, et animés électriquement d'un mouvement de rotation. Le poids de la plate-forme et celui des voyageurs est suffisant pour produire une adhérence complète et éviter toute action de glissement. Les galets moteurs sont montés sur des bâtis compensateurs à ressort de façon que le contact avec le rail se fasse toujours suivant la même pression ; cette disposition permet également de rattraper le manque d'horizontalité qui pourrait exister dans les rails ; le galet appuie toujours de la même façon. Nous dirons enfin que le plancher est muni de deux séries de petits galets qui roulent sur deux rails fixes ayant la forme générale de la voie.

L'inconvénient de la plate-forme mobile est que son mouvement ne peut se faire que dans un sens. Aussi afin de satisfaire à toutes les exigences des visiteurs, nous pouvons dire que le parcours de la plate-forme est doublé d'un chemin de fer électrique ordinaire qui suit exactement le même itinéraire, mais en sens inverse.

LE PAVILLON DE LA CHAMBRE DE COMMERCE.

Le petit édifice qui abrite l'exposition de la Chambre de Commerce de Paris est situé au Champ-de-Mars, près de la Seine, derrière le palais de la Navigation. Sa situation en plein centre de l'Exposition et les moyens nombreux d'accès permettent aux visiteurs de s'y rendre facilement.

Ce pavillon est uniquement composé d'un rez-de-chaussée très élevé ; la pièce principale qui occupe la plus grande partie du plan est un vaste salon de 9 mètres sur 14 ; autour de lui et sur chacune de ses quatre faces, on a disposé un autre salon de moindre importance, une salle réservée aux membres de la Chambre de Commerce, un large balcon et un hall d'accès auquel on arrive par un perron à plusieurs marches.

La décoration intérieure provient presque uniquement de la forme même du pavillon, et l'ornementation n'a d'autre but que d'accentuer les lignes de la construction ; les baies sont très larges, les encoignures nombreuses, de sorte qu'il n'y a pour ainsi dire aucun panneau pouvant offrir une surface murale aux fresques et à la décoration. On a pourtant maroufié à la base du plafond, et au-dessus des baies, une haute frise circulaire exécutée par M. Joanneau ; elle représente les grands ouvrages dus à l'initiative de la Chambre de Commerce de Paris, entre autres le port d'Ivry, dont la construction est récente.

Extérieurement, ce petit palais indique la distribution intérieure ; son architecture est très mouvementée, et la décoration est très fournie. Bien que construit en staff, comme tous les autres palais de l'Exposition, il est censé être élevé en pierres de taille : l'imitation est parfaite. Il n'y a donc au dehors ni peintures, ni fioritures teintées ; la note qui domine est une grande correction de style, mais sans monotonie, ni sévérité. De grands balcons, rampes et ouvrages divers en fer forgé égaient la pierre avec laquelle, d'ailleurs, le métal d'art fait toujours bon ménage dans la construction.

L'auteur de ce petit bijou d'architecture est M. Lucien Roy qui, à l'Exposition, occupe la situation d'architecte des installations générales pour les sections françaises.

L'Exposition de la Chambre de Commerce de Paris nous montre son fonctionnement et ses travaux. On sait que cette assemblée est composée de trente-six membres présidés actuellement par M. Masson ; elle a voix consultative sur toutes les questions commerciales, et en bien des cas, ses décisions ont la valeur d'une expertise légale. Les derniers travaux de la Chambre sont la construction du port d'Ivry, l'installation du banc d'épreuve pour les armes à feu et les aménagements nouveaux pour les conditions des soies et l'essai des papiers. Les écoles commerciales de Paris dépendent de la Chambre de Commerce.

LA GRANDE LUNETTE ASTRONOMIQUE.

Une des attractions scientifiques les plus intéressantes de l'Exposition est sans contredit cet appareil astronomique de dimensions

Fig. 109. — Le sidérostat de la grande lunette.

inusitées, placé dans le palais de l'Optique à proximité de la Tour Eiffel.

Le diamètre de son objectif est de 1^m,25 et sa distance focale de soixante mètres; si on pouvait dresser cette lunette verticalement, sa hauteur dépasserait la balustrade des tours de Notre-Dame; quant à son poids, il est supérieur à 20 000 kilogrammes.

Il ne pouvait être question de placer cet appareil sous la coupole d'un observatoire à la manière des lunettes courantes, il aurait fallu employer pour cela une construction immense, dont le prix aurait coûté plusieurs millions.

Au lieu de faire varier la position du tube optique, on s'est con-

Fig. 110. — Le chariot mobile de la grande lunette.

tenté de trouver un dispositif mobile qui reçoit l'image de l'astre à observer et qui l'envoie toujours dans la même direction; c'est le même principe que celui employé pour le sidérostat de Foucault.

Fig. 111. — L'oculaire de la grande lunette.

La partie mobile de l'appareil se compose d'un miroir plan qui est mû par un mouvement d'horlogerie disposé de façon que l'image de l'astre soit constamment lancée suivant un même axe qui est constant, celui de la lunette elle-même.

Pour les observations précises, l'astronome peut placer son œil vers l'oculaire et suivre l'astre pour l'étudier ; mais comme pendant l'Exposition on a cherché à tirer parti de l'appareil, en faisant voir les astres à un public nombreux, l'objectif a été disposé de façon à former une image réelle très grande que l'on peut recevoir sur un écran : les visiteurs peuvent alors voir l'étoile sans fatigue, pendant qu'un conférencier en explique les phénomènes.

Une des grosses difficultés de la construction de cet appareil a été d'établir le miroir circulaire qui n'a pas moins de 2 mètres de diamètre ; il importait que cette glace fût d'une planéité mathématiquement parfaite.

La construction de ce miroir à elle seule est une des parties les plus intéressantes de l'appareil ; il a fallu étudier, pour arriver à la perfection nécessaire, une machine nouvelle fort ingénieuse. Elle est représentée par la gravure ci-contre (fig. 114).

A est le disque de verre de 2 mètres de diamètre, B le rodoir en bronze qui doit donner à ce verre la forme convenable ; C est un plateau à mouvement circulaire avec son chemin de fer G, son grain d'acier F et son engrenage moteur E ; D est l'équipage animé d'un mouvement de va-et-vient avec les glissières mobiles I, les glissières fixes I' ; le chemin de roulement i des galets g, la vis m de descente de l'axe a du rodoir B, avec ses vis de rappel v ; on voit enfin en P les entretoises de réglage de la flèche à donner aux glissières I'.

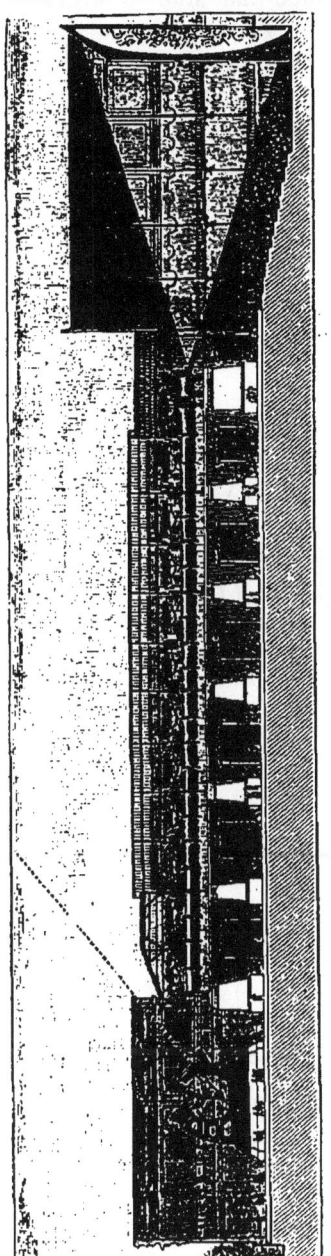

Fig. 112. — Vue d'ensemble de la grande lunette.

Une fois cette glace terminée, on l'a installée dans une monture équilibrée de façon à pouvoir opérer des mouvements avec des efforts très réduits malgré son poids de 15.000 kilogrammes.

L'oculaire est monté sur un chariot de façon à pouvoir le faire mouvoir facilement (fig. 113). A est ce chariot, il est animé d'un

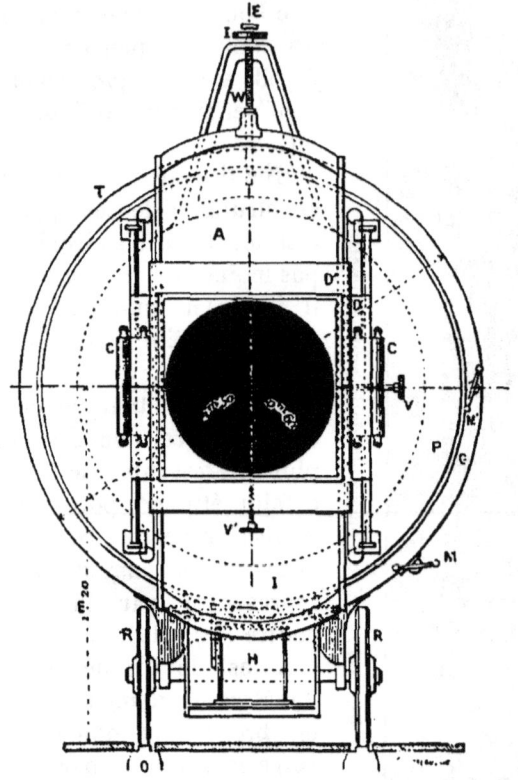

Fig. 113. — Vue de face de l'oculaire.

mouvement rectiligne à l'aide de la vis W, de l'engrenage I et du mouvement d'horlogerie situé dans la direction E; C est un contre-poids destiné à équilibrer le chariot A; P est une plate-forme mobile; D, D' des cadres mobiles actionnés par les vis V, V'; M est une manivelle de mise au foyer; M' est une manivelle d'entraînement du cercle denté G, I la vis tangente du mouvement d'horlogerie H; R, R sont les roues du tube oculaire circulant sur les rails O, O.

On a établi au Champ-de-Mars une construction importante

pour recevoir cet appareil; il n'est pas douteux que par son caractère

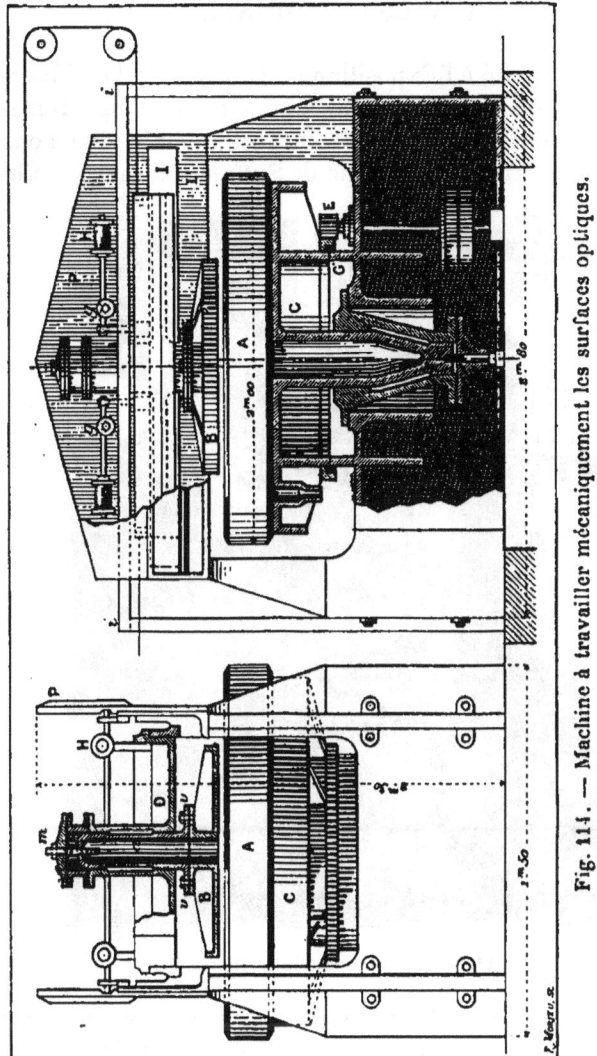

Fig. 114. — Machine à travailler mécaniquement les surfaces optiques.

sérieux et par le sujet si captivant qu'il traite, les astres, il n'obtienne le plus grand succès quand il fonctionnera.

LE VILLAGE SUISSE.

Le succès remporté à l'Exposition de Genève par l'établissement d'une reproduction en matériaux légers d'un Village Suisse fut l'idée première de cette reconstitution charmante que l'on peut admirer dans ce terrain de l'avenue de Suffren relié avec le Champ-

Fig. 115. — Les dessous de la montagne.

de-Mars par une passerelle ; les visiteurs peuvent y aller passer le temps qu'ils veulent sans pour cela être obligés de quitter l'enceinte de l'Exposition.

Il fallut d'abord préparer le terrain pour l'installation de ces montagnes artificielles, il a été nécessaire de démolir vingt-cinq constructions appartenant à vingt propriétaires. On s'occupa ensuite de l'édification de la grande charpente sur pilotis qui devait supporter la montagne et en former le squelette. A cet effet, on a dû enfoncer, parfois jusqu'à 10 mètres de profondeur, les grands pieux qui avaient à supporter la masse et élever de 4 mètres en 4 mètres des fermes reliées aux pieux par des moises boulonnées. Ces fermes étaient formées de gigantesques sapins mesurant environ 30 mètres

Fig. 116. — Construction de la montagne (côté touchant à la Grande Roue de Paris).

de hauteur et provenant des belles forêts de Gimel, dans le Jura Vaudois. Cette énorme charpente, bien consolidée, forme la carcasse de la montagne; elle mesure 630 mètres de long et sa hauteur atteint parfois 40 mètres.

Cette infrastructure une fois établie, il s'agissait de la recouvrir d'un plancher assez solide pour supporter une bonne couche de terre et les plantations qui donnent à l'ensemble son cachet naturel; les surfaces trop inclinées furent munies de casiers pour éviter le glissement des terres. Ce fut un travail considérable qui nécessita l'emploi de plus de 5.000 mètres cubes de bois et occupa

Fig. 117. — L'envers d'un rocher.

trois cents ouvriers charpentiers pendant plus de deux ans.

On conçoit qu'on ne pouvait faire supporter sur ces bâtis de gros et lourds rochers qui auraient porté une sérieuse atteinte à la solidité de la masse. Il fallut donc, dans toute la partie qui recouvre la charpente, employer le système dit du « staff ». C'est grâce à cette composition moulée sur les calcaires du Jura et du Salève, et les granits des Alpes, qu'on est arrivé à reconstituer cette chaîne alpine absolument naturelle. C'est d'ailleurs le rocher qui joue le rôle le plus important dans la montagne du Village puisqu'il recouvre 20 000 mètres carrés et a exigé le travail de cent ouvriers pendant un an pour sa confection, sa pose et sa peinture. L'art du paysagiste, qui doit tenir compte de l'échelle des distances, des effets d'optique et de perspective, fut largement mis à contribution. La question de l'observation de l'échelle est des plus importantes, car si un seul objet ne se trouvait pas aux dimensions voulues, il pourrait entraîner, par cela même, une véritable déroute de tout l'ensemble. Il fallut tenir compte de la superposition naturelle des diverses couches géologiques et de leur épaisseur relative.

Sur les premiers plans, on voit s'étaler du rocher naturel dont on a fait venir plus de cent wagons. Le raccordement entre ces pierres naturelles et le staff fut encore un des gros soucis de l'entreprise ; on peut constater que la soudure est invisible.

On pensa ensuite à faire le gazon. On fit remplir de terre tous les casiers et sur cette couche de sol on plaça des plaques de gazon de 20 centimètres carrés côte à côte et comme soudées ensemble.

L'établissement de la cascade dont la chute est de 35 mètres sur une largeur de 5 mètres, et qui débite quatre-vingts litres d'eau par seconde, soit un total de 5 millions et demi de litres par jour, ne fut pas chose facile non plus. Il fallut creuser un puits de 30 mètres de profondeur pour trouver l'eau nécessaire à cet énorme débit. La cascade tombe des rochers qui entourent le Panorama des Alpes bernoises et sa partie supérieure est formée de béton armé tandis que sa base est en rochers naturels.

Le lac a une surface de 100 mètres carrés ; il reproduit un des sites les plus gracieux du Lac des Quatre-Cantons. La chapelle de Guillaume Tell, les rochers abrupts qui surplombent la rive sur une hauteur de 40 mètres, le groupe des chalets rustiques qui s'élèvent à mi-hauteur, entre le lac et le sommet de la montagne ont été pris sur des modèles de la Suisse primitive. Quant au pâturage, il recouvre une superficie de 3.000 mètres carrés. Les petits chalets (*mazots*) qu'on y voit ont été amenés là des vallées alpines du Valais. Les uns viennent de l'Herens, d'autres de Tourctemagne, de Zinal, de Bourg Saint-Pierre (Grand Saint-Bernard).

La plantation des arbres et arbustes qui encadrent le pâturage a été conçue avec méthode et reproduit exactement les scènes de la nature ; dix mille pins, sapins, aroles, mélèzes, sabines, bouleaux ont été arrachés des montagnes et transportés à Paris où ils ont été classés par zones naturelles. Les pins des rochers alpins au tronc tordu et tourmenté offrent un cachet spécial que n'ont pas ceux des pays de plaines. Le grand souci des organisateurs a été de ne rien faire qui ne fût la vérité et de ne pas travestir la nature. C'est avec la flore des Alpes que les constructeurs du Village Suisse ont cherché à reproduire la réalité. On retrouve toute la flore de la

Fig. 118. — Un coin du village Suisse.

Suisse : edelweiss, rhododendrons, gentiane, soldanelle ; la floraison de ces fleurs des hauteurs a été retardée pour qu'elles s'épanouissent à Paris même pendant l'Exposition. En sorte que, pendant l'été, nous aurons au Village Suisse la flore des hauts sommets des Alpes dans ses phases successives.

Les chalets groupés dans le Village Suisse sont de deux espèces. Il y a le chalet alpin proprement dit et le *mazot* Valaisan : ce dernier est un simple réduit, un grenier où l'on met à part et à l'abri des rongeurs les provisions du ménage. Les chalets proviennent des endroits les plus divers : Oberland bernois, Alpes Vaudoises, Grisons et surtout Gruyère. La disposition des constructions alpestres du Village a été calculée pour donner le plus de place possible et faciliter la circulation au public, tout en ménageant à celui-ci des surprises dans les vues et perspectives.

Un jardin montagnard a été construit en vue d'offrir au public la quintessence, la synthèse même, de la flore des Alpes. On a cherché, en le créant, à reproduire un vrai coin de l'Alpe aimée. L'acclimatation des plantes de montagnes dans la plaine; la mise de leur culture à la portée de tous trouvent là une étude intéressante.

Le système de décoration alpestre que nous venons de décrire est une application qui apporte une note nouvelle et intéressante à l'art paysager.

On a cherché avant tout la note juste et vraie ; le décor alpestre est la synthèse des sites les plus enchanteurs de ce pays suisse qui, à juste titre, est considéré comme le plus pittoresque de la terre.

LE VIEUX PARIS.

Une des plus charmantes attractions de l'Exposition est sans contredit cette évocation si pittoresque de notre capitale aux siècles passés ; cette fantaisie est due au crayon de M. Robida, le dessinateur bien connu et a été exécutée par l'architecte, M. Benouville. C'est un peu en abrégé l'histoire de Paris, à laquelle nous assistons dans cette leçon en tableaux des bords de la Seine.

Nous y trouvons trois groupes distincts, le premier du XVe siècle, le deuxième du XVIIIe et le troisième est un heureux mélange de différentes époques.

On a cherché à reproduire les monuments les plus intéressants du Paris ancien et on les a groupés de la façon la plus charmante qu'on puisse imaginer. C'est un vrai régal pour l'historien qui trouve des points de repère à ses souvenirs, pour l'artiste qui voit une belle image avec des unités admirablement groupées, pour le touriste enfin

Fig. 119. — Aspect des premiers travaux pour l'élévation de la porte Saint-Michel.

Fig. 120. — Rue du Rempart.

qui s'amuse de ces mille détails qui foisonnent sur les monuments.

On entre par la porte Saint-Michel, pour arriver à la place du Pré-aux-Clercs; d'un côté, on voit la rue des Vieilles-Écoles, et de l'autre, la rue des Remparts. On retrouve la Maison aux piliers et la Tour du Vieux-Louvre. Dans la rue des Vieilles-Écoles, on voit la maison où

Fig. 121. — Maison et cabaret de la Pomme de Pin.

naquit Molière ; elle était en réalité située au coin de la rue Saint-Honoré et de la rue des Étudiants; elle fut démolie en 1802. On a fait une reproduction fidèle de la maison Nicolas Flamel ainsi que de celle du Grand Coq, où fut imprimé le premier numéro de la *Gazette de France*, et qui, par conséquent, représente le berceau de la presse française.

On voit aussi la Tour du Collège de Lisieux qui était située à l'emplacement du Panthéon actuel. Nous sommes ici en plein quartier moyen âge.

On a construit un bâtiment où se trouve la « Pomme de pin », dans

Fig. 122. — La porte Saint-Michel restaurée. — Entrée du Vieux Paris (façade principale).

laquelle des chanteurs exécutent leurs chansons anciennes. Au pied de l'escalier du théâtre, on retrouve le pilori de Saint-Germain-des-Prés ; enfin, l'Église de Saint-Julien-des-Ménestriers, qui fut jusqu'à la Révolution la propriété de la corporation des jongleurs et ménestriers.

Fig. 123. — Façade postérieure de la porte Saint-Michel.

Fig. 124. — Carrefour de Saint-Julien des Ménétriers.

La place des Halles occupe tout le centre du Vieux Paris ; c'est une évocation du xviiie siècle. Plus loin, on se trouve dans le quartier du Chastelet avec le pont au Change et ses maisons spéciales qui furent incendiées en 1621 : elles dataient de 1599 à 1609.

Nous voyons aussi la rue de la Foire-Saint-Laurent avec tous ses petits commerces élégants.

Fig. 125. — Anciennes maisons du Quai de l'École.

L'antique palais de Saint-Louis, de Philippe Le Bel, occupe une place importante.

Toutes ces constructions du Vieux Paris ont été montées sur une plate-forme en bois, établie sur une série de pieux foncés dans le lit du fleuve.

Les Parisiens ont pu admirer depuis plusieurs mois ces édifices tortueux et bizarres. Ils ne sont pas destinés à disparaître avec l'Exposition, car le concessionnaire a obtenu pour ses constructions un droit d'existence de dix années.

CHAPITRE VIII

LES TRAVAUX DE CHEMIN DE FER EXÉCUTÉS A PARIS EN VUE DE L'EXPOSITION DE 1900

LA LIGNE DE COURCELLES AUX INVALIDES.

Description de la ligne.

Avant de décider que l'Exposition de 1900 ne fût faite aux Champs-Elysées et au Champ-de-Mars, avant même d'arrêter qu'elle dût avoir lieu d'une façon quelconque, il importait de savoir comment on parviendrait à transporter les grandes masses de visiteurs qui afflueraient à certains moments de la journée. Aux heures d'arrivée et de départ, c'est-à-dire vers une heure et demie et sept heures du soir, les abords de l'enceinte seraient encombrés et les rues se trouveraient forcément barrées assez longtemps, si l'on s'était contenté des moyens de locomotion dont on disposait il y a quelques années. En se reportant aux grandes journées de la dernière Exposition, on se souviendra qu'à certains moments il n'y avait plus moyen de circuler sur les quais et sur les ponts, plusieurs milliers de personnes restaient en détresse sans savoir comment regagner leur domicile. D'après les prévisions, il n'est pas douteux que le chiffre des entrées en 1900 ne soit doublé sinon triplé par rapport à celui de 1889, et c'eût été compromettre grandement le succès de la fête que de l'entourer de difficultés.

Le Métropolitain qui relie les bois de Boulogne et de Vincennes amène et remporte une fraction sensible de la foule, mais il est incapable de rendre les grands services qu'on pourrait croire ; d'abord parce qu'il ne touche l'Exposition qu'en deux points, l'entrée de la nouvelle avenue et le Trocadéro ; ensuite, parce que l'arrêt aux Champs-Élysées ne peut se faire qu'à une *station de passage* des trains dont le service général ne doit pas être interrompu; il a été impossible d'installer de nombreuses voies de garage permettant aux trains supplémentaires d'attendre leur emploi. On voit donc que l'utilité du Métropolitain, tout en n'étant pas négligeable au point de vue du trafic pendant l'Exposition, n'est pas assez grande pour satisfaire le service en entier.

Le grand débouché de visiteurs se fait par le chemin de fer de ceinture dont l'embranchement le long de la Seine vient d'être prolongé jusqu'à l'Esplanade des Invalides. En cet endroit, se trouve une grande gare de tête de ligne, pouvant disposer utilement de treize voies parallèles sur lesquelles il est possible d'installer les trains d'attente nécessaires.

Pour que cette installation pût réellement rendre les services qu'on lui demande, il importait de relier directement la gare des Invalides au réseau de Ceinture. La compagnie de l'Ouest n'a pas hésité à s'engager dans les dépenses considérables qu'entraînait la jonction des deux lignes par un raccordement traversant Passy. Elle compte bien d'ailleurs enregistrer pendant cette année un nombre suffisant de voyageurs pour rentrer dans une grande partie des sommes qu'elle a dépensées.

Un des travaux de chemin de fer les plus considérables en vue de l'Exposition a été sans contredit la construction de cette ligne nouvelle entre la gare de Courcelles et l'Esplanade des Invalides qui permet de se rendre directement de Saint-Lazare et des gares de Ceinture jusqu'à l'Esplanade des Invalides.

Une partie des travaux consiste à dédoubler les voies entre les gares de Courcelles et la bifurcation située entre le Trocadéro et Passy, c'est-à-dire à porter le nombre des voies de deux à quatre. La principale condition posée aux ingénieurs était de conduire l'ouvrage de façon à ne pas gêner le mouvement des voitures et des piétons dans les voies situées en bordure du chemin de fer et de ne pas interrompre un seul instant la circulation des trains qui constitue sur ce réseau l'exploitation la plus intensive qui existe en France; il n'y passe pas en effet moins de quatre cents trains par jour.

Les travaux ont été exécutés sous la haute direction de M. Moïse, ingénieur en chef des constructions de la Compagnie de l'Ouest et de M. Widmer, ingénieur en chef adjoint. La ligne est divisée en deux parties: une, de construction nouvelle, située entre le Trocadéro et les Invalides; elle a été plus spécialement confiée à M. A. Bonnet, ingénieur des Ponts et Chaussées; l'autre de transformation, comprise entre les gares de Courcelles et du Trocadéro : cette dernière section a été donnée à M. Rabut, ingénieur en chef des Ponts et Chaussées.

Pour opérer le dédoublement des voies de la première section, on a opéré de deux façons: chaque fois que les circonstances le permettaient, on a construit une voie à droite et une voie à gauche de l'ancien réseau; c'est ce qui a été fait notamment entre les gares de Courcelles et de la Porte Maillot. Une fois les anciennes tranchées abattues, on les a remplacées par des murs de soutènement sensiblement verticaux et le retrait donné par cette dispo-

Fig. 126. — Petite voie Decauville établie au-dessus des trains de déblai.

sition a suffi pour l'installation de la nouvelle voie. Les riverains ont protesté, d'abord parce qu'on leur enlevait les quelques malheureux arbustes qui avaient poussé là suivant les caprices de la nature, et qui n'en formaient pas moins, l'été venu, un agrément que les murs géométriquement alignés des ingénieurs ne sauraient remplacer; on avait dit aussi que les nouvelles dispositions diminueraient la largeur du boulevard Péreire sur chacun des côtés de la voie. Ce sont deux craintes qu'il fallait appeler chimériques, car non seulement les boulevards n'ont pas été réduits dans leur largeur, mais les trottoirs contre les grilles ont même gagné 50 centimètres que l'on a mis à profit en plantant sur chaque bordure une rangée d'arbres. On voit donc que la création des nouvelles lignes, loin d'être un désagrément, est une cause d'embellissement pour ce boulevard qui, en dépit de l'existence du chemin de fer, peut devenir une voie agréable.

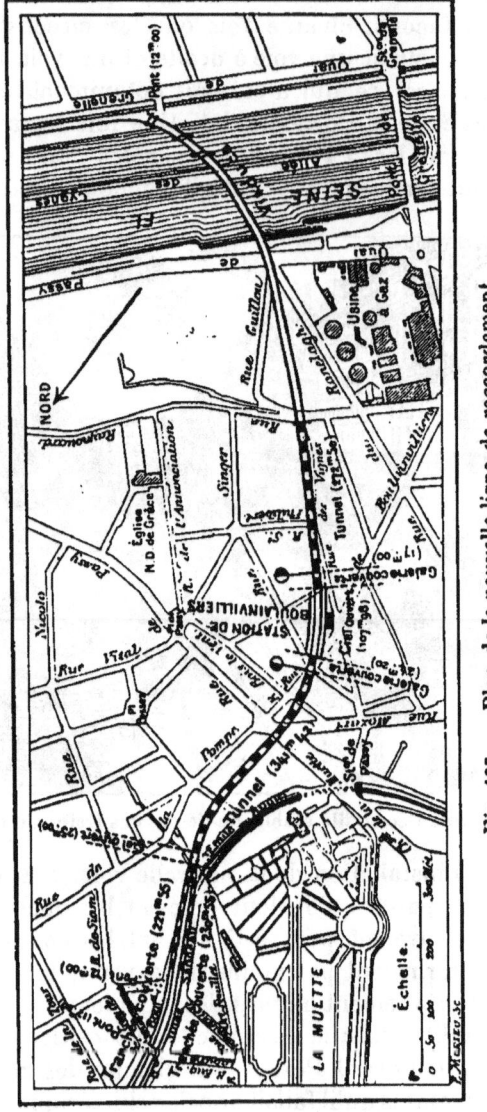

Fig. 127. — Plan de la nouvelle ligne de raccordement.

En plusieurs points il a été impossible de suivre les dispositions que nous avons indiquées, à cause des expropriations onéreuses qu'il aurait fallu faire ; on a dû reporter les deux nouvelles voies d'un même côté de l'ancienne ligne ; le chantier de construction

Fig. 128. — Élargissement aux environs de la gare de l'Avenue du Bois de Boulogne.

devenait dès lors unique et l'on n'avait plus à travailler que sur un des côtés de l'ancienne ligne, la surface d'opération était alors plus large, et bien que dans ce cas il régnât une activité double, les ingénieurs préféraient opérer dans ces conditions à cause du resserrement trop grand des chantiers pour une seule voie. Cette disposition a été employée à partir de la porte Maillot; les deux nouvelles voies sont construites à droite de la voie descendante, c'est-à-dire à l'endroit du boulevard Lannes qui a été désaxé, et que l'on a transporté plus à droite en empiétant sur une partie du talus des fortifications. L'autorisation de faire ce travail a été accordée assez facilement par le département de la guerre qui doit, comme on le sait, désaffecter les anciens remparts de la capitale et en céder l'empla-

Fig. 129. — Passage sous les ponts; galeries percées de chaque côté pour le passage des wagonnets.

cement à la Ville.

Une grosse difficulté se présentait dans l'établissement de cette ligne ; c'était la construction des passages souterrains qu'il fallait mener sans interrompre la circulation de la surface ; les méthodes du bélier ne pouvaient trouver leur emploi en cette circonstance à cause de la petite hauteur entre l'intrados de la voûte et le sol ;

Fig. 130. — Aspect ancien de la ligne de Ceinture, avec talus inclinés garnis d'arbustes.

puisque de toute façon il fallait arrêter la circulation à la surface,

Fig. 131. — Aspect nouveau, avec quatre voies et murs droits.

mieux valait attaquer franchement le sol sur une section, porter le chantier plus loin, la première partie terminée, et ainsi de suite.

Le sol une fois affouillé en grande tranchée, on construisit la voûte le plus rapidement possible en employant un grand nombre d'ouvriers et l'on rejeta de la terre sur l'extrados de la maçonnerie, on la pilonna et l'on put immédiatement rendre la place à la voirie. C'est cette façon de faire qui a été appliquée pour la place Péreire où l'on a pu dépêcher chaque section en six semaines de travail.

La transformation des gares a été l'objet d'une étude toute particulière.

La gare du Bois de Boulogne est entièrement découverte, grâce au désaxement du boulevard Lannes qui a permis d'appliquer à la station la partie du terrain nécessaire. A la porte Maillot, il a fallu affouiller le sol sous le boulevard Péreire pour y établir la voie; ce travail ne pouvait évidemment être fait que d'un côté à la fois, car il interrompait complètement le passage des voitures. La chaussée a été attaquée dans toute sa largeur; on la rétablissait ensuite à l'aide de poutres en fer qui reposent d'une part sur le mur de soutènement, d'autre part sur une série de colonnes.

La station de Courcelles, qui forme l'origine de la nouvelle ligne, a été construite d'une façon méthodique et plus facilement que la précédente, à cause du plus grand espace dont on disposait. Au lieu d'attaquer directement les anciens murs pour les démolir, ce qui aurait été une opération gênante pour la circulation sur les quais, on a préféré les prendre à l'intérieur, c'est-à-dire creuser une tranchée derrière eux et y construire les nouveaux murs quitte à n'enlever les anciens qu'au fur et à mesure de l'avancement des travaux, de façon à pouvoir utiliser les vieux matériaux pour la construction.

Une fois ce mur terminé, on y a fixé de grandes consoles en ciment armé destinées à soutenir le trottoir de la chaussée (fig. 132).

Le programme des travaux de cette partie de la ligne consistant dans l'élargissement de la plate-forme du chemin de fer, tous les ponts devaient être démolis et remplacés; quand ils étaient en fer, ce qui était le cas le plus fréquent, rien de plus facile, un démontage pouvait s'opérer rapidement; la difficulté devenait très grande quand on se trouvait devant un ouvrage en pierre, surtout lorsque ce dernier était fort surbaissé, comme pour le pont de la rue Dufrénoy. Il n'y avait pas moyen d'établir un échafaudage de démolition à cause du manque de hauteur entre le gabarit des trains et l'intrados de la voûte; d'autre part, on ne pouvait point abattre le pont, car cela aurait arrêté la circulation des trains pendant plusieurs jours. On aurait bien pu descendre les voies, par un travail de terrassement provisoire, ce qui aurait permis l'installation d'une charpente, mais sans compter que cela eût été une grosse dépense, on se trouvait devant une impossibilité à cause du rapprochement de la gare et de l'installation des appareils et signaux. Il a fallu tourner la difficulté, on s'est arrêté à une

Fig. 132. — Construction de consoles en ciment pour l'établissement en encorbellement du trottoir à la nouvelle gare de Courcelles.

solution neuve et fort élégante. M. Rabut, l'éminent ingénieur de la Compagnie, chargé du tronçon de transformation de la nouvelle ligne, après avoir examiné la maçonnerie du pont, a pu constater qu'elle se trouvait dans un état de conservation et de solidité parfaites; alors, il a ordonné l'enlèvement de la chaussée du pont, ainsi que du remblayage, afin d'attaquer la voûte par son extrados; c'est ce qui a été fait; on a ôté les pierres les unes après les autres jusqu'à ce que la croûte fut réduite à 0^m,30 d'épaisseur. Malgré cette fragilité apparente, le cintre s'est maintenu parfaitement sans déformation (fig. 134).

Pour enlever cette dernière assise de moellons, on a établi, à droite et à gauche des voies, un échafaudage qui venait supporter la voûte à ses retombées et pendant la nuit on a attaqué directement cette dernière partie du travail. On ne disposait pour cela que de quatre heures chaque fois, car les trains ne cessent de marcher que de 1 heure à 5 heures du matin; toutes les nuits, on faisait tomber une tranche située aux deux parements libres du pont et l'on déblayait immédiatement le sol. En dix nuits l'ouvrage a été achevé, les deux parties de cintre en porte à faux se trouvaient soutenues par les échafaudages latéraux; le reste de l'abatage devenait très facile et rentrait dans le domaine de ce qu'on est habitué à faire tous les jours.

Le cube de maçonnerie ainsi démoli a été de 240 mètres et, malgré le surcroît de dépense occasionné par le travail de nuit et la construction de l'échafaudage, le prix du mètre cube enlevé n'a été que de 18 fr. 50, de sorte que la construction complète n'a pas coûté 4500 francs.

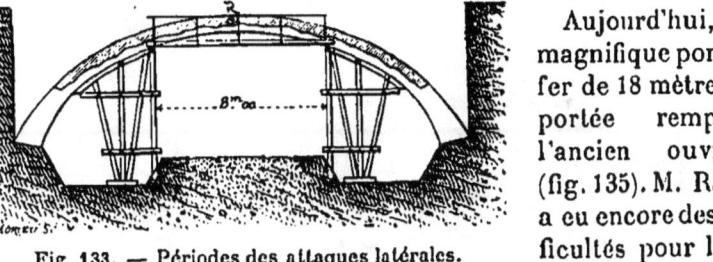

Fig. 133. — Périodes des attaques latérales.

Aujourd'hui, un magnifique pont en fer de 18 mètres de portée remplace l'ancien ouvrage (fig. 135). M. Rabut a eu encore des difficultés pour l'établissement de ce pont métallique à cause du peu de hauteur laissé entre le gabarit des trains et le niveau de la chaussée; les poutres n'ont que 1^m,06 de hauteur, c'est-à-dire 1/16 de portée, au lieu de 1/10 comme cela se pratique ordinairement. Afin d'augmenter la solidité des poutres, on les a reliées entre elles, à leur partie inférieure, par des petits cintres en briques venant supporter un hourdis de béton ayant toute la hauteur de la poutre elle-même. Ce système a donné des résultats excellents; le pont ainsi constitué est d'une solidité parfaite et a fourni, aux essais de surcharges, des résultats qu'on n'aurait pas osé espérer.

Ainsi, le pont de la rue Dufrénoy a été un sujet des plus intéressants au point de vue de sa démolition et a été l'objet d'une appli-

Fig. 134. — État de l'ouvrage avant son abatage final (Photographie de M. Wallon).

cation nouvelle du béton dans les constructions métalliques. Le béton et le fer qui, comme on le sait, possèdent les mêmes coefficients de dilatation à la chaleur, sont destinés à être souvent mariés ensemble dans la construction. Le ciment armé est une des plus belles applications de cette union.

Cette portion de la ligne n'était peut-être pas la partie la plus considérable de l'ouvrage, au point de vue des efforts à faire et de l'argent dépensé, mais elle était sûrement la plus délicate, à cause de cette condition, qu'il fallait constamment respecter, de ne pas gêner les services existants : ceux-ci étaient fort nombreux, ceux de la circulation des trains, du mouvement des piétons et des voi-

Fig. 135. — Le nouveau pont Dufrénoy.

tures sur la voie publique, enfin ceux qui consistaient à ne pas arrêter le passage des tuyaux d'eau dans la traversée des ouvrages en construction. Ainsi, en face de la gare du Trocadéro, les conduites de l'Avre traversent l'avenue; ils renferment du liquide à une pression de 40 mètres et sous aucun prétexte il ne pouvait être question d'arrêter son débit. La hauteur entre les voûtes et la chaussée n'était pas suffisante pour établir le tuyau, d'autre part, la Ville n'a pas autorisé l'installation d'un siphon sous les voies ; il a donc fallu dédoubler ce tuyau en faisant deux conduites en fonte de $0^m,80$ et établir un passage provisoire pour l'eau pendant qu'on créait un sommier en ciment armé pour la pose des deux tuyaux parallèles.

Le Passage inférieur de la Ligne du Champ-de-Mars.

Comme nous l'avons déjà dit, les voies ont été doublées, entre Courcelles et le Trocadéro ; de deux elles sont portées à quatre. A partir d'un point situé à 500 mètres en amont de l'ancienne station de Passy, le nouveau tronçon bifurque et lâche le réseau de ceinture. Pour la facilité de l'exploitation, notamment à l'emplacement des gares, il a été décidé que les groupes des deux voies montantes seraient juxtaposées et qu'il en serait de même pour les voies descendantes (fig. 136) ; cette disposition impliquait forcément un croisement au point de bifurcation des deux lignes, une des voies montantes d'un groupe devait couper une des voies descendantes de l'autre groupe. L'existence d'un appareil de ce genre rend la circulation des trains très dangereuse surtout quand on a affaire à une exploitation aussi intensive que celle dont nous sommes dotés pendant cette année d'Exposition : il fallait à tout prix éviter un croisement à niveau (fig. 127).

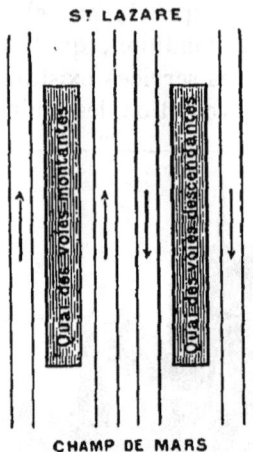

Fig. 136. — Disposition des quais desservant la ligne à quatre voies dans les gares.

Après plusieurs essais et projets, il a été convenu qu'on exécuterait le passage de la voie montante en la faisant passer sous les deux voies ordinaires de ceinture tenant le milieu du groupe des quatre fils de rails. On a profité d'une rampe de la ligne de ceinture à l'endroit de la bifurcation pour mener en pente la nouvelle voie jusque sous le radier du réseau de l'ancienne ligne. Cette pente de 10 millimètres par mètre a permis d'arriver sous les voies après un parcours de 335^m,96. Toutefois la traversée proprement dite, la seule partie qui soit en souterrain, n'a que 75 mètres de longueur et n'intéresse que la seule portion de l'ouvrage immédiatement placée sous les voies supérieures (fig. 137).

Ce travail a été très délicat par cette raison qu'on ne pouvait interrompre le mouvement des trains, il a fallu exécuter l'ouvrage par fractions très étroites afin de ne pas compromettre la solidité du terrain sur lequel se trouvait le chemin de fer. A cet effet on a cherché un moyen de consolider les rails d'une façon toute spéciale ;

on les a posés sur de solides longrines entretoisées par un système de poutres, le tout formant une sorte de châssis indéformable ;

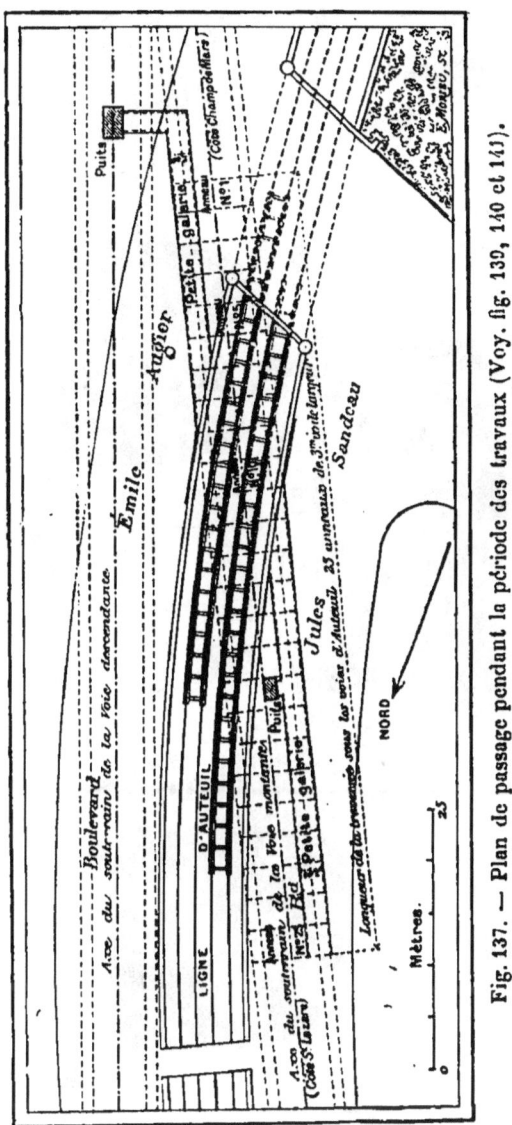

Fig. 137. — Plan de passage pendant la période des travaux (Voy. fig. 139, 140 et 141).

cette opération se faisait la nuit, alors que la circulation des trains était interrompue ; il fallait agir vite et sûrement pour ne pas s'exposer à un arrêt dans le mouvement du lendemain matin.

La traversée, qui est de 75 mètres, a été divisée en 25 anneaux de 3 mètres chacun de sorte que, lorsqu'on attaquait une de ces frac-

Fig. 138. — Coupe de passage à la hauteur de l'anneau n° 13.

tions de l'ouvrage, la longrine du rail reposait comme une poutre sur les deux tranchées juxtaposées, les trains ne subissaient aucun arrêt dans leur marche.

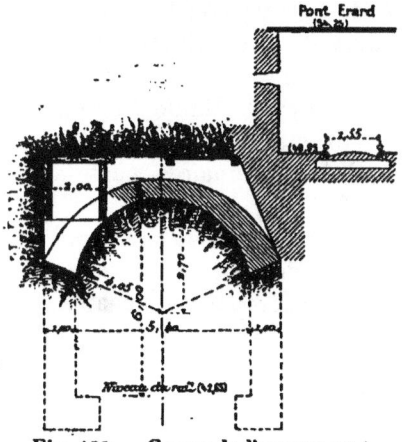

Fig. 139. — Coupe de l'anneau n° 1.

Trois cas pouvaient se présenter dans la confection de ce tunnel : 1° la voûte pouvait se trouver complètement en dehors du réseau de ceinture (fig. 139); 2° elle pouvait se présenter dans une position intermédiaire, en partie hors de la voie et en partie au-dessous (fig. 140); 3° elle pouvait enfin être entièrement placée sous les voies du chemin de fer existant (fig. 141).

Chaque anneau formant un chantier séparé, le travail se trouvait être changé pour chacun des cas.

D'une manière générale, l'ouvrage était conduit de deux façons. Pour les parties placées hors les voies, on avait préparé aux deux extrémités deux puits extérieurs et construit des galeries souterraines qui permettaient d'attaquer à vif les parties à déblayer. Ce système était impraticable pour les portions des voûtes placées immédiatement sous les voies, car le passage des trains aurait été un danger permanent. On a travaillé extérieurement en ne prenant qu'une section de 3 mètres comme nous le disions plus haut, et on a pioché le sol sous les rails en lui donnant la forme de l'intrados de la future voûte; la roche dont se compose le terrain devenait un cintre naturel sur lequel on pouvait maçonner à son aise. Une fois ce travail terminé, on a déblayé en dessous en se servant des galeries construites pour l'attaque des parties latérales.

La voûte reposant sur des pieds-droits naturels en roche, il n'y avait rien à craindre pour sa solidité; on a attaqué le grand strosse, c'est-à-dire la partie de déblais compris entre le niveau de la naissance des voûtes et le futur radier; l'exécution en maçonnerie des pieds-droits a été gardée pour la fin.

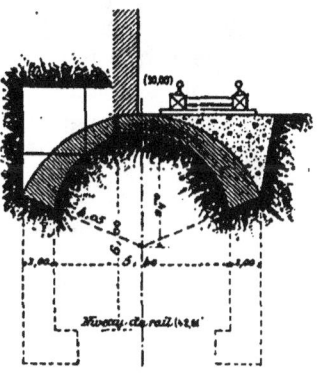

Fig. 140. — Coupe de l'anneau n° 5.

En même temps que la Compagnie de l'Ouest construisait ce souterrain pour la voie montante de la nouvelle ligne, elle en faisait un second de l'autre côté pour la voie descendante; cet ouvrage d'art qui passe sous le prolongement du boulevard Émile Augier, actuellement en construction, était d'une exécution beaucoup plus commode; on se trouvait ici dans les conditions ordinaires, aussi la solution a-t-elle été promptement menée (fig. 138).

Des puits d'air en nombre suffisant sont percés dans les deux souterrains et aboutissent au mur de soutènement de la ligne d'Auteuil; ils sont disposés pour donner non seulement l'aération convenable, mais encore pour fournir une lumière diffuse qui éclaire la traversée du tunnel.

Cet ouvrage est assurément le croisement le plus important qui existe dans les travaux de chemin de fer et le sacrifice que la Compagnie a fait pour l'exécuter — près de 200 000 francs — prouve le peu de confiance qu'on a dans les croisements de surface pour les parages mouvementés.

Sur la ligne de Saint-Germain, un peu avant d'arriver à la Garenne-Bezons, on se trouve devant deux lignes qui se coupent sur la voie,

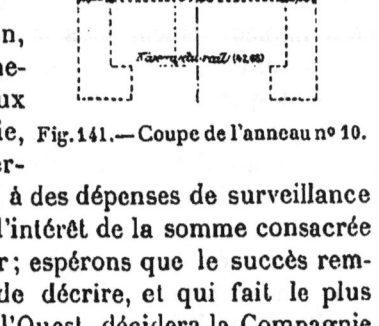

Fig. 141. — Coupe de l'anneau n° 10.

c'est un danger que l'on devrait chercher à supprimer; il oblige d'abord à des dépenses de surveillance très grosses dont le prix couvrirait l'intérêt de la somme consacrée à l'exécution d'un passage inférieur; espérons que le succès remporté par celui que nous venons de décrire, et qui fait le plus grand honneur aux ingénieurs de l'Ouest, décidera la Compagnie à entreprendre à brève échéance un ouvrage qui donnerait satisfaction à tout le monde.

Le Souterrain de Passy.

La construction du nouveau tronçon exigeait l'exécution d'un ouvrage d'art de grande importance : le souterrain dans lequel les trains devront s'engager pour atteindre la traversée de la Seine. Ainsi qu'on le sait, la nouvelle ligne quitte celle qui existe actuellement, à 200 mètres environ en amont de la gare de Passy (voir le plan, p. 259); à partir de cet endroit, les deux nouvelles voies se trouvent chacune engagées dans un tunnel isolé; ces deux ouvrages élémentaires viennent déboucher dans une tranchée très courte (fig. 143), à partir de laquelle se trouve le souterrain qui reste unique jusqu'au bout.

Le souterrain peut se décomposer en trois parties bien distinctes.

Fig. 142. — Construction de la voûte de la voie ascendante.

La première, qui comprend les deux tranchées couvertes, a une voie; elle mesure 221^m,55.

La seconde s'étend sur 341^m,42; elle se termine à la station de Boulainvilliers par une tête de souterrain de forme toute spéciale. Cette station a été construite à ciel découvert.

Enfin, la troisième portion est comprise entre ce point et les voûtes perréiées qui précèdent l'accès du pont sur la Seine; elle se développe sur une longueur de 372^m,50.

Le souterrain à deux voies, c'est-à-dire celui de la seconde et de la troisième section, constitue l'ouvrage le plus important de la ligne; il a dû être construit à l'aide de puits spéciaux ainsi que nous le verrons plus loin. Son profil en travers est sensiblement le même pour tout le parcours et présente les constantes suivantes :

Hauteur du rail à l'intrados...................	6m,50
Écartement des pieds-droits...................	9m,00
Épaisseur de la voûte à la clé.................	1m,00
— — aux naissances.......	1m,25
— des pieds-droits à la base............	1m,75
— du radier à l'axe....................	0m,90
Hauteur du ballast à l'axe.....................	1m,00

Il est toujours très difficile et très délicat de construire un souterrain, mais l'ouvrage devient beaucoup plus pénible quand on

Fig. 143. — Têtes des deux voûtes à l'endroit où elles débouchent dans la tranchée découverte.

doit l'exécuter dans une grande ville comme Paris, où il ne faut pas interrompre la circulation de la surface, et où il est à peu près impossible de dresser des alignements pour établir sur le sol des points de l'axe de la future ligne. Il faut alors procéder par parallèles en profitant des rues qui se présentent dans les meilleures conditions, faire un piquetage laborieux au milieu du mouvement des voitures et des piétons, recommencer enfin les opérations à différentes reprises afin de vérifier les résultats et d'être sûr de n'avoir point commis d'erreur.

TRAVAUX DE L'EXPOSITION.   18

On a d'abord creusé une série de puits situés autant que possible dans l'axe du souterrain à construire jusqu'à une profondeur d'environ 25 mètres ; puis on a attaqué l'ouvrage d'après les méthodes ordinaires de construction d'un tunnel en faisant avancer les fronts d'abatage les uns vers les autres. Les précautions ont été si bien prises qu'au moment de la rencontre des galeries, on n'a guère

Fig. 144. — La galerie d'avancement.

constaté une erreur supérieure à un centimètre dans la position des deux axes. C'était un succès !

Le sous-sol de Passy se trouve dans de très mauvaises conditions et le travail d'excavation a été beaucoup plus compliqué qu'on ne l'avait cru au commencement. Les couches de calcaire, de consistances variables, présentaient à chaque instant des solutions dont les dimensions dépassaient quelquefois 1 mètre. Il a fallu avancer doucement au milieu de toutes ces crevasses et se protéger avec beaucoup de précautions contre les éboulements possibles à l'aide de boisages très soignés.

En certains endroits, notamment sous le bâtiment de l'École des Frères de Passy, on a trouvé des couches épaisses de glaises qu'il

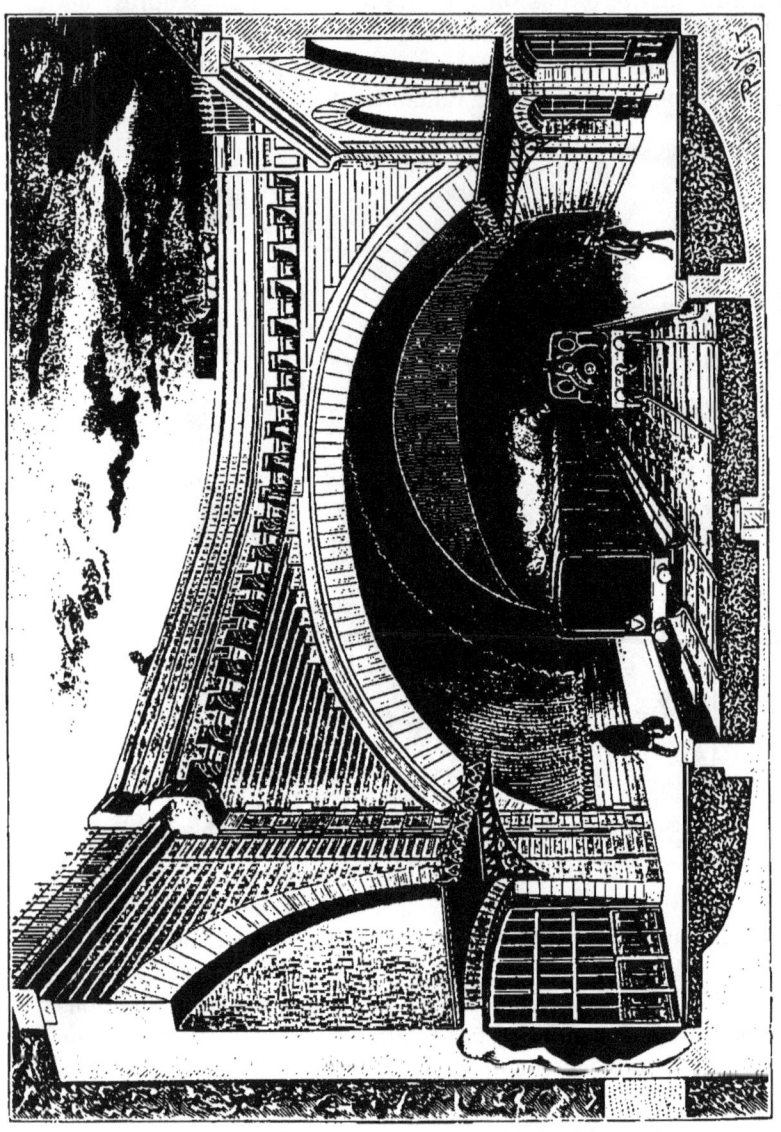

Fig. 115. — Tête de souterrain à la station de Boulainvilliers.

était fort difficile d'attaquer : les pioches ne pouvaient avoir aucune utilité dans ces argiles, elles seraient devenues vite embourbées et les ouvriers n'auraient pu les retirer du sol ; les explosifs n'étaient pas pratiques non plus dans la circonstance, car le choc de la détonation aurait été amorti par la matière molle qui aurait fait matelas, les effets se seraient annulés ; il fallait donc chercher autre chose. On s'est décidé à découper la glaise en blocs malléables à l'aide d'instruments tranchants qu'on avait soin d'entretenir constamment humides, afin de permettre la pénétration dans les masses collantes. On s'est

Fig. 116. — Attaque des couches de glaise.

adressé pour cette opération à des briquetiers qui par leur métier sont habitués à manipuler la terre argileuse ; on a pris les plus habiles qu'on a pu trouver et, malgré un travail ininterrompu, il a été impossible d'exiger de ces ouvriers l'extraction de plus d'un mètre cube par jour.

La maçonnerie de la voûte du souterrain de Passy est très importante, puisque la distance entre l'intrados et l'extrados atteint 1 mètre à la clé et va en augmentant jusqu'à la base des pieds-droits, où elle est de $1^m,75$. Son volume est de 39 mètres cubes par mètre courant de tunnel. Elle a été établie avec un soin tout spécial et, afin de donner à la masse des matériaux le maximum de solidité, on a fait appel à un procédé qui n'est

Fig. 147. — Les galeries d'abatage.

peut-être pas nouveau, mais que l'on n'emploie assurément que très rarement, nous voulons parler des injections de ciment.

Une fois la maçonnerie terminée et relativement sèche, on pratique des petites ouvertures dans l'intrados de la voûte et on y plonge successivement l'extrémité d'un tuyau en caoutchouc, dont l'autre est en relation avec une pompe de compression : on peut envoyer ainsi derrière la maçonnerie un lait de ciment très liquide; grâce à son état aqueux, il se répand dans tous les trous et interstices de la maçonnerie; il fait prise au bout de quelque temps, le ciment durci donne à l'ensemble une cohésion considérable en en faisant une sorte de grand monolithe. La solidité du système est alors à toute

Fig. 148. — Passerelle provisoire pour l'évacuation des déblais.

épreuve et sa durée indéfinie. Le liquide est envoyé jusqu'à refus : la dépense est d'environ 7 mètres cubes par mètre courant de voûte.

Cette application du ciment liquide a été faite dans la construction du siphon de la Concorde et des murs de soutènement de la ligne de Courcelles sur le boulevard Péreire. Elle tend certainement à se développer chaque jour davantage.

Un problème important qu'il fallait aborder était de trouver le moyen de se débarrasser utilement des déblais provenant du souterrain. A cet effet on a pratiqué normalement à la Seine une galerie de déblais qui débouche dans le souterrain; des wagonnets circulaient dans cette galerie et venaient traverser le fleuve sur une passerelle en bois spécialement construite à cet usage; les trains munis de leur chargement, une fois arrivés sur la rive gauche, étaient renversés sur des trémies et la terre était reçue dans des

Fig. 149. — Opération de l'injection au ciment.

wagons de la ligne qui longe la Seine; elle était ensuite emportée du côté de Meudon où elle a servi à construire les remblais de la ligne des Moulineaux à Viroflay. On sait que ce dernier tronçon, actuellement en construction, raccordera la nouvelle gare des Invalides avec le grand réseau de Normandie et de Bretagne. La quantité de déblais enlevée par mètre courant de souterrain était d'environ 100 mètres cubes.

Dans la construction d'un tunnel quelconque, il faut toujours prévoir la ventilation, mais pour le souterrain de Passy ce sujet prend une importance toute spéciale à cause de la quantité de trains qui circulent sur le réseau et qui sont chacun un élément pour vicier l'air confiné dans l'ouvrage. La première section du souterrain s'étend sur une longueur de 223 mètres; elle est ventilée à l'aide de galeries transversales situées tous les 20 mètres et mises en relation avec des cheminées construites dans le mur de soutènement de la ligne d'Auteuil.

Les deux autres sections du souterrain ont 370 et 327 mètres, elles sont trop longues pour qu'il ait pu être question d'une ventilation naturelle. Sur ces deux parties on a installé des pompes mues mécaniquement et capables chacune de pouvoir attirer 50 mètres cubes d'air frais par seconde; cette quantité est largement suffisante pour remplacer l'air vicié par les 40 trains qui passeront à l'heure dans le souterrain. Des cheminées d'évacuation ont été construites de distance en distance.

Les travaux du souterrain de Passy, commencés en septembre 1897, ont été terminés avant le mois de mars 1900. C'est un tour de force dont il faut féliciter les ingénieurs qui ont assumé la responsabilité de ce travail.

Un dernier mot qui résumera l'importance des travaux : bien que le chapitre des expropriations soit peu important, le prix des 6 kilomètres compris entre Courcelles et la Seine monte à 20 millions, soit une dépense moyenne de 3 300 000 francs par kilomètre. Il est cependant évident que les kilomètres d'ouvrages d'art ont coûté plus que ce prix, car l'ensemble des travaux de transformation entre Courcelles et le Trocadéro ne peut être comparé comme importance aux constructions neuves de la seconde section.

Le Pont de l'Ile des Cygnes.

La construction d'un pont quelconque est toujours une opération très délicate et souvent elle embarrasse grandement les ingénieurs qui en ont la charge ; la multiplicité des données du problème qu'il faut satisfaire est telle, qu'il est rare, pour ne pas dire impossible, de voir deux ponts absolument pareils ; ce qui est acceptable ici devient impraticable un peu plus loin ; la nature du terrain, l'écartement des rives, les services qu'il ne faut pas entraver sont autant

Fig. 150. — Le pont de Passy pour la nouvelle ligne du chemin de fer de Courcelles aux Invalides.

de facteurs qui rendent plus compliquée la solution du problème. A Paris, les difficultés sont encore augmentées, car, en dehors de toutes les considérations techniques dont on doit tenir compte, il y a une chose de la plus grande importance qu'il ne faut pas oublier : c'est de conserver à l'ensemble de la construction les caractères d'élégance et de simplicité qui sont la caractéristique de tous les monuments de cette capitale qui se flatte, à juste titre, de donner le ton du bon goût et de l'élégance au monde entier.

Les difficultés reposent toutes sur la préparation du projet en lui-même et sur les autorisations qu'il faut obtenir des différents services intéressés avant de pouvoir commencer l'exécution, car la construction n'est ici qu'un jeu. Les ingénieurs qui ont le souci de conduire les travaux sont, par leur science et l'expérience qu'ils ont su acquérir, assez maîtres d'eux-mêmes pour n'avoir aucun doute sur la bonne issue de leur conception. On trouve d'ailleurs, en France, tous les moyens nécessaires pour mener à bien un travail si compliqué qu'il soit; les entrepreneurs auxquels on s'adresse sont des gens riches, possédant un outillage considérable, qui peuvent dès lors établir un chantier suivant tous les moyens mécaniques connus et qui n'hésitent pas au besoin à faire construire, à grands frais, les appareils nécessaires pour pousser activement les travaux Nous avons montré, dans un chapitre précédent, les moyens opératoires qu'un entrepreneur hardi a dû employer pour mener activement la construction du Grand Palais des Champs-Élysées.

La Navigation est la principale intéressée à émettre son avis sur la construction d'un pont, car il ne faut pas oublier que celui-ci a deux rôles à remplir : le premier, de donner le passage d'une rive à l'autre et le second, qui n'est pas moins important, de laisser la libre circulation du fleuve. Il faut qu'il y ait un espace d'air compris entre la surface de l'eau et le dessous du tablier suffisant pour donner en tout temps la possibilité du passage à tous les bateaux qui ont l'habitude de se servir de la rivière. Il y a une autre considération à laquelle on doit obéir, c'est de laisser aux timoniers la facilité de conduire commodément les bateaux dont ils ont la charge, de façon à leur éviter autant que possible les causes d'accident. La traversée de Paris n'est pas une opération commode et un vieux timonier, à qui nous avons demandé son avis sur la construction du pont de l'île des Cygnes, — il faut bien consulter tout le monde, — nous a déclaré que, seul, un homme exercé et ayant des qualités de présence d'esprit peu communes, pouvait affronter sans danger, la traversée de Paris. En général, les ponts sont trop rapprochés les uns des autres et l'écartement des piles n'est pas suffisant. Il se produit au passage des ponts des remous contre les piles qui ont une influence inattendue sur des bateaux se suivant; ces convois de chalands, qui ont jusqu'à 600 mètres de longueur, doivent être dirigés par une main sûre et l'on ne saurait prendre trop de précautions pour leur faciliter la besogne.

Le pont de l'île des Cygnes a pour mission de réunir la nouvelle ligne au tronçon des Moulineaux qui longe la Seine.

On peut considérer cet ouvrage comme étant composé de deux ponts différents et absolument indépendants. Le premier traverse le bras mort de la Seine; son projet a pû être étudié rapidement, car les formalités administratives n'ont pas été très compliquées. L'autre, le plus important, dessert le bras navigable. Pour celui-ci,

Fig. 151. — Chalands chargés de la travée métallique après leur départ de la berge.

les choses ont marché moins facilement à cause de toutes les formalités à remplir et des autorisations à obtenir.

La Compagnie, avant de présenter son projet définitif, en avait étudié plusieurs qui, tous, auraient répondu aux services qu'on devait leur demander; toutefois, celui qui aurait le mieux satisfait les ingénieurs de l'exploitation eût été celui construit sur plusieurs piles en maçonnerie dans le genre de ceux que l'on voit couramment à Paris; la massive ossature de ce genre de construction remplit admirablement le rôle qu'on veut lui faire jouer, car les oscillations dues au passage des trains sont, en ce cas, pour ainsi dire supprimées. Ce projet aurait reçu l'assentiment immédiat des architectes de la Ville, car il gêne peu la perspective générale et l'emploi combiné du fer et de la pierre est toujours l'occasion de faire une construction à la fois élégante et solide; malheureusement cette solution qui satisfaisait tout le monde ne pouvait recevoir l'assentiment du service de la Navigation qui l'a impitoyablement rejetée ; il ne voit, lui, que le côté pratique des choses et cherche avant tout à sauvegarder complètement les intérêts des transports fluviaux ; il a exigé que l'on jetât sur la Seine un pont d'une seule portée qui laissât un grand passage libre et qui ne fût en aucune façon une gêne pour la marche des bateaux. Ce n'est pas quand on se plaint des ponts à piles existants et quand l'on pense même à les démolir, que l'on aurait autorisé la création d'un nouveau type de ce genre ; de tous les ponts de Paris, les plus mauvais pour la navigation sont ceux de l'Alma et de Solférino qui, en dehors du défaut qu'ils ont de présenter peu

Fig. 152. — Introduction des chalands dans la passe navigable.

d'ouverture pour les passages des trains de chalands, ont en plus celui de n'avoir qu'un très petit tirant d'air ; ce sont eux qui, en temps de crue, arrêtent les premiers la marche des bateaux-omnibus et c'est à eux les premiers que l'on s'attaquera, quand on se décidera à commencer la réfection du service fluvial de la Seine.

La Compagnie des chemins de fer de l'Ouest s'est donc vue dans la nécessité d'étudier un autre projet, basé sur la considération d'une arche unique ; c'est ici que les difficultés ont commencé, car, bien que la largeur de la Seine en cet endroit ne soit que de 86 mètres, les auteurs du projet hésitaient à employer un pont à arche surbaissée à la façon des ponts Mirabeau et Alexandre III. Ceci convient admirablement pour des ponts qui donnent le passage à une route, sur lesquels la charge maximum est une valeur constante, le poids de l'empierrement et de la chaussée est tel en ce cas qu'il rend négligeable celui des voitures et des piétons, il n'y a pas ou presque pas d'oscillations verticales ; mais quand il s'agit d'un pont de chemin de fer où la surcharge est considérable relativement au poids mort, les arcs surbaissées à rotules présentent des différences de cotes à la flèche si grandes au moment du passage des trains que leur emploi pourrait être dangereux; la valeur des oscillations est encore augmentée du fait de la vitesse avec laquelle passent les trains. La Compagnie n'a pas voulu, et avec raison, s'engager dans un projet qui eût bien donné satisfaction et à la Navigation et à la Ville, mais qui ne lui aurait pas suffisamment convenu.

Restait la poutre droite, formant un pont tubulaire; ce genre est assurément le meilleur, car il répond à toutes les conditions du

Fig. 153. — Introduction des chalands dans la passe navigable.

problème, il laisse à la rivière toute sa largeur utilisable et le service de la Navigation n'aurait pu que donner son assentiment des deux mains à un projet de ce genre, qui a de plus l'avantage considérable d'être très économique pour la compagnie qui le fait construire. En Angleterre, à Londres même, ces poutres sont d'un usage très courant, mais à Paris on n'en veut pas, on les trouve disgracieuses et laides et le Conseil municipal, qui a le souci de conserver à notre ville son aspect riant et gracieux, n'aurait jamais consenti à ce que l'on se servît d'un treillis en forme de cage pour faire un pont.

Il fallait donc trouver autre chose. Le pont dont nous donnons ci-contre la figure (fig. 150), présente une forme qui n'a pas encore été employée en France, mais qui n'est pas nouvelle, car son usage est très répandu en Allemagne. Les principales pièces du pont sont deux arcs parallèles et surélevées entre lesquelles se trouve le tablier: celui-ci est suspendu dans la partie médiane à l'aide de tirants, tandis que, aux parties extrêmes, il repose sur les deux fermes à l'aide de petites poutres en fer jouant le rôle de colonnettes.

Les calculs que l'on a faits pour établir les dimensions à donner aux différentes pièces du pont, promettent une rigidité très grande et sont de nature à faire prévoir des oscillations insignifiantes au moment du passage des trains. Le plus grand inconvénient proviendrait de la différence des allongements du tablier et des fermes sous l'influence de la chaleur solaire; si l'on n'avait pris des précautions, nous aurions eu des jeux anormaux aux joints qui auraient pu à la longue compromettre la solidité de l'ensemble ; pour parer à ce danger, on a établi un système d'attaches spéciales entre les tirants et le tablier ; ces attaches tout en assurant une solidité

Fig. 154. — Départ des chalands, une fois la travée métallique déposée sur les échafaudages en bois.

complète permettent un certain jeu qui laisse le tablier et les arcs subir leur dilatation d'une façon indépendante sans se nuire et être la cause de tractions anormales.

Ce projet donnait satisfaction à la Navigation ; les ingénieurs chargés du rapport ont reconnu qu'en présence des difficultés qui se présentaient, ce système de pont était la seule solution possible. Restait une question qui n'était pas encore tranchée : M. Bouvard n'avait pas donné son dernier mot et l'on sait que cet éminent architecte, qui a pour mission de conserver à Paris son titre de la capitale du monde, est intransigeant sur les questions d'esthétique. Ce pont tel qu'il est présenté n'aurait-il pas un aspect disgracieux et ne viendrait-il pas d'une façon quelconque barrer la vue? Il faut d'abord reconnaître que, de ce côté de Paris, il n'y a pas de vue ; celle-ci se trouvant limitée en face, par le pont de Grenelle qui n'est pas très remarquable, et l'on peut ajouter que les berges de la Seine fort encaissées en cet endroit ne présentent guère l'aspect riant et fleuri dont parlait Mme Deshoulières. Ce ne sont que cheminées d'usines, dépôts de charbons et une suite presque ininterrompue d'appareils monstrueux de levages : grues, ponts roulants, etc...

L'autorisation du directeur de l'architecture fut la dernière à venir, mais on l'obtint enfin et l'on put exécuter l'ouvrage.

Un des gros aléas que présentait la préparation du projet du pont de l'île des Cygnes était la position qu'il devait prendre sur la Seine ; la nécessité du raccordement avec la ligne des Moulineaux a obligé de s'arrêter à une solution qui donne lieu à quelques critiques ; le pont est terriblement biais, c'est vrai, mais il n'y avait pas moyen de faire autrement et du moment que la ligne a été

Fig. 155. — Départ des chalands une fois la travée métallique déposée sur les échafaudages en bois.

reconnue par une décision ministérielle comme devant être d'utilité publique, il fallait la construire et aucun moyen autre qu'un pont biais ne pouvait permettre le raccordement.

L'angle du pont du bras navigable n'est pas aussi prononcé que celui du bras mort. Pour le premier, il est de 60° et pour le second de 46°, c'est-à-dire que, dans ce dernier cas, nous avons une inclinaison sur une normale à la rive de 1/1. On a pourtant cherché par tous les moyens possibles à diminuer la valeur de cet angle, puisque la voie n'est pas parallèle à l'axe du pont : il existe un jeu de 1^m,50 entre les points extrêmes du pont du petit bras.

Les difficultés ne se sont pas limitées à la présence de cette courbe très prononcée, car les deux ponts sont en forte pente de la rive droite vers la rive gauche en raison de la différence des cotes des deux côtés et de la nécessité de rattraper sur une petite distance la voie des Moulineaux.

Dans ces conditions, on voit que toutes les difficultés techniques se sont trouvées réunies au pont de l'île des Cygnes et que sa bonne réussite fait un très grand honneur à ses auteurs.

Les études du bras mort ont été moins difficiles, car bien que ce coin de la Seine ait une grande importance, puisqu'il est considéré comme une sorte de port de garage, la Navigation ne s'est aucunement opposée à la construction du pont à piles qui satisfaisait le mieux la Compagnie.

La Gare des Invalides.

La gare des Invalides, est l'œuvre de M. Lisch, inspecteur général des monuments historiques, et à qui l'on doit déjà la construction de la gare Saint-Lazare. L'ensemble des voies étant placé en sous-sol, les constructions apparentes n'ont qu'une importance secondaire et ne devaient en rien nuire à l'aspect général de l'esplanade des Invalides, qui reprendra, une fois les constructions de l'Exposition démolies, sa magistrale étendue et à laquelle aucune ligne ne sera modifiée. On peut même dire que, du fait de l'Exposition de 1900, cette place gagnera de la valeur au point de vue esthétique, car, la construction du Pont Alexandre III, permettant un recul considérable, donne au spectateur la possibilité d'embrasser d'un seul coup d'œil les grandes lignes de l'Esplanade dans leur ensemble, chose qui était impossible auparavant.

Le bâtiment de la gare ne comprend qu'un rez-de-chaussée, sans étage, de sorte que les arbres environnants le dépassent et lui servent même de cadre; sa forme en plan est celle d'un quadrilatère rectangle mesurant 95 mètres sur 23 mètres. La grande salle qui constitue la portion principale de la gare est largement éclairée sur ses quatre faces, par de grandes baies, et sur le plafond, par une partie vitrée, comprenant presque toute son étendue.

Au rez-de-chaussée on a aménagé les bureaux de distribution de billets, le bureau du chef et du sous-chef de gare, la poste et le télégraphe, le service des bagages et de la consigne, enfin les bureaux des services extérieurs: les commissariats de surveillance, de police et l'octroi.

La salle des Pas-Perdus est mise en communication avec le sous-sol, par six escaliers de 3 mètres de largeur; c'est en bas que nous trouvons les salles d'attente, les services de la poste, les magasins, l'usine d'électricité, la lampisterie, la bouillotterie, etc. Un large quai parallèle à la rue de Constantine sépare, comme à la gare Saint-Lazare, les salles d'attente des quais d'embarquement. Ceux-ci sont au nombre de six et desservent les trains qui s'arrêtent sur onze voies.

Extérieurement, le bâtiment appartient au style Louis XIV, qui est d'ailleurs le même que celui de l'Hôtel des Invalides, construit par Mansart sous la dictée du grand roi et qui est le plus à même de rendre le genre de la construction d'accord avec l'emplacement. La portion de la gare, située en dehors du bâtiment proprement dit, est complètement couverte, ainsi que nous l'avons vu. Pendant le temps de l'Exposition, l'aménagement des palais empiète sur cette couverture, mais une fois ces constructions démolies, après 1900, elles seront remplacées par des jardins qui viendront en bordure de la voie centrale qui doit prolonger, comme on le sait, la nouvelle avenue et le pont Alexandre III; ces plantations égayeront un peu ce coin de Paris, qui, jusqu'à présent a toujours présenté un aspect de tristesse.

LE PROLONGEMENT DE LA LIGNE D'ORLÉANS AU QUAI D'ORSAY.

La Nouvelle ligne.

En 1862, la Compagnie d'Orléans dépensa dix-huit millions pour la reconstruction de sa gare de la place Walhubert telle que nous la connaissons aujourd'hui; il est probable qu'on ne se serait pas engagé dans ces dépenses si on avait pu deviner les nécessités ultérieures, qui sont celles de maintenant, et qui sont la cause de l'installation nouvelle au quai d'Orsay de la ligne des chemins de fer d'Orléans. La rapidité des trains et leur commodité, la réfection intelligente des horaires permettent aujourd'hui d'amener un voyageur demeurant à une distance de 250 kilomètres de Paris et de le ramener dans la même journée, tout en lui laissant sept heures utiles dans la capitale, les repas ayant été pris dans les wagons-restaurants; d'autre part, la banlieue de l'*est* tend constamment à s'accroître, elle prend chaque jour plus d'importance.

Toutes ces améliorations perdaient la moitié de leur mérite par la situation, éloignée du centre, de l'ancienne gare. La circonstance très favorable de la démolition de la Cour des comptes qui s'imposait, et dont le terrain ne trouvait pas d'emploi, décida la Compagnie à entrer en pourparlers avec l'État pour l'acquisition de l'emplacement dont nous venons de parler ainsi que de celui d'une caserne contiguë qui pouvait être facilement aliénée. Disons enfin que lorsque la Compagnie se rendit propriétaire de la ligne de Sceaux,

Fig. 156. — Coupe de la ligne aux passages construits en voûtes de maçonnerie.

elle prolongea sa nouvelle voie jusqu'au carrefour Médicis et que le seul fait de cette facilité donnée aux Parisiens augmenta le trafic de 40 p. 100; cette circonstance à elle seule devait lever les derniers scrupules de la Compagnie et l'engager à dépenser les 40 millions nécessaires à l'installation de sa tête de ligne sur le quai d'Orsay.

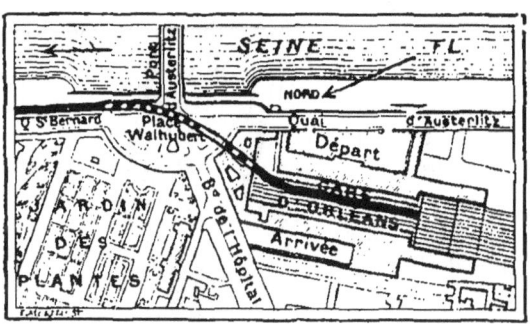

Fig. 157. — Départ de la nouvelle ligne sous la place Walhubert.

Les négociations engagées avec l'État aboutirent en décembre 1897 et la Compagnie, dont les projets étaient déjà tout prêts, attaqua immédiatement les travaux, de sorte que l'ouvrage étant terminé pour l'Exposition, il n'a fallu que deux ans et demi pour construire les quatre kilomètres de voie en plein Paris, travaux dont les difficultés matérielles peuvent se calculer par le coût moyen du kilomètre : 10 millions.

La gare Walhubert actuelle se compose de sept voies parallèles entourées de bâtiments, où sont logés les différents services ; on ne pouvait penser à en effectuer la démolition sans être entraîné à de très fortes dépenses ; comme, d'autre part, il fallait traverser la place en souterrain, on a préféré faire plonger les deux voies du centre suivant une pente de 11 millimètres par mètre : de cette façon les deux lignes passent sous les bâtiments et vont gagner les berges de la Seine après avoir décrit deux courbes de sens contraire (fig. 157).

Le port Saint-Bernard est d'une largeur exceptionnelle, et l'on a pu y prélever une bande de 9 mètres de large sans occasionner aucun inconvénient ; la voie a été installée au fond d'une sorte de tranchée formée, du côté du quai, par un mur de soutènement retenant les terres et la chaussée et, du côté de la rivière, par un mur en meulière.

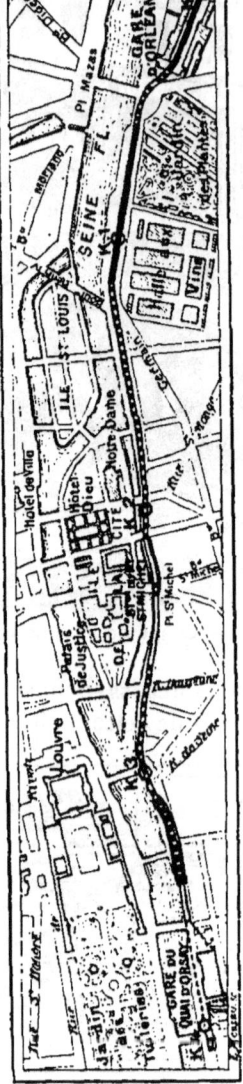

Fig. 158. — Tracé de la nouvelle ligne.

A partir de 100 mètres environ en amont du pont de Sully, le tracé devient souterrain et continue à l'être sur tout le reste de son parcours ; l'exécution de ce souterrain a été fait par les procédés nouveaux qui ont déjà donné de si bons résultats pour la construction de l'égout collecteur de Clichy et du Métropolitain ; le travail se passe tout entier sous le sol et n'est pas visible de la surface, un vaste bouclier soutient la terre à mesure que se produit l'abatage du front de taille, la maçonnerie en béton ou meulière est exécutée immédiatement : on fait avancer cet appareil à l'aide de vérins hydrauliques à

Fig. 159. — Perspective des travaux près le pont Notre-Dame.

mesure que le tunnel se poursuit.

On a attaqué l'ouvrage par deux chantiers, c'est dire que deux boucliers avançaient l'un vers l'autre : le premier partait du pont Sully et le second de la gare du quai d'Orsay. Toutefois, les deux boucliers n'étaient pas destinés à se rencontrer, car la partie médiane située sur les quais Saint-Michel et des Grands-Augustins a été été exécutée extérieurement par les moyens ordinaires ; le peu de largeur des quais n'a pas permis la construction d'un souterrain en voûte, on a fait une tranchée couverte à l'aide d'un plancher en fer supportant la chaussée.

Ainsi qu'on peut le voir sur certaines parties de la ligne, on a ménagé des ouvertures sur le parement de mur qui sépare la voie de la berge du fleuve ; celles-ci ont pour mission d'entretenir une aération constante dans le tunnel et d'y faire pénétrer la lumière.

Les voies sont à la cote 27, c'est dire qu'elles se trouvent sensiblement à la hauteur de la surface du fleuve en temps ordinaire : pour peu que celui-ci vienne à monter, il y aurait forcément invasion et inondation. Mais on a eu soin d'établir dans la maçonnerie un radier en béton ayant la forme d'une voûte renversée et pouvant résister aux

Fig. 160. — Perspective des travaux près le pont Saint-Michel.

pressions, de bas en haut, du liquide. Si, malgré ces précautions, il se produisait des infiltrations d'eau, celle-ci se trou-

Fig. 161. — La station Saint-Michel.

verait drainée dans un caniveau central et extraite par des pompes. Aux abords du quai d'Orsay la voûte est double et le nombre des voies est porté de deux à quatre ; cette disposition a

Fig. 162. — Pose du tablier métallique près la nouvelle gare.

été prise pour permettre le raccordement ultérieur avec la ligne de Sceaux, le jour où ce travail se fera ; on sait que cette dernière ligne doit, en projet, descendre le boulevard Saint-Michel et tourner sur les quais suivant un angle droit ; en attendant que cette jonction ait lieu, les voies situées dans le tunnel n° 2 serviront de dégagement et de garage (fig. 163).

Sur le trajet de la nouvelle ligne, il n'y a qu'une station intermédiaire, celle du quai Saint-Michel ; elle est construite entre les deux ponts et ne sert que pour les trains de banlieue et aux voyageurs sans bagages. La raison d'être des travaux en cours étant justement de réduire le temps de la traversée dans Paris pour les voyageurs, il était impossible de faire arrêter les trains de grande circulation à cette station intermédiaire ; la durée du passage des 4 kilomètres de la ligne doit se faire en sept minutes environ.

La traction est tout entière électrique, les locomotives recueillent la force électro-motrice en cours de route ; il n'y a donc ni fumée, ni agent viciant l'air sous les tunnels. Le changement des locomotives se fait à la gare Walhubert et il a été prévu que cette mutation ne sera pas une cause de retard ; en effet, tous les trains doivent s'arrêter à l'ancienne gare pour les messageries et le service des postes ; or, cet arrêt ne peut être inférieur à deux minutes, temps largement suffisant pour opérer le changement des tracteurs.

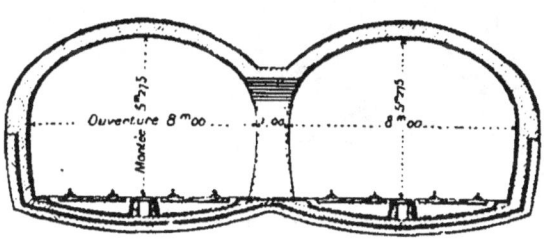

Fig. 163. — La double voûte aux abords de la nouvelle gare.

La construction du tronçon le long

de la Seine va causer tout un changement dans la banlieue de l'*est*; celle-ci, malgré ses attraits, était complètement abandonnée des

Fig. 164. — Coupe de la voie dans les parties en tunnel avec plancher en fer soutenant directement la chaussée. Dans le cartouche disposition des parties en voûte.

Parisiens, à cause de la difficulté d'arriver à la gare d'Orléans; les choses vont changer, et dès à présent, les terrains de cette contrée ont subi une hausse considérable.

Plus tard, on raccordera l'Orléans avec l'Ouest à l'aide d'un tronçon passant devant la Chambre des députés et reliant le quai d'Orsay aux Invalides, les populations de l'*est* de Paris pourront de leur côté se répandre dans la banlieue de l'*ouest* qui leur est à peu près inconnue. Comme on le voit, la construction du nouveau tronçon sera la cause principale d'un grand mouvement de la population soit dans un sens, soit dans l'autre.

La Nouvelle Gare d'Orléans.

Le terrain et les ruines de l'ancienne Cour des comptes appartenant à l'État, on dut voter une loi de cession à la Compagnie d'Orléans ; mais ce ne fut pas sans peine, car à la Chambre, comme partout, il y a des architectes et ceux-ci ont surtout le souci de construire de beaux monuments, à grande allure et bien encadrés, sans chercher toujours à quoi ils serviront ni à vouloir accommoder les besoins chaque jour plus nombreux d'une grande ville avec le peu d'espace disponible dont elle dispose, sans négliger pour cela le côté esthétique, qui doit toujours être pieusement conservé. C'est une lutte entre les ingénieurs et les architectes dans les constructions modernes, lutte courtoise assurément et qui ne peut qu'engendrer de belles et grandes choses, puisque tous nous sommes animés d'une même pensée : « Faire bien et faire beau ».

Au sujet de la construction de la gare d'Orléans, M. Trélat a dit à la Chambre que l'architecte est l'ordonnateur d'un duel formidable entre la lumière et la matière ; il faut qu'il les mette en rapport de telle façon qu'il se dégage une harmonie qui nous touche. Qu'importe, dit-on, que ce soit une gare ou un autre monument ? Il importe beaucoup. Ce n'est pas du tout la même chose ; une gare de chemin de fer ne sera jamais qu'une cuisine de voyageurs. Si l'architecte est chargé de construire un palais de la Cour des Comptes, il lui sera permis d'écrire les éléments constitutifs d'un tableau ; il sera libre de disposer un étage de rapports différents qui se feront valoir.

Il ne pourra rien faire avec une gare parce qu'*il n'aura affaire qu'aux ingénieurs*, aux métallurgistes qui voudront montrer leur fer travaillé, leur tôle laminée. L'architecte qui fait de la plastique cherche, au contraire, à cacher ces choses et à édifier une construction harmonique, architecturale, admirée de tous. Le quartier deviendra celui de la gare, la foule envahira le pont de Solférino, elle se heurtera aux Tuileries et enfoncera l'obstacle : les Tuileries seront perdues !

Malgré les virulentes protestations de M. Trélat qui parlait en architecte, la loi accordant le terrain à la Compagnie d'Orléans fut

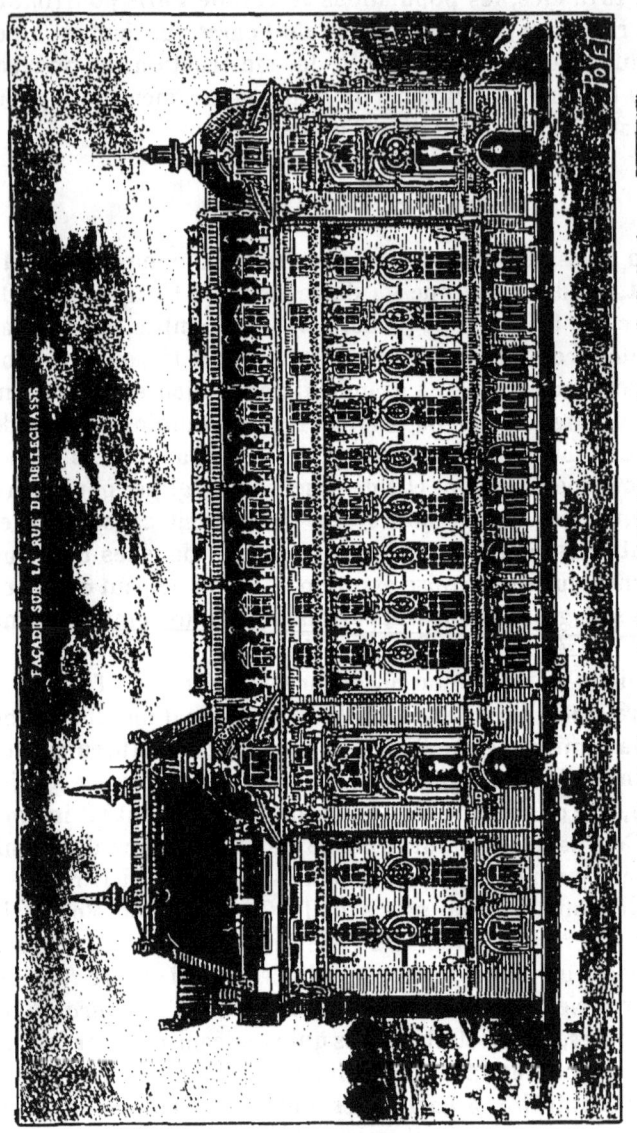

Fig. 165. — Façade de la nouvelle gare d'Orléans sur la rue de Bellechasse.

votée avec près de deux cents voix de majorité : il ne faut pas le regretter. M. Charles Garnier, qui lui aussi était un grand architecte et qui aimait Paris, interrogé sur la question, ne combattit pas le projet de la gare, il avança même qu'on pouvait en faire une superbe.

Il suffit de jeter les yeux sur l'élévation du futur monument pour voir qu'il avait raison ; il est vrai que la Compagnie a été bien inspirée en se faisant seconder d'un architecte de la plus grande valeur, M. Laloux, qui, tout en respectant les données et les lignes que lui communiquaient les ingénieurs, sut faire accepter un projet de grande allure qui montre extérieurement la destination intérieure de l'édifice, sans être pour cela l'esclave servile des nécessités qu'implique l'exploitation du chemin de fer. Nous avons une gare, c'est vrai, mais nous avons aussi un monument. Il marquera le commencement de l'ère d'un accord complet entre les manieurs de tôle laminée, comme nous appelait M. Trélat, et les architectes quand même.

La nouvelle gare s'étend sur ce vaste espace occupé naguère par les ruines de la Cour des Comptes et sur celui de l'ancienne caserne du quai d'Orsay, en y comprenant le terrain de la petite rue qui séparait ces deux constructions et que la ville a fini par céder à la Compagnie d'Orléans. Toutefois, la surface occupée par les voies d'arrivée et de service est plus considérable, car celles-ci empiètent en souterrain sous la chaussée même du quai d'Orsay, sous les bâtiments de la Caisse des dépôts et consignations et d'une maison d'angle qui lui est contiguë ; cet empiétement a été rendu nécessaire par l'obligation dans laquelle on s'est trouvé de créer à l'origine du vaste quadrilatère une sorte d'éventail permettant aux voies montantes de se relier avec celles dont se compose l'ensemble du réseau de la gare elle-même. L'autorisation de passer ainsi sous les immeubles que nous venons de citer a été difficile à obtenir ; il a fallu présenter un projet de consolidation spéciale à l'aide d'un tablier métallique ; la Compagnie a dû aussi se porter responsable de tous les dommages qui pouvaient être causés par la présence du passage inférieur, garder à sa charge l'entretien du tablier et payer aux propriétaires une indemnité fixée d'un commun accord.

Ainsi qu'on peut le voir sur le plan qui accompagne ces lignes, les voies sont au nombre de quinze ; elles sont toutes accessibles aux trains qui viendront soit de l'ancienne gare d'Orléans, soit de la gare de Sceaux ; grâce à un jeu de bretelles et de changements de voies, elles pourront toutes servir soit pour la voie montante, soit pour la voie descendante : en terme du métier on appelle cet arrangement une *disposition en voies banales*; il n'y a eu d'exception que pour celle qui est située contre la rue de Lille, elle ne peut être reliée directement avec les voies d'arrivée et n'est utilisée que pour les besoins du service intérieur de la gare. L'usage des quatorze voies disponibles se répartit comme il suit : les trois premières, les plus rapprochées de la Seine, servent au service pour le garage des voitures nécessaires aux départs supplémentaires et aux besoins qu'il est impossible de prévoir; quatre voies sont utilisées au départ des trains de grandes lignes ; les deux suivantes sont affectées l'une à l'arrivée et l'autre au départ de banlieue ; nous avons ensuite deux voies pour les arrivées de grande ligne; puis deux autres voies de banlieue et une dernière de service, ce qui porte l'ensemble à six voies pour les grandes lignes, quatre pour la banlieue et cinq pour la manutention.

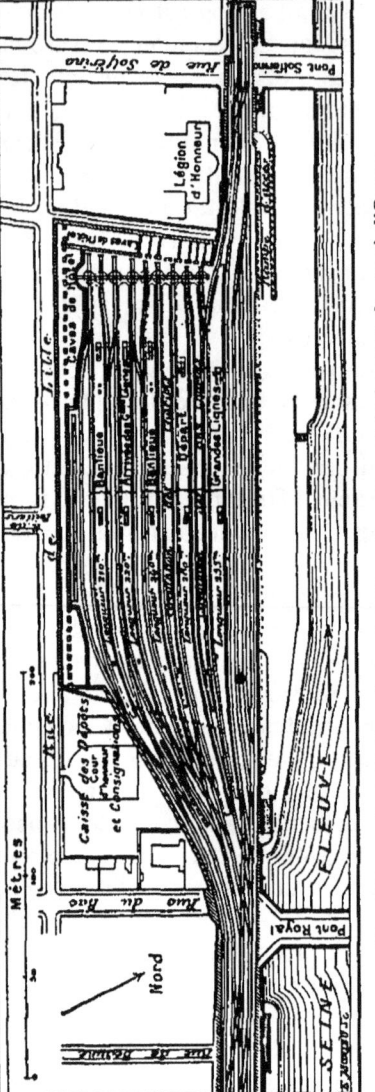

Fig. 166. — Installation des voies dans le sous-sol de la gare du quai d'Orsay.

Les trottoirs ont une longueur de 185 mètres et 240 mètres, leur largeur étant de 6 à 7 mètres. Ils présentent deux particularités qu'il est bon de faire remarquer, à cause des facilités dont elles sont la conséquence et de la rapidité qu'elles permettent dans le service. D'abord ils sont surélevés, ainsi que cela se pratique couramment en Angleterre, c'est-à-dire qu'on accède directement dans les voitures sans avoir besoin de se servir des marche-pieds; nous n'avons pas à insister sur les avantages de toute nature que donne cette nouvelle disposition ; nous ne ferons valoir que ceux de la commodité pour les voyageurs qui n'ont plus à grimper en gymnasiarques pour accéder aux compartiments, comme cela se faisait ordinairement. Une innovation également très intéressante apportée sur certaines voies est d'affecter un quai exclusivement au service des voyageurs et l'autre à celui des bagages et à la circulation des employés des services spéciaux.

Tout le départ est concentré sur la façade du quai d'Orsay et toute l'arrivée sur la cour du côté de la rue de Lille. Pour le départ, il n'y a pas de cour ; de ce côté, en effet, les voitures stationnent peu ; le bas de la façade est couvert par une longue marquise qui précède un large couloir ouvert ; les voyageurs arrivent ainsi avec leurs bagages dans un vestibule de 17 mètres de largeur où ils trouvent des guichets de distribution de billets ; ceux d'enregistrement des bagages sont placés en face des précédents.

Fig. 167. — Les planchers sous la Caisse des dépôts et consignations.

Une fois l'opération de l'enregistrement terminée, les bagages sont emmenés vers la tête des trains et descendus au niveau des quais à l'aide de monte-charges, de façon à leur éviter tout contact avec le public. Les voyageurs sont dirigés vers des escaliers aboutissant chacun au quai de départ qui lui est destiné. Ainsi qu'on peut le voir, on a cherché à simplifier autant que possible le départ des voyageurs ; ils sont conduits pour ainsi dire automatiquement de la voiture qui les a amenés à la gare jusqu'à leur compartiment respectif sans crainte d'être bousculés par le va-et-vient des employés qui emportent les colis.

A l'arrivée c'est la même chose ; le voyageur en descendant du train se dirige vers le fond de la gare et trouve là des escaliers et des ascenseurs qui le mettent au vestibule du rez-de-chaussée ; il y trouve ses bagages qui ont été apportés à l'aide de chariots et monte-charges.

Tous les locaux accessoires (consigne, octroi, corps de garde, etc.) ont été installés de la façon la plus pratique, de façon à ne pas gêner les services généraux et à se trouver à proximité du public en chaque endroit où le besoin s'en fait sentir.

Nous devons ajouter que la gare est doublée d'un hôtel Terminus faisant partie du même bâtiment; l'entrée est placée sur la cour d'arrivée de la rue de Bellechasse. Toute la partie qui est située sur cette dernière rue et sur la rue de Lille est consacrée à l'aménagement des salons et des chambres de l'hôtel; de vastes et luxueuses salles ont été prévues de façon à mettre cet établissement à la hauteur des premiers de la capitale.

Ainsi que nous le disions au commencement de cette étude, il importait que la gare du quai d'Orsay fût, au point de vue extérieur, un peu plus qu'une gare ordinaire. L'emplacement au milieu duquel elle est construite est un des plus beaux de Paris; le Louvre, les Tuileries, le Palais de la Légion d'honneur exigeaient que l'on apportât à ce monument tous les soins pour ne pas déparer la traversée de la Seine en cet endroit. Des projets furent demandés aux architectes les plus en renom et une Commission fut nommée pour étudier les cartons qui furent apportés;

Fig. 168. — Façade de la nouvelle gare d'Orléans sur le quai d'Orsay.

celle-ci, parmi les nombreuses études qui lui furent présentées, retint d'une façon plus particulière les idées de M. Laloux et c'est en prenant ses premières données pour base que l'on est arrivé à produire la façade que nous reproduisons (fig. 168).

Elle est marquée par une série de larges baies soutenant un bandeau général qui forme la base de la toiture ; deux pavillons plus importants indiquent les deux extrémités et servent d'encadrement à des pendules monumentales qui sont les motifs d'ornementation indispensables d'une gare. L'architecture est simple dans les grandes lignes, ce qui permet une ornementation vigoureuse et soutenue.

La façade sur la rue de Bellechasse se compose de deux vastes cintres que surmontent une série d'étages formant l'hôtel qui fait suite à la gare. De ce côté, l'architecture passe au second plan, car il faut avant tout prévoir les services multiples des allées et venues des voyageurs ; l'édifice ressemble ici à une grande maison de rapport dont chaque motif est soigneusement étudié et exécuté, mais dont l'ensemble ne peut avoir le caractère monumental de la gare elle-même.

L'intérieur de l'édifice est traité d'une façon toute spéciale ; la décoration a pu être envisagée différemment de ce qu'on voit généralement dans les grandes gares, par ce fait que les locomotives des trains arrivant au quai d'Orsay sont toutes à moteur électrique, c'est-à-dire qu'il n'y a pas de fumée ; ainsi on ne se trouve plus en présence de ce terrible agent de corruption de l'air, les murs pourront être garnis de peintures, voire même de tapisseries qui ne risqueront pas de se détériorer à la poussière, des tapis pourront être étendus le long de certains quais et dans l'ensemble de l'ornementation on pourra employer des couleurs claires ; les vitrages ordinaires pourront être remplacés par des vitraux décoratifs qui contribueront à donner à l'intérieur de cette nef l'aspect d'un véritable salon.

La réalisation du projet de traction des trains par des moteurs électriques constitue assurément une nouveauté qui contribue à rendre l'année 1900 célèbre entre toutes. On a souvent parlé de locomotives électriques, mais jusqu'ici, malgré des essais concluants, aucune Compagnie n'a encore voulu se décider à les adopter à cause de la réfection de la voie qui serait une conséquence de cet emploi : sur le tronçon compris entre les deux gares d'Orléans on n'a pas eu de difficultés spéciales à vaincre dans ce sens : d'abord on a pu établir la voie comme on l'entendait puisqu'elle était à faire, ensuite on n'aura pas à donner aux trains sur ces quatre kilomètres de voie des vitesses excessives ; l'usage de la locomotive électrique était donc possible même en employant les modèles présentés jusqu'à ce jour.

La Compagnie d'Orléans emploie de puissantes locomotives électriques de 45 tonnes et de la force de 700 chevaux qui reçoivent, par l'intermédiaire de frotteurs, le courant produit par une usine centrale et distribué le long de la voie par un conducteur métallique placé au niveau des rails et inaccessible au public. Munies de moteurs de 125 kilowatts elles peuvent faire démarrer sur une rampe de 11 millimètres des trains de 250 tonnes et les entraîner en palier à une vitesse de 50 kilomètres à l'heure.

L'usine qui fabrique l'électricité est installée à Ivry et comprend deux machines de 1000 kilowatts chacune; l'intensité du courant — qui est triphasé — est de 5500 volts au départ, mais deux stations intermédiaires la transforment en courants de 550 volts pour la traction et 450 volts pour l'éclairage.

Les machines électriques ne circulent que sur l'espace compris entre l'ancienne et la nouvelle gare, le service en dehors de ce tronçon continuant à se faire à l'aide de locomotives ordinaires. Le changement se fait à la place Valhubert et n'exige pas plus de deux minutes au maximum, ce délai est d'ailleurs nécessaire pour l'arrêt réglementaire, qui doit se faire en cet endroit, car l'on sait que, par suite des nouveaux travaux, l'ancienne gare d'Orléans va devenir une station de passage.

LES AGRANDISSEMENTS DE LA GARE DE L'EST.

L'approche de l'Exposition de 1900 a été pour les grandes compagnies de chemin de fer la cause déterminante de mettre, dès maintenant, à exécution les différents travaux de développement de leurs têtes de lignes dans Paris; ces travaux étaient décrétés en principe depuis longtemps par les nécessités croissantes de l'exploitation, mais ils auraient peut-être attendu encore sans l'heureuse circonstance qui en a hâté l'accomplissement.

Le chemin de fer de l'Est présente, en dehors du service des grandes lignes, qui est considérable, une exploitation très active de trains de banlieue; les perfectionnements apportés sans cesse aux mouvements des trains qui sont chaque jour plus nombreux et plus commodes, d'autre part les horaires bien dressés qui permettent aux personnes habitant jusqu'à 200 kilomètres de Paris de venir y consacrer utilement sept ou huit heures dans la journée, ont considérablement accru le mouvement des voyageurs. A ces raisons, il faut ajouter celle du développement chaque jour plus considérable que prennent les environs de la capitale; aussi arrive-t-il qu'à certains moments l'affluence des voyageurs est telle que les gares actuelles sont insuffisantes. Celle de l'Est se trouve dans des conditions plus particulièrement défavorables : elle a vu le mouvement de ses voyageurs passer en moins de dix ans de 7 à 12 millions; tout porte à croire que cette marche ascendante n'est pas près de s'arrêter, et pourtant cette gare est une des plus petites et des moins bien distribuées des têtes de grandes lignes à Paris. Il est absolument certain qu'elle n'aurait jamais pu répondre aux nécessités exceptionnelles de l'année 1900 si on l'avait conservée telle qu'elle était auparavant. Il fallait à tout prix entreprendre sans tarder la tâche d'agrandissement jugée nécessaire, et remplir, autant que le temps le permettait, la plus grande partie du programme définitif de réfection et de transformation.

La gare de l'Est est trop parisienne pour que nous l'ignorions, nous connaissons tous sa grande cour de départ qui se ramifie en une impasse située le long de la rue d'Alsace ainsi que la cour couverte d'arrivée qui a été l'objet d'un remaniement important il y a quelques années. D'après les nouvelles dispositions, les services du départ ne seront pas considérablement changés, les bâtiments des billets et de l'enregistrement seront simplement élargis d'une quinzaine de mètres du côté de la rue d'Alsace, et viendront jusqu'à l'emplacement de la grille actuelle en absorbant totalement la cour qui sert maintenant aux voitures. La compagnie s'engage à fournir à la Ville, sur le terrain occupé par ses jardins, l'emplacement pour reconstruire la rue d'Alsace qui se trouvera ainsi désaxée et qui, par sa disposition en cul-de-sac, pourra servir de cour de départ.

La presque totalité des travaux de transformation se porteront du côté de l'arrivée qui va être complètement remaniée; les bâtiments nouveaux occuperont la place d'un pâté de maisons compris entre les rues de Nancy, de Metz, de Strasbourg, et le faubourg Saint-Martin dont la compagnie s'est rendu acquéreur et qui a été livré aux démolisseurs; ainsi qu'on peut le voir sur le plan les rues de Metz et de Nancy disparaîtront et seront incorporées à la gare.

Les travaux d'agrandissement de la gare de l'Est doivent être exécutés en deux phases séparées par un intervalle d'une année de repos. On a commencé par faire la partie la plus urgente pour l'année 1900 et l'on ne recommencera les travaux qu'après l'Exposition ; on les poursuivra alors jusqu'à complète exécution du projet définitif. La raison qui a conduit à diviser ainsi en deux périodes l'ensemble du programme est celle-ci : dans le plan de la nouvelle gare, les deux corps de bâtiments situés à droite et à gauche de la halle couverte et les plus rapprochés des voies sont destinés à dis-

Fig. 170. — Vue des démolitions, pendant la grève, pour les agrandissements de la gare de l'Est.

paraître ; or ces pavillons sont élevés sur plusieurs étages et abritent les bureaux du service central de l'exploitation qui sont très importants, très nombreux et que l'on ne saurait déplacer sans leur avoir préparé un local ; ce dernier a bien été prévu, mais il est en construction sur la rue d'Alsace dans le prolongement des bâtiments d'administration actuels et il ne pouvait être prêt assez tôt, malgré toute la diligence qu'on y a mis ; on ne pouvait donc démolir les anciens locaux et commencer les travaux d'aménagement intérieur qu'après l'achèvement des constructions sur la rue d'Alsace. Cela nous mettait en pleine Exposition et il eût été maladroit de pré-

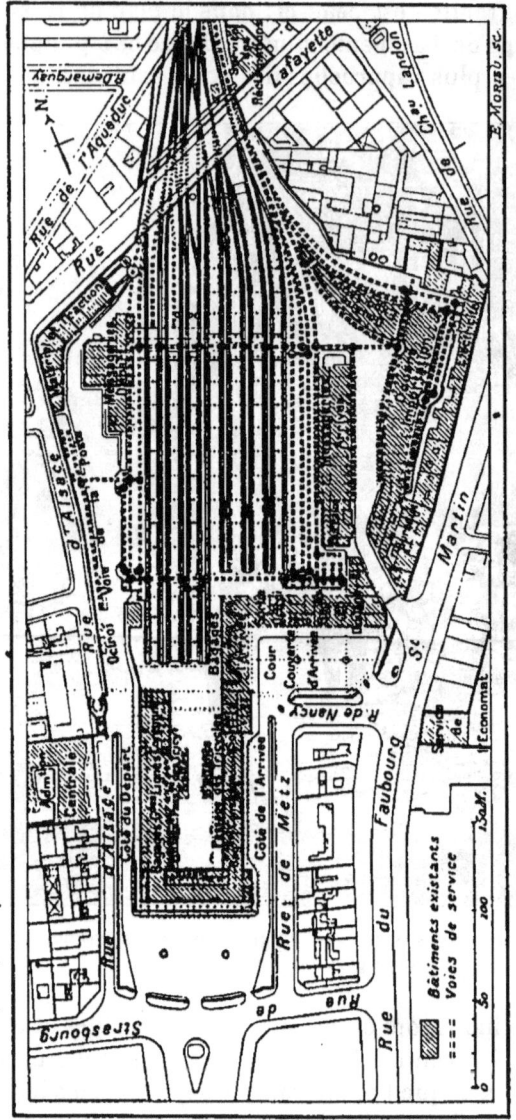

Fig. 171. — Plan d'ensemble de la gare de l'Est. État ancien.

senter une gare en construction aux nombreux étrangers qui viendront à Paris pendant ce temps : on a préféré attendre qu'ils soient repartis pour reprendre les travaux... et l'on a bien fait.

Le principe prédominant dont se préoccupent les ingénieurs qui construisent des grandes gares à notre époque est de prévoir un large trottoir perpendiculaire à la direction des quais et destiné à

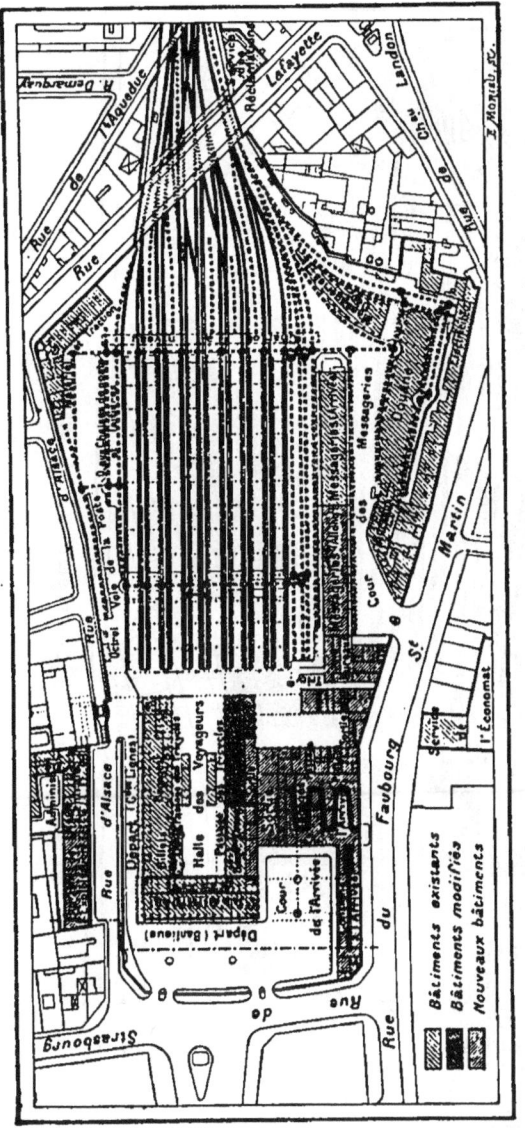

Fig. 172. — Plan général de la gare de l'Est. Disposition transitoire exécutée pour 1900.

servir de dégagement rapide et facile : il permet le passage aisé d'un service quelconque des bâtiments à tous les quais indistinctement, ainsi que le mouvement pratique des voyageurs qui désirent changer de trains. C'est ainsi qu'a été construite la gare Saint-Lazare, c'est également ce que nous voyons aux nouvelles gares des Invalides

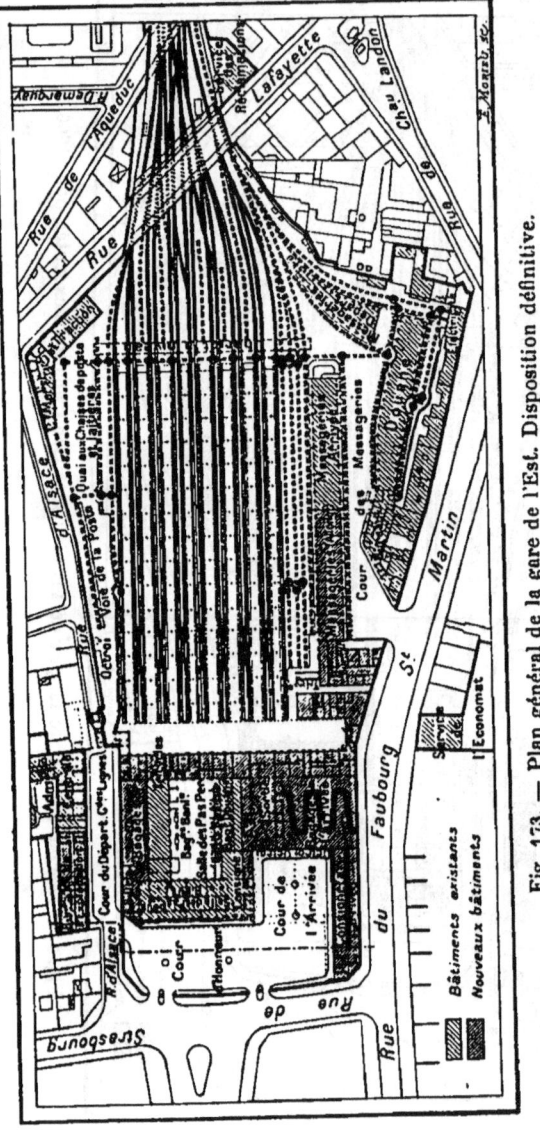

Fig. 173. — Plan général de la gare de l'Est. Disposition définitive.

et de la Cour des Comptes. A l'*Est*, ce trottoir de tête a 18 mètres de largeur et 125 mètres de longueur. Au départ, il communique avec les salles d'attente des différentes classes qui seront elles-mêmes en relation avec l'ancienne halle vitrée devenue salle des Pas-Perdus; du côté arrivée, il donne naissance à un vaste couloir de 12 mètres qui facilite la sortie des grandes arrivées ; à proximité de ce passage, nous voyons la salle des bagages munie de bancs en fer à cheval, les salles de douane et les services spéciaux : à l'extrémité du trottoir, une sortie supplémentaire sur le faubourg Saint-Martin sera ouverte pour les voyageurs sans bagages.

Ce grand quai de dégagement, qui à lui seul comprend toute l'économie du projet de réfection, n'a pas pu être terminé pour 1900, car il empiète sur les bâtiments qui ne seront démolis qu'après cette époque ; il est amorcé du côté de l'arrivée : après l'Exposition et pendant la deuxième phase des travaux, on le prolongera jusqu'à la rue d'Alsace ; il restera ainsi un espace libre assez grand entre les bâtiments et l'extrémité des voies qui pourront alors être portées en avant. Cette solution est plutôt favorable, puisque la longueur des quais se trouvera augmentée en conséquence.

La physionomie extérieure de la gare sera changée à gauche par l'élargissement des salles de départ et par l'établissement d'une passerelle importante qui reliera au premier plan les bâtiments d'exploitation à ceux de la gare elle-même. A droite le changement sera beaucoup plus considérable puisque le monument sera augmenté de la cour et de ses dépendances qui remplaceront le pâté de maisons qu'on a démoli et dont l'expropriation n'a pas coûté moins de 13 millions. C'est sur cet emplacement que l'on va construire la salle des bagages et les cours de départs. Celles-ci peuvent être considérées comme étant au nombre de deux, bien qu'en réalité elles n'en fassent qu'une seule ; nous aurons d'abord la partie couverte qui se composera de deux hangars juxtaposés de 25 mètres de portée chacun, ainsi qu'on peut le voir sur l'élévation principale. En prolongement de cette dernière, nous aurons une partie de la cour générale où se confondront les départs et les arrivées ; cette disposition sera tout entière à l'avantage des arrivées ; car, somme toute, les départs occasionnent peu d'encombrement en général : les voyageurs arrivent à l'heure du train, les voitures sont déchargées rapidement et disparaissent. Il n'en est pas de même pour les arrivées, qui, à certaines heures, sont la cause de véritables cohues, les voitures et omnibus attendent les voyageurs qui arrivent par les trains se suivant les uns les autres ; à certains moments de la soirée le mouvement est considérable. Cette disposition, qui est la plus rationnelle, n'a pas été prévue à la gare Saint-Lazare où la grande cour sert au départ, tandis que les arrivées sont fort maltraitées dans un hangar étroit de la rue d'Amsterdam. On peut dire qu'à la nouvelle gare de l'Est les grandes arrivées utiliseront la cour principale tout entière, les voitures pourront stationner contre le grand trottoir du fond en attendant que leur emploi soit requis ; de cette façon on évitera beaucoup d'encombrements.

En bordure de la rue du Faubourg-Saint-Martin, les bâtiments de la consigne communiqueront directement avec la salle des bagages ; cette partie de la gare sera faite très légèrement, car elle n'est que provisoire. C'est en effet à cet endroit que la Compagnie se réserve d'embrancher un jour ou l'autre un raccordement à travers Paris avec la ligne de Vincennes, dont elle est également propriétaire ; une fois cette jonction opérée, les deux gares n'en formeront plus qu'une seule. Mais, demandera-t-on, est-ce là une section du Métropolitain ? Non ! ce tronçon n'aura même rien à faire avec lui et ne pourra servir qu'aux voitures du chemin de fer de l'Est puisque, ainsi qu'on sait, le matériel des grandes lignes ne peut point passer par les ouvrages d'art de la ligne urbaine. Ce raccordement est moralement très réalisable, car lorsque l'État a accordé à la Ville le droit d'établir le Métropolitain, il s'est réservé la faculté de laisser les grandes compagnies se relier entre elles dans Paris si elles le désirent.

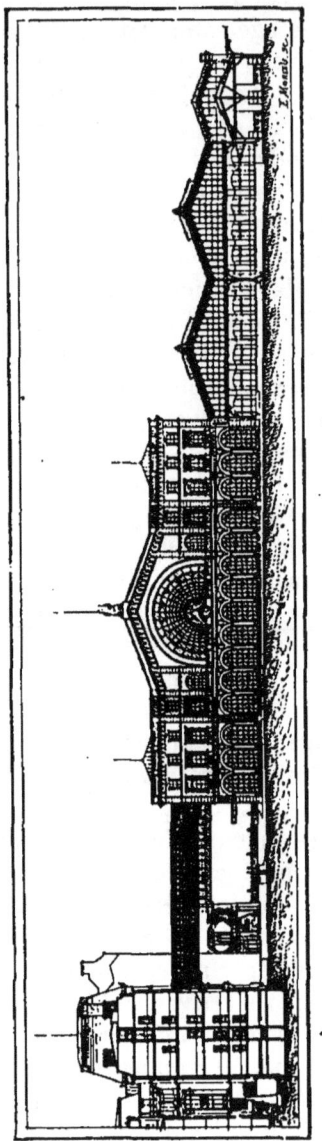

Fig. 174. — Vue de la nouvelle gare de l'Est. Élévation générale.

Rentrons de nouveau à l'intérieur de la gare et voyons quelles modifications ont été apportées aux voies pendant les première et deuxième phases des travaux. Toute la partie qui abritait la salle des bagages et les différents services de l'arrivée ont disparu. Le terrain devenu libre a permis de prolonger les anciennes voies d'arrivée jusqu'à la hauteur des autres. Les bâtiments de messageries ont été prolongés de façon à doubler la surface ancienne; on peut ainsi concentrer de ce côté les expéditions et les arrivages, ce qui permet de démolir les anciens édifices de messagerie au départ dont l'emplacement sera consacré à augmenter le nombre de voies. Cette disposition a donné l'emplacement d'une cour spacieuse dans laquelle le camionnage peut se faire sans encombre; les bureaux ont été transportés sur le faubourg et sont devenus plus accessibles au public. Quant à la petite vitesse, elle est reportée à la gare de la Villette.

Cette transformation dans le service des messageries a permis de porter le nombre des voies de treize à seize dès la première partie des travaux, c'est-à-dire que cette augmentation est déjà prête pour 1900. Ce chiffre est un maximum qu'il sera impossible de dépasser à cause de l'emplacement réduit dont on dispose.

Pendant la deuxième phase, les têtes de lignes seront avancées de 25 mètres, ce qui permettra d'établir des quais de 200 mètres. Cette longueur n'est pas très considérable, mais il était impossible de trouver une solution pouvant donner un développement plus grand : il n'y a toutefois que demi-mal à ce défaut, car aujourd'hui les compagnies ont tendance à changer la marche des trains : ils sont moins longs qu'avant, plus rapides, plus serrés et plus nombreux : dans ces conditions, on voit qu'il n'est pas nécessaire d'avoir des quais trop grands.

Afin d'augmenter l'utilisation des quais, on supprimera, dans les nouvelles dispositions des voies de la gare de l'Est, tous les jeux de bretelles qui n'offrent plus d'utilité maintenant qu'on a des chariots roulants mus par l'électricité. D'ailleurs, si à l'aide d'horaires bien compris et de raccordement aux naissances, on arrive à rendre les voies banales (1), on n'aura plus à s'inquiéter des manœuvres de dégagement des machines; une fois le train reparti, la locomotive d'arrivée, devenue libre, pourra circuler à sa convenance.

Tels sont les changements que la Compagnie de l'Est se propose de faire pendant les quelques années qui vont suivre : elle aura presque doublé la surface occupée par les bâtiments, la circulation sera facilitée d'une façon considérable et le nombre de voies se trouvera augmenté! Et après?... Pourra-t-on s'agrandir encore? Si les

(1) On entend par voies banales celles qui servent indifféremment au départ et à l'arrivée.

besoins d'une exploitation plus intense se manifestaient, pourrait-on empiéter sur les immeubles de la rue d'Alsace? C'est peu probable, les expropriations y seraient trop onéreuses. Que faire alors? Il y a bien un projet qui pourrait se réaliser dans un temps très éloigné et qui consisterait à doubler le nombre des voies en construisant une gare souterraine, mais nous ne croyons pas qu'il sera exécuté de sitôt.

Les travaux d'agrandissement ont été étudiés par MM. Muntz et Lajotte sous la direction de M. Siégler, ingénieur en chef de la voie; la partie architecturale a été confiée à M. Gouny, architecte de la Compagnie. L'ensemble de la réfection et des installations nouvelles, en y comprenant les expropriations, dépassera la somme de 19 millions.

LES AGRANDISSEMENTS DE LA GARE DE LYON.

Devant l'augmentation constante du nombre des voyageurs qui arrivent à Paris, par nos grandes gares, toutes les compagnies se sont vues dans l'obligation de donner à leurs bâtiments des dimensions plus considérables. La première qui a ouvert la marche est la gare Saint-Lazare, dont les travaux ont été si merveilleusement menés et qui, malgré ces quinze années d'existence, reste encore le type des grandes gares; c'est sur son modèle que les nouvelles sont exécutées.

Le mouvement des voyageurs de la gare de Lyon a augmenté dans une proportion considérable ces dernières années; c'est ainsi qu'en 1880, on avait enregistré 1 630 000 départs : ce chiffre a été porté à 3 259 000 en 1896, de sorte qu'en seize années le nombre des voya-

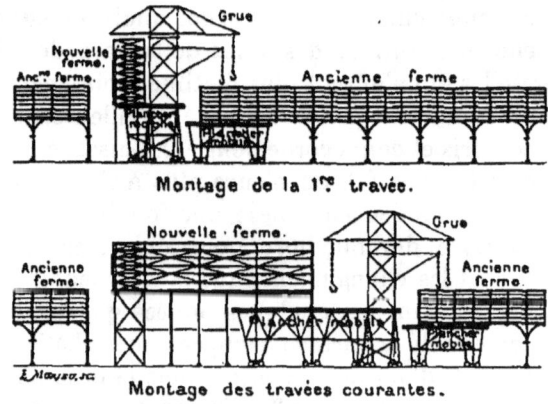

Fig. 175. — Installation des travaux de démolition des fermes de la halle ancienne et construction des fermes de la halle nouvelle de la gare de Lyon.

geurs avait plus que doublé : on conçoit que devant un succès pareil, la gare ancienne soit devenue insuffisante et que sa réfection se soit imposée, d'autant plus que l'approche de l'Exposition de 1900 était un gage d'un afflux de voyageurs encore plus considérable.

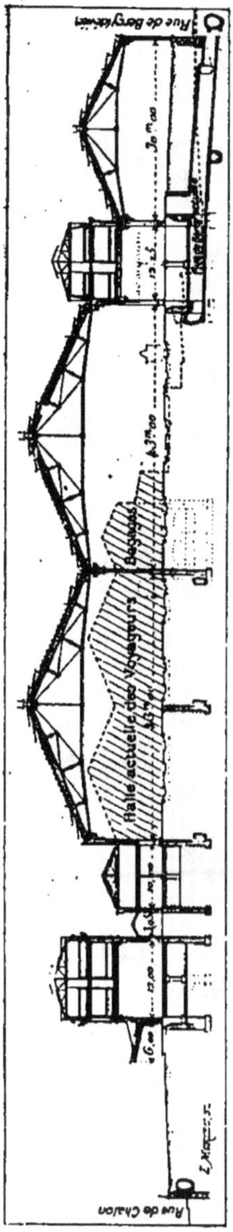

Il est pourtant regrettable que la Compagnie de P.-L.-M. n'ait pas trouvé, comme les autres Compagnies, une combinaison qui lui permît de rapprocher sa gare du centre de la capitale ; les vingt millions qu'elle dépense actuellement pour la réfection de sa gare auraient été un appoint sérieux dans les dépenses qu'aurait entraînées la prolongation de son réseau jusqu'au cœur de la capitale.

Il y avait deux solutions à envisager pour la reconstruction de la gare de Lyon, soit en installant les services à niveau des rails, soit en les plaçant dans un étage au-dessous ; c'est la première disposition qui a été employée, elle a peut-être le tort de prendre de la place et de créer une maçonnerie importante comme soutènement, mais on a trouvé qu'elle avait l'avantage d'accélérer la manutention. La gare Saint-Lazare est pourtant installée avec des bâtiments de services placés en dessous du niveau des voies du côté du départ, qui constitue le plus mauvais côté et, malgré cet inconvénient, on en est arrivé à ne pas créer des ennuis trop considérables, grâce à une série d'ascenseurs pour bagages convenablement disposés.

Ainsi qu'on peut le voir sur les deux plans accompagnant ces lignes et qui montrent l'ancienne et la nouvelle disposition, le nombre des voies a été considérablement augmenté. Cette augmentation, qui constitue le programme principal des travaux de réfection, n'a pu être décidée qu'en faisant une emprise sur la rue de Bercy. Celle-ci a été complètement démolie et reportée plus loin de façon à laisser pour les bâti-

Fig. 176. — Rapprochement comparatif de la silhouette de la halle nouvelle et de la halle ancienne.

ments de la Compagnie une surface sensiblement rectangulaire. Dans ces conditions, on a pu établir sur le boulevard Diderot

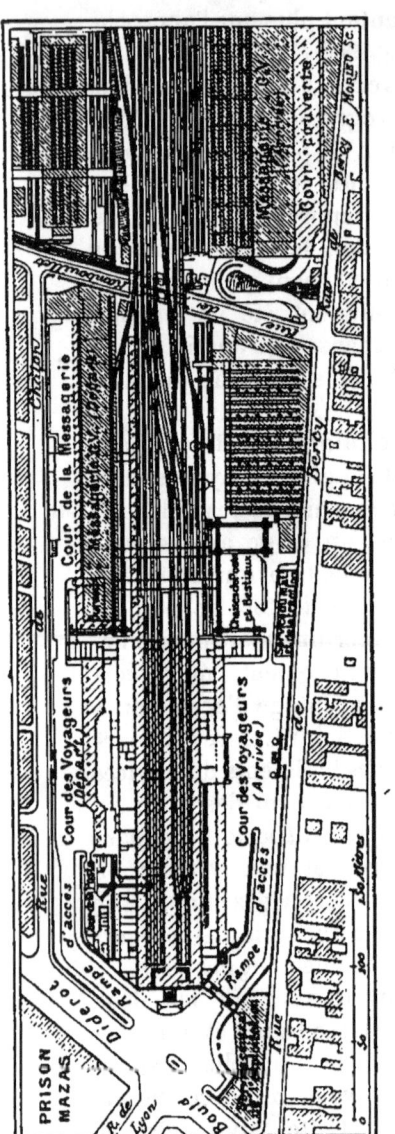

Fig. 177. — Gare de Lyon. Plan de la gare ancienne.

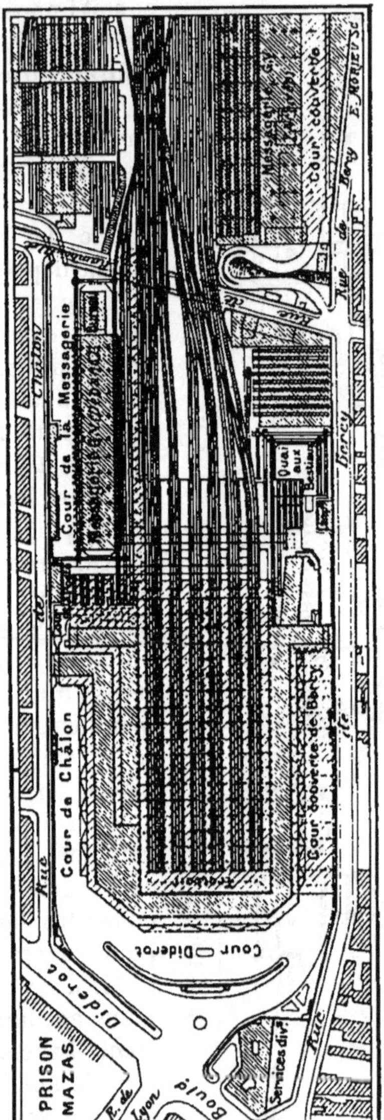

Fig. 178. — Gare de Lyon. Plan de la gare actuellement en construction.

une belle façade monumentale, précédée d'une large cour destinée aux arrivées et aux départs des trains de banlieue. Pour ces trains, il n'y a pas, en général, de bagages, de sorte que les voyageurs peuvent employer les escaliers sans inconvénient.

Pour les grandes lignes, il n'en est plus de même, et comme, d'autre part, il a été admis comme principe que les services de ces trains seraient faits au niveau des rails, force a été de conserver les deux anciennes rampes, aboutissant d'un côté à l'arrivée des trains et de l'autre au départ.

Suivant l'économie générale adoptée aujourd'hui dans la construction de toutes les gares nouvelles, on a établi, un large trottoir normal à la direction des trains, qui permet la répartition du public sur tous les quais indistinctement, quelle que soit la porte par laquelle il soit entré : ce large quai est précédé d'une salle de Pas-Perdus, où se font toutes les opérations de manutention des bagages et de distribution des billets.

Il y avait certaines difficultés à vaincre, notamment pour l'établissement des nouveaux hangars sans interrompre le mouvement des trains.

MM. Moisant, Laurent et Savey, les constructeurs bien connus, ont établi une grue roulante qui avait pour mission de mettre en relation des éléments de nouvelles fermes et de désunir ceux des anciennes. A cet effet, l'appareil de manutention pouvait opérer à ces deux bouts; d'un côté, il démolissait et de l'autre il construisait, de sorte qu'au fur et à mesure qu'on avait besoin de la place des anciennes galeries, pour y établir de nouvelles, la démolition se faisait pour ainsi dire méthodiquement.

Comme pour la gare de l'Est, les travaux ne sont pas prêts cette année, mais on a étudié une disposition intermédiaire qui permet de profiter de la partie terminée de l'ouvrage.

LE MÉTROPOLITAIN MUNICIPAL DE PARIS.

Historique.

Bien que nous ne soyons qu'au commencement de ce gigantesque travail, son histoire ne date pas d'hier ; on s'est pour ainsi dire constamment occupé de cette question au Conseil municipal et, depuis plus de trente ans, bien des projets ont été présentés, bien des combinaisons ont avorté ; il a fallu que les nécessités du mouvement inusité de la foule pendant l'Exposition de 1900 inspirât des inquiétudes pour que la question aboutît à un résultat heureux. Quand l'Exposition n'aurait servi qu'à engendrer le Métropolitain de Paris, elle aurait déjà une raison d'être : heureusement pour elle que les facteurs de son succès sont assez nombreux pour qu'on puisse la considérer comme une grande œuvre, non seulement pour la France, mais encore pour l'humanité.

En 1865, quand on construisit les Halles centrales, on pensa un instant alimenter les marchés par une ligne qui devait pénétrer dans le cœur même de la capitale; c'eût été un commencement de Métropolitain. Il ne fut pas réalisé faute d'argent et c'est une bonne chose, car tous les projets qui furent étudiés dans les commencements ne procédaient pas d'un plan d'ensemble; s'ils avaient été mis à exécution, nous nous trouverions aujourd'hui gênés par ces différents tronçons dont on ne saurait que faire et qu'on n'aurait pas le courage de démolir.

Le grand essor de l'idée fut donné en 1872 à la suite d'un rapport de M. Desgranges à la Société des ingénieurs civils de France; il exposait la situation des études faites jusqu'à ce moment : il y avait déjà sept projets proposés depuis celui de MM. Brame, Flachat et Grissot de Passy, jusqu'à celui de MM. Plachet et Lemoine qui ne demandaient pas moins que la construction d'un rail surélevé qui supporterait des voitures en équilibre à cheval sur lui!

A la suite du rapport de M. Desgranges, on vit une véritable avalanche de projets prendre naissance, la plupart étaient impraticables, mais plusieurs étaient excellents et les idées que l'on met aujourd'hui à exécution ont sûrement été prises dans ces premières études.

A la Société des ingénieurs civils, il n'y a pas moins de quarante projets de Métropolitain; ils découlent tous de deux idées : suivant les uns, il fallait rester sous terre de façon à conserver Paris avec ses arbres et son mouvement pédestre; suivant les autres, il eût fallu le mettre à ciel découvert; les Parisiens, disaient ces derniers, veulent de la lumière et du soleil, mieux vaut être hirondelle que taupe!

Le Métropolitain faillit réussir en 1877 avec le concours des grandes Compagnies de chemins de fer, mais la combinaison ne plut pas à nos édiles qui voulaient rester maîtres de la ligne et l'affaire échoua malgré une subvention octroyée par l'État.

L'État, qui avait promis son appui en 1877, le refusait dix ans plus tard. En 1887, le Gouvernement prépara avec le Crédit foncier une convention garantie de 4 pour 100 sur le capital nécessaire;

les actionnaires auraient facilement été trouvés, mais les Chambres ne ratifièrent pas les propositions du ministre des Travaux publics, qui était alors M. Baïhaut.

Au moment de l'Exposition de 1889, on parla encore de Métropolitain, on sentait sa nécessité et on voulait même brusquer la situation pour faire aboutir le projet. M. Yves Guyot prit sérieusement la chose en main, l'étudia et il était enfin sur le point de réussir quand... le ministère tomba.

Depuis, la question n'a pas cessé d'être à l'ordre du jour; il y eut des difficultés sans nombre, l'État et la Ville n'arrivaient pas à s'entendre sur le tracé; l'affaire pouvait même s'éterniser dans un éternel *statu quo*, quand un jour la Chambre dans un mouvement de bonne humeur, probablement un lendemain de crise ministérielle, décida qu'elle s'en remettait aux lumières de la Ville, et qu'elle ratifierait son projet.

C'est ce qui a été fait.

Une condition de succès du Métropolitain semblerait être le raccordement de la voie avec les grandes lignes de chemin fer aux gares de Paris; cette jonction donnerait, en effet, des avantages considérables, elle permettrait la traversée de la capitale aux voyageurs sans changer de gare, et produirait ainsi une économie de temps très appréciable; le bénéfice le plus grand serait sans contredit de pouvoir se rendre directement d'un point quelconque de la ville aux différentes stations de banlieue sans changer de train. Cet argument aurait dû prévaloir et décider le projet de jonction, il a failli produire l'effet contraire. Le Conseil municipal a craint que, les Parisiens trouvant ainsi un moyen trop facile d'habiter hors des murs, la population ne vînt à diminuer et les recettes de l'octroi aussi; il a également eu peur qu'un jour les Compagnies ne prissent une voix trop décisive, relativement au Métropolitain, et n'en devinssent ainsi les dispensatrices après en avoir été évincées comme propriétaires.

La Ville commença par exiger la voie de 1 mètre, ce qui aurait entravé le projet à tout jamais; elle est revenue ensuite sur sa décision et elle a accordé la voie normale, mais avec cette condition restrictive que le matériel roulant serait de dimensions moindres que celui des Compagnies, et que les ouvrages d'art seraient exécutés de façon que seules les voitures du Métropolitain puissent circuler sur le réseau urbain. De cette façon la Ville sera toujours maîtresse chez elle, c'est à elle que les Compagnies devront soumettre leurs horaires et conditions si jamais elles ont l'intention

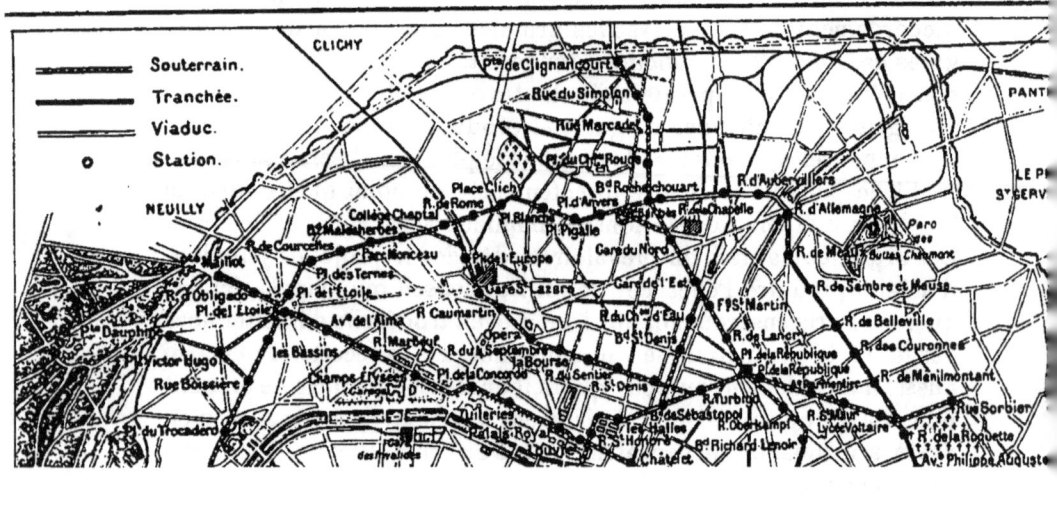

de se raccorder au Métropolitain. Cette clause peut devenir illusoire, car lorsque l'État a donné à la Ville la concession, il s'est réservé le droit de laisser les Compagnies de chemins de fer se relier entre elles dans Paris, si cela leur convenait. Nous savons que la Compagnie de l'Est se propose de prolonger ses voies jusqu'à la gare de Vincennes qui lui appartient également; nous voyons l'Orléans et l'Ouest se raccorder sur les quais de la rive gauche ; de sorte que Paris qui a demandé son Métropolitain pendant tant d'années, sans pouvoir l'obtenir, se voit maintenant à la veille d'en avoir deux.

Les lignes qui composeront le Métropolitain de Paris sont au nombre de neuf; toutefois, sur ce nombre, six seulement font partie du projet qui a été approuvé, et constituent la combinaison actuelle, les trois dernières sont éventuelles et leur construction ne pourra en aucun cas être commencée avant 1910.

Voici ces lignes par ordre de construction :

1° De la porte de Vincennes à la porte Dauphine avec raccordement à la porte Maillot ;

2° Ligne circulaire. Elle partira de l'Étoile et suivra les boulevards extérieurs;

3° Ménilmontant à la porte Maillot. Elle se détache des deux précédentes à la rue de Constantinople et passe par la rue de Rome, le boulevard Haussmann, les rues Auber, du 4-Septembre, Réaumur, Turbigo et du Temple ;

4° De la porte d'Orléans à la porte de Clignancourt. C'est la transversale Nord-Sud;

5° Du boulevard de Strasbourg au pont d'Austerlitz. Elle relie la place de la Bastille à la ligne circulaire ;

6° Du boulevard de Vincennes à la place d'Italie ;

7° De la place Valhubert au quai de Conti;

8° Du Palais-Royal à la place du Danube par la rue Lafayette;

9° De l'Opéra à Auteuil par la place de la Concorde et les Invalides.

Toutes ces lignes peuvent se réduire à deux systèmes: un de transversales, l'autre circulaire, avec des tronçons de voies pour les réunir ensemble en divers points.

La longueur totale des six premières lignes, les seules définitivement arrêtées, est de 62^{km},911 se décomposant de la sorte; 40^{km},339 en souterrain; 11^{km},725 en tranchées; 10^{km},847 en viaducs.

Il y a deux choses à retenir dans la construction du chemin de fer de Paris, et qui nous intéressent tout particulièrement. La première, c'est que nous ne serons pas, ou du moins très peu, gênés par les travaux qui se feront ; ils seront tous exécutés par les moyens nouveaux du bouclier. Seuls certains puits marqueront à la surface les ouvrages exécutés en dessous, ils sont indispensables à la descente des ouvriers et à l'aération des chantiers. Nous apprendrons également avec satisfaction qu'à aucun moment, nous ne serons incommodés par la fumée des trains pendant le temps de l'exploitation ; la traction sera exclusivement électrique. Trois usines situées à Vaugirard, Charonne et Montmartre distribueront la force nécessaire à la marche des trains. On calcule que la puissance devra être de 5.400 chevaux-vapeur pour la traction proprement dite, mais ce chiffre sera considérablement dépassé, il atteindra 22.000 chevaux. Il faut, en effet, tenir compte des pertes en route, des accidents possible, de l'éclairage, de la manœuvre aux gares, des ascenseurs, etc.

Le Métropolitain fera sûrement du tort aux lignes de la surface, il prendra le plus clair des voyageurs de grande distance, mais il ne fera pas disparaître les omnibus et tramways, ceux-ci restant d'un usage indispensable pour les petites courses ; en effet, le temps de se rendre à la gare la plus proche, de descendre aux quais et d'attendre le train rend illusoire le bénéfice de la ligne urbaine pour les trajets de petites distances. L'omnibus s'arrête sur tous les points du parcours pour prendre le voyageur ou le déposer, il continuera donc à obtenir certaines faveurs du public ; mais pour rendre les véritables services que son usage implique, il faudrait que les voitures fussent moins grandes, d'une marche plus rapide, et surtout beaucoup plus nombreuses.

La Ligne et les Stations.

Il est regrettable que la ligne du Métropolitain n'ait pas été ouverte pour le commencement de l'Exposition ; bien que le grand mouvement de l'Exposition n'ait véritablement lieu qu'à partir de juillet, ce retard est très préjudiciable au transport des visiteurs qui affluent aux Champs-Élysées et au Trocadéro : y avait-il moyen de l'éviter ? oui : en commençant les travaux plus tôt. Fallait-il alors, puisqu'on se trouvait acculé par le temps, renoncer à construire le Métropolitain pour l'Exposition ? — Ah ! ça, non ! il n'aurait jamais été fait.

La partie actuellement terminée se compose d'une ligne complète, et de l'amorce de deux autres lignes. La première est la grande transversale est-ouest qui relie le bois de Boulogne au bois de Vincennes ; elle longe les avenues de la Grande-Armée et des Champs-Élysées, suit la rue de Rivoli et le boulevard Diderot, puis le cours de Vincennes jusqu'à la porte du même nom. Des deux amorces en construction la plus importante est celle qui va de l'Étoile au Trocadéro avec jonction à la ligne précédente, de sorte qu'il sera toujours possible aux voyageurs de la Bastille et de la rue de Rivoli de prendre le train directement pour le Trocadéro. Le dernier tronçon part de la Porte Dauphine, longe les avenues Bugeaud et Victor Hugo pour s'arrêter à l'Étoile : c'est le commencement de la grande circulaire.

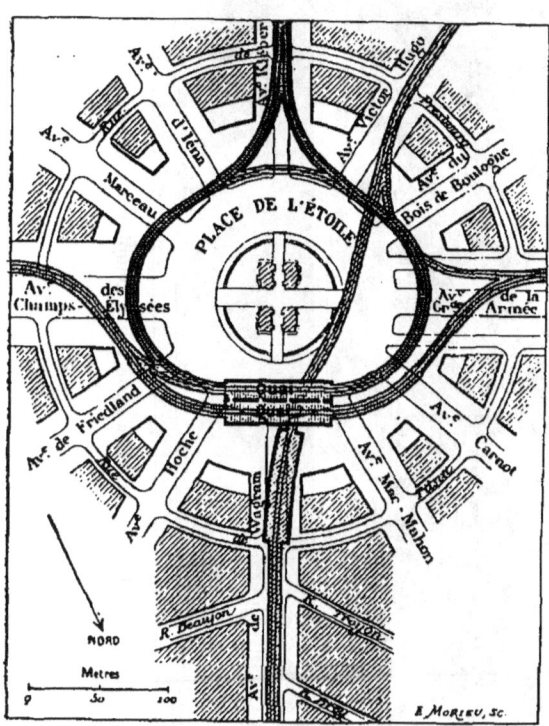

Fig. 180. — Ensemble des voies autour de l'Arc de Triomphe.

Comme on peut s'en rendre compte par cette énumération, la place de l'Étoile est devenue une sorte de grande gare ; sous sa chaussée les voies rayonnent dans tous les sens, au risque de présenter une certaine complication pour le lecteur. Parlons d'abord de la ligne Étoile-Trocadéro ; elle forme tête de ligne à l'Étoile, et pour la facilité de l'exploitation, le tunnel contourne toute la place de façon que les trains arrivant dans un sens puissent revenir par la voie descendante sans manœuvre spéciale pour retourner les voitures, ce fait est capital, car il facilite le mouvement et réduit dans des proportions considérables le temps d'arrêt des voitures au point terminus.

La ligne de la Porte Maillot-Champs-Élysées, traverse la place de l'Étoile et vient toucher tangentiellement la boucle de la ligne précédente en un point situé près de l'avenue Wagram ;

c'est cet emplacement qui a été choisi pour construire la gare double, commune aux deux lignes.

Fig. 181 — La gare double de l'Étoile, et la ligne Porte Dauphine-Avenue Wagram.

Quant à la troisième ligne, celle de la Porte Dauphine-Avenue Wagram, elle passe sous les deux autres, et la cote de son rail est à 14 mètres au-dessous du sol. Il n'y a donc pas de jonction directe entre la ligne de la Porte Dauphine (grande circulaire) et celle qui va de la Porte-Maillot aux Champs-Élysées ; on a pourtant ménagé les gares sur la même verticale, de façon à permettre aux voyageurs de prendre la correspondance en changeant de train sans remonter à la surface.

Comme on le sait, la Ville construit l'infrastructure du Métropolitain et une société spéciale dite « Société du Métropolitain » se charge de la superstructure et de l'exploitation. La ligne principale a été divisée en onze lots ; en y adjoignant les deux lots des embranchements, on aura les treize lots qui sont actuellement en construction ; ils ont trouvé tous des entrepreneurs, sauf le premier (de la Porte de Vincennes à la rue Reuilly) qui est fait en régie.

Il y avait une réelle difficulté à conduire un travail aussi considérable en aussi peu de temps et il a fallu toute l'énergie et la bonne volonté des ingénieurs pour réaliser ce problème fantastique de construire en plein Paris, sans gêner la circulation, un chemin de fer souterrain dans le laps de dix-huit mois.

La façon d'opérer est très simple en principe ; les entrepreneurs ont creusé des puits verticaux d'extraction descendant jusqu'à la galerie à construire ; ils ont fait le plus de puits possible, afin d'augmenter le nombre de fronts de taille et réduire par là le temps nécessaire au percement : quelques-uns ont pu se servir des boucliers à vérins hydrauliques qui, malgré leur prix élevé de 120 000 francs, réalisent une économie sur l'ensemble du travail ; ils permettent, en effet, de réduire dans quelques proportions le boisage qui retient les voûtes des galeries.

Le bouclier embrasse quelquefois toute la section du tunnel qui se trouve ainsi construit d'un seul coup par anneaux successifs ; d'autres fois il n'intéresse que la partie cintrée : en ce cas, il est nécessaire, dans une seconde phase de travaux, d'attaquer les terres comprises entre son chemin de roulement et le futur radier du chemin de fer. D'une façon comme d'une autre le rôle du bouclier n'est pas de percer le sol, mais de soutenir momentanément la voûte : les ouvriers sont placés entre la tête de l'appareil et le front de taille, ils piochent et taillent pour préparer la place du bouclier ; quand celle-ci est prête, on fait fonctionner les vérins hydrauliques qui, s'appuyant d'une part sur les boisages fixes des parties achevées, forcent le bouclier à avancer ; de cette façon les terres restent soutenues par le cintre métallique ; on maçonne immédiatement et on ne décintre que cinq ou six jours après, pour donner aux maçonneries le temps de prendre toute leur cohésion ; il reste toujours une dizaine d'anneaux métalliques derrière le bouclier ; chaque fois qu'on opère

Fig. 182. — Le bouclier à vérins employé pour le percement de la gare sous la place de la Nation. (D'après une photographie.)

une manœuvre, on déboulonne le dernier anneau et on le remonte à l'avant où il remplit son rôle de cintre pour un nouveau tronçon.

Malheureusement le bouclier n'est pas toujours d'un emploi

possible, il y a des cas où l'on ne peut avoir recours à lui, comme dans les parties en courbes ; en plusieurs points également les entrepreneurs n'ont pu obtenir à temps livraison de l'appareil, et comme à tout prix il ne fallait pas perdre un jour, ils ont attaqué par les procédés ordinaires.

En ce cas on emploie les moyens généralement en usage dans la construction des tunnels, c'est-à-dire qu'on exécute une galerie d'avancement qu'on boise vigoureusement et l'on ne procède aux attaques des autres parties que lorsque la voûte qui vient d'être percée est complètement terminée.

L'entrepreneur à qui revient la construction du 9ᵉ lot et de celui

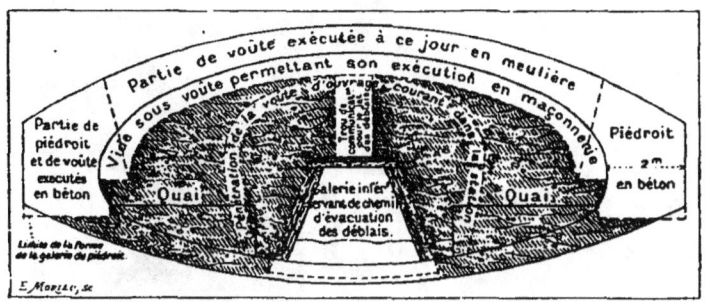

Fig. 183. — Coupe de la station Kléber pendant la période de travail.

de l'avenue Kléber a imaginé un moyen de construction tout à fait nouveau, très hardi et qui a donné les meilleurs résultats tout en permettant de mener l'ouvrage très rapidement. Il commence par établir une galerie d'avancement de 2 mètres de haut à l'emplacement du futur radier, puis il en construit une seconde au-dessus, séparée de la première par une épaisseur de terre de 40 centimètres et il construit sa voûte entièrement en se servant du sol supérieur pour retenir les cintres ; tous les dix mètres, il pratique des ouvertures dans le sol de séparation des galeries, de façon à renvoyer tous les déblais dans le couloir inférieur, qui, ne servant qu'à cet usage, peut rendre de très grands services ; une fois la voûte achevée et maçonnée, il fait tomber les terres qui séparent les deux galeries et il *nettoie* (c'est son expression) sur les côtés, c'est-à-dire qu'il enlève les terres, jusqu'à l'emplacement des pieds-droits ; ceux-ci sont construits par portions de 3 mètres en laissant toujours un pilier de terre entre deux parties de murs en construction.

L'ouvrage a marché assez rapidement, car les galeries avançaient d'environ 4 mètres par jour et par front de taille ; il est bon d'ajouter qu'on a travaillé vingt-deux heures sur vingt-quatre et que des ouvriers de choix ont été employés à cet ouvrage.

Fig. 184. — Voûte pour la station de la place de la Nation (d'après une photographie).

On n'a trouvé aucune difficulté sérieuse pour l'affouillement des terres, le sous-sol de Paris étant composé de marnes calcaires, de carbonates cristallisés et de glaises. Quelquefois on a rencontré des murs d'anciennes constructions comme ceux de la Tour de la Liberté. Il existait également beaucoup de terrains de remblais.

Le Métropolitain a bouleversé tout le système d'égouts des voies qu'il emprunte, notamment le long de la rue de Rivoli où le collecteur a dû être enlevé et remplacé par deux égouts latéraux de moindre importance.

Il existe deux types de gares; chaque fois qu'on a pu s'enfoncer suffisamment dans le sol, on a exécuté des gares maçonnées comme dans le cas de la place de la Nation, c'est un travail plus discret. Dans certains cas, comme pour les stations du Palais-Royal, de l'Hôtel-de-Ville, etc., on a eu peur de rencontrer des couches d'eau qui eussent envahi les chantiers : il a fallu remonter autant que possible la cote du rail : en ce cas on a dû faire des gares recouvertes de poutres en fer qui soutiennent la chaussée; à cet effet, on a commencé par construire les piliers des pieds-droits en avançant sous terre le long de galeries percées à ce propos; lorsque ceux-ci ont été prêts, on a déblayé le sol de la rue et on a installé des poutres de 14 mètres de portée qui reposent sur ces piliers en pierres. On refait la chaussée immédiatement et on enlève ensuite les terres intérieures en se servant des puits d'extraction.

La gare de la place de la Bastille est à ciel ouvert, elle constitue un ouvrage d'art des plus intéressants à cause de la présence du canal Saint-Martin : nous y consacrons plus loin un paragraphe spécial.

Une difficulté s'est présentée dès le début, l'enlèvement des déblais; pour les chantiers qui entourent l'Arc de Triomphe, les constructeurs ont emprunté les voies du tramway qui remonte l'avenue de la Grande-Armée pour aller déverser leurs terres dans la banlieue; en certains points, comme sur la place de la Concorde, on a construit des galeries latérales qui conduisaient les déblais à la Seine, des chalands requis à cet effet se chargeaient de les emporter; quand on n'avait pas ces facilités, il fallait employer les tombereaux et les chevaux, c'était gênant, coûteux et lent, mais on était forcé d'avoir recours à eux.

La ventilation n'a pas été ménagée d'une façon spéciale, aucune prise d'air n'a été construite, le mouvement de l'air se faisant automatiquement par les gares qui ne sont pas espacées de plus de 500 mètres; il faut ajouter que l'air ne sera pas vicié comme dans les tunnels des chemins de fer, la traction étant tout entière électrique, il n'y aura aucune fumée et partant aucun gaz délétère à chasser.

Une grande surprise attend les Parisiens le jour où ils pourront pour la première fois circuler dans ce chemin de fer sous terre;

comme on ne peut en suivre l'exécution, on ne se rend pas compte de ce qui se fait, et dans quelques mois l'on sera bien étonné de

Fig. 185. — La station de la Place du Palais-Royal.

voir de belles gares revêtues de parois en faïence dont l'éclat ne sera terni par aucune fumée et brillamment éclairées par la lumière électrique; celle-ci sera répandue à flot dans les voûtes du

Métropolitain, car non seulement les stations en seront inondées mais tout le parcours du souterrain sera également illuminé de façon à enlever partout ce caractère d'obscurité qui est le propre du chemin de fer londonien. A Paris, on se ferait mal à ce séjour dans le noir, et si nous faisons un succès à tous les progrès de la science et de la construction, c'est à cette condition absolue qu'on ne nous enlèvera jamais ni l'air ni la lumière que nous aimons tant.

La Station de la Bastille.

Le tronçon du chemin de fer urbain entre le bois de Boulogne et la porte de Vincennes, est entièrement souterrain sur tout son parcours, sauf sur un point, la station de la place de la Bastille ; en cet endroit, on se trouve dans des conditions toutes particulières, la ligne devant traverser le canal. On aurait pu assurément faire passer le chemin de fer sous la voie liquide ; mais, sans compter que cette combinaison eût forcé d'établir un escalier très profond pour le transport des voyageurs, elle eût mis l'exploitation dans des difficultés toutes particulières ; en effet, sur le plan général des lignes de Paris, on a prévu que la transversale nord-sud devait traverser la place de la Bastille ; cette dernière doit nécessairement passer sous la précédente, on voit donc que cette seconde ligne se trouverait enterrée à une cote très basse si la première traversait le canal Saint-Martin en souterrain.

Il fallait trouver un moyen qui permît d'établir la gare sur la place tout en ménageant les différents services déjà existants : on ne devait en rien gêner le service de la batellerie, et, d'autre part, on ne pouvait songer à construire une gare surélevée qui eût présenté, pour la voie ferrée des difficultés d'accès insurmontables et qui eût occasionné un terrassement et des maçonneries considérables. Le

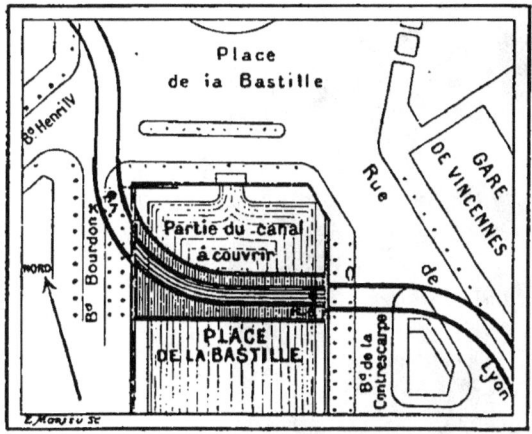

Fig. 186. — Plan de la station de la Bastille.

problème se trouvait réduit à cette donnée, établir la gare à ciel ouvert sur un pont jeté par-dessus le canal et chercher à diminuer

Fig. 187. — État des travaux d'exécution, au 1er août 1899.

autant que possible la hauteur entre l'étiage du canal et la cote du rail; la solution à laquelle on est s'est arrêté est des plus heureuses, car non seulement elle satisfait toutes les conditions requises, mais encore elle augmente la place de la Bastille d'une zone de 30 mètres de largeur pour la circulation des piétons.

L'ancien chemin de halage du canal et une partie du canal lui-même se trouvent remblayés sur toute la largeur comprise entre les anciens et les nouveaux murs de quais; on réserve ainsi une passe couverte de 20 mètres, qui sert de transition entre le tunnel du canal situé sous la place de la Bastille et le garage placé en aval.

Le Métropolitain arrive en souterrain sur la place par la rue de Rivoli, il décrit un arc de cercle de 50 mètres de rayon en se rapprochant de la surface à l'aide d'une rampe de 4 millimètres par mètre; à l'angle des boulevards Henri IV et Bourdon, l'ouvrage d'art est assez rapproché du sol pour se transformer en tranchée couverte; la ligne forme une contre-courbe pour accéder à la gare et se trouve complètement à l'air libre à partir du parement du boulevard Bourdon sur le canal. De cette façon, la nouvelle station est située en contre-bas de près de 3 mètres par rapport à la chaussée. Elle est établie dans une sorte de tranchée ouverte constituée du côté de la place par un mur de soutènement ordinaire et du côté du canal par un mur en maçonnerie de 2 mètres de hauteur, construit pour empêcher les voyageurs d'avoir la vue directe sur l'eau.

Le travail à exécuter était de deux espèces : il fallait d'une part établir sur le canal et ses bas côtés les maçonneries nécessaires, qui deviendront des culées; d'autre part, lancer un pont de 20 mètres de portée qui permît l'installation de la station tout en ménageant la circulation des chalands.

On a établi deux grands coffrages en pieux battus ayant les dimensions mêmes des ouvrages à exécuter, et l'on a coulé du béton dans ces enceintes; une fois que ce mortier est arrivé à la hauteur des bas ports adjacents, on a élevé des murs sur voûte avec de la meulière suivant la méthode ordinaire en réservant des piliers en pierre de taille sur les parements apparents : cette portion de l'ouvrage était la plus longue mais la moins délicate; il suffisait d'embaucher le nombre d'ouvriers nécessaire.

La partie métallique constitue un pont de 40 mètres de large et de 20 mètres de portée; il y a deux sections à considérer, celle qui a rapport à la chaussée et celle qui doit supporter la gare proprement dite. La première est de beaucoup la plus chargée; pour établir les calculs de résistance, on a supposé que les poutres auraient à supporter comme charge fixe la masse de terre qu'elles doivent soutenir et comme charges mobiles maximum les rouleaux compresseurs de la Ville pesant 30 tonnes; on considère que ces derniers marquent le poids des véhicules les plus lourds circulant sur la

Fig. 188. — Coupe transversale de la station de la Bastille.

chaussée; en prenant ces bases comme point de départ, on est arrivé à trouver que les poutres maîtresses de cette partie du pont devaient avoir 3 mètres de hauteur; elles sont comparables comme dimen-

sions aux poutres qui supportent le tablier de la place de l'Europe.
Les trains du Métropolitain sont relativement légers, puisqu'ils

Fig. 189. — Vue d'ensemble de la station de la Bastille.

se composent de voitures munies simplement d'un mécanisme de traction sans fabrication de force motrice, celle-ci étant entièrement produite dans des usines fixes situées en dehors du réseau;

d'ailleurs, à l'endroit de la gare, la charge fixe de la chaussée se trouve supprimée, il n'était donc pas nécessaire d'avoir pour les poutres du pont sous rails la même hauteur que pour le pont sous chaussée; 80 centimètres ont été calculés comme suffisants.

Ainsi que nous le disions plus haut, on a cherché à descendre le plus possible la cote des rails afin de diminuer la hauteur de la culée, et partant le cube de remblayage; pour cela on a établi les entretoises des grosses poutres à la base de ces dernières; cette façon de faire a même permis de profiter des poutres maîtresses pour construire les trottoirs surélevés comme cela se fait partout aujourd'hui, dans tous les travaux et dans toutes les nouvelles stations.

Ces travaux que nous venons de décrire ont été exécutés par les ingénieurs de la Ville; comme on le sait, cette dernière prend à sa charge toutes les dépenses de l'infrastructure : rien que pour la construction de la gare de la Bastille celles-ci ont atteint près de 1 million.

La Compagnie du Métropolitain se charge de l'exploitation; après avoir construit la superstructure de la voie, elle a dû exécuter tous les travaux d'aménagement des gares; sur la chaussée de la place de la Bastille, elle a construit une sorte de kiosque rectangulaire, à une vingtaine de mètres environ de la tête de la chaussée couverte dirigée vers la gare de Lyon; ce pavillon a 6 mètres de largeur sur 17 mètres de longueur, un escalier descend au quai des voyageurs pour la voie montante, la voie descendante est desservie à l'aide d'une passerelle qui traverse les voies et qui commande des escaliers aboutissant au quai. Une galerie débouchant au bas de ces derniers donne accès à un nouvel escalier s'enfonçant dans le sol pour communiquer avec la gare de la transversale nord-sud, qui sera construite ultérieurement et dont le tracé doit couper la ligne de la Bastille en passant au-dessous d'elle. Cette disposition permettra aux voyageurs de prendre la correspondance sans remonter à la surface.

TABLE DES MATIÈRES

Préface.

Chapitre I. — Étude d'ensemble sur l'Exposition de 1900.

I. — Esquisse générale...	1
II. — Les Champs-Élysées..	6
III. — L'Esplanade des Invalides.................................	9
IV. — Les bords de la Seine.......................................	13
V. — Le Champ de Mars...	17
VI. — Le Trocadéro..	22

Chapitre II. — Les Palais des Champs-Élysées.

Le Grand Palais...	27
Les chantiers de construction..................................	27
Description du Grand Palais....................................	35
Les Façades du Grand Palais....................................	37
Les groupes monumentaux et les statues du Grand Palais.........	41
Intérieur du Palais..	47
La couverture du Grand Palais..................................	51
Le Petit Palais..	58
Description du Petit Palais....................................	58
Le ciment armé...	67
Les voûtes sans cintre...	71

Chapitre III. — Les Monuments en staff de l'Exposition.

Le triomphe du plâtre...	75
Le Palais de l'Électricité et le Chateau d'Eau....................	79
Déplacement de la Galerie de 30 mètres.........................	85
Le Palais de l'Éducation..	89
Le Palais du Génie Civil..	94
Le Palais des Mines et de la Métallurgie..........................	102
Le Palais des Armées de Terre et de Mer...........................	104
Les Palais de l'Esplanade...	111
La Porte monumentale..	116

Chapitre IV. — Le Pont Alexandre III et les travaux de la Seine.

Le Pont Alexandre III... 123
   Description du pont.. 123
   Les fondations et les culées................................... 127
   Le montage de la partie métallique............................. 132
   L'architecture et la décoration du pont Alexandre III.......... 141

Les Travaux de la Seine.. 151
   Les fondations en terre comprimée.............................. 154
   L'élargissement du pont d'Iéna................................. 158
   Les passerelles de la Seine.................................... 162
   Les ports de Paris et leur transformation en vue de l'Exposition de 1900. 172

Chapitre V. — Les Pays étrangers et les possessions françaises.

Les Ouvriers étrangers... 180
La Rue des Nations... 184
Les Pays exotiques... 191
   Les colonies Anglaises... 192
   La République Sud-Africaine.................................... 194
   La Sibérie... 195
   Les colonies néerlandaises..................................... 196
   La Chine et le Japon... 196
   L'Égypte... 198
   Le Siam, le Maroc, Saint-Marin et l'Équateur................... 198

Les Possessions françaises... 201
   L'Algérie.. 204
   La Tunisie... 208
   L'Indo-Chine... 213
   Les autres Colonies.. 217

Chapitre VI. — Les Services mécaniques à l'Exposition.

Production et utilisation de la force motrice.......................... 220
Les Cheminées.. 227

Chapitre VII. — A travers l'Exposition.

La Plate-Forme mobile.. 233
Le Pavillon de la Chambre de Commerce.................................. 237
L'Exposition de la Société « L'Optique »............................... 240
Le Village Suisse.. 243
Le Vieux Paris... 250

Chapitre VIII. — Les Travaux de chemin de fer exécutés dans Paris à l'occasion de l'Exposition de 1900.

La Ligne de Courcelles aux Invalides................................... 256
   Description de la ligne.. 256

TABLE DES MATIÈRES.

Le passage inférieur du Trocadéro............................	267
Le souterrain de Passy.....................................	271
Le pont de l'Ile des Cygnes................................	280
La gare des Invalides.....................................	288
LE PROLONGEMENT DE LA LIGNE D'ORLÉANS AU QUAI D'ORSAY.............	289
La nouvelle ligne d'Orléans................................	289
La nouvelle gare d'Orléans.................................	296
LES AGRANDISSEMENTS DE LA GARE DE L'EST......................	304
LES AGRANDISSEMENTS DE LA GARE DE PARIS-LYON-MÉDITERRANÉE........	313
LE MÉTROPOLITAIN...	316
Historique...	316
La ligne et les stations..................................	321
La station de la place de la Bastille.....................	330

9066-00. — CORBEIL. Imprimerie ÉD. CRÉTÉ.

A LA MÊME LIBRAIRIE

La Nature, *Revue des sciences et de leurs applications aux arts et à l'industrie*. Directeur : Henri de Parville.

Prix de l'abonnement annuel : Paris, 20 fr. ; départements, 25 fr. ; union postale, 26 fr. — Prix de l'abonnement de 6 mois : Paris, 10 fr. ; départements, 12 fr. 50 ; union postale, 13 fr.

Fondée en 1873 par Gaston Tissandier, la *Nature* est aujourd'hui le plus important des journaux de vulgarisation scientifique par le nombre de ses abonnés, par la valeur de sa rédaction, par la sûreté de ses informations, et son succès devient chaque jour plus grand parce que chaque jour le nombre des personnes qui s'intéressent aux progrès de la science devient plus considérable.

La Géographie, *bulletin de la Société de Géographie*, publié tous les mois par le Baron Hulot, secrétaire général de la Société et M. Charles Rabot, secrétaire de la rédaction.

Prix de l'abonnement annuel : Paris, 24 fr. ; départements, 26 fr. ; étranger, 28 fr. — Prix du numéro, 2 fr. 50.

La Société a désiré, à partir de 1900, agrandir le cadre de ses publications et faire de leur 8ᵉ série, sous le titre *la Géographie*, un organe plus complet, et qui devint, à proprement parler, un journal de géographie digne d'elle, digne aussi de l'importance que prend de jour en jour en France la science géographique.

Chaque numéro, du format grand in-8, composé de 80 pages et accompagné de cartes et de gravures, comprend des mémoires, une chronique, une bibliographie et le compte rendu des séances de la Société de Géographie. La nouvelle publication n'est pas un pur recueil de récits de voyages pittoresques, mais d'observations et de renseignements scientifiques.

La chronique, rédigée par des spécialistes pour chaque partie du monde, fait connaître, dans le plus bref délai, toutes les nouvelles reçues des voyageurs en mission par la Société de Géographie, et présente un résumé des renseignements fournis par les publications étrangères ; elle constitue, en un mot, un résumé du *mouvement géographique* pour chaque mois. La *Géographie* paraît le 15 de chaque mois.

Recettes et Procédés utiles, *cinq séries publiées*, formant 5 volumes in-18 avec figures. Chaque volume est vendu séparément franco, broché, 2 fr. 25, cartonné toile.................................... 3 fr.

Tout le monde connaît cette petite bibliothèque de *La Nature*, fondée depuis de longues années par Gaston Tissandier et qui a eu tant de succès. Les cinq volumes qui la composent contiennent une mine inépuisable de renseignements qui seront utilement consultés par les personnes appartenant aux professions les plus différentes.

Le Cantal, *guide du touriste, du naturaliste et de l'archéologue*, par Marcellin Boule, docteur ès sciences, et Louis Farges, archiviste-paléographe. 1 vol. in-16 avec 85 dessins et photographies, et 2 cartes en couleurs, relié toile anglaise................................... 4 fr. 50

Le Constructeur, principes, formules, tracés, tables et renseignements pour l'établissement des *projets de machines* à l'usage des ingénieurs, constructeurs, architectes, mécaniciens, etc., par F. Reuleaux. *Troisième édition française*, par A. Debize, ingénieur des Manufactures de l'État. 1 vol. in-8 avec 1184 figures dans le texte................... 30 fr.

9066-00. — Corbeil. Imp. Ed. Crété.

www.ingramcontent.com/pod-product-compliance
Lightning Source LLC
Chambersburg PA
CBHW072006150426
43194CB00008B/1018